JN054877

基礎から学ぶ

産業・組織心理学

幸田達郎

勁草書房

はじめに

1．本書の対象読者

　この本は2種類の読者を想定している。第一は，「産業・組織心理学」全般を学ぶ**大学生**である。日本心理学会による，**公認心理師大学標準カリキュラム**の標準シラバスのキーワードをすべて網羅しているので，そのためのテキストとして有用であろう。第二は，産業組織に組み込まれたばかりの**社会人**や，自分が人や組織を動かす立場になったばかりの管理者である。

　本書では，理論そのものよりも，①理論の背景にある基本原則についてと，②理論が当てはまる現実の組織で起こる事柄について，記述を厚くした。現実の社会現象は多様であり流動的なので，いかなる理論もそのまま機械的に当てはめようとしてもうまく作用しない。しかし，理論の背景を理解することで，既存の理論そのもののどこをどうアレンジすれば自分自身が抱える問題によりよく当てはまるのかが分かるからである。

2．本書が採る理解の方法

　およそ人がものごとを理解する方法には3つある。

　まず，①知りたいと思う対象の内部の構造を分解して要素に分け，それぞれの要素の役割と，それぞれの要素間のつながりを理解する方法である。たとえば，ゼンマイを用いた機械式時計とはどのようなものなのかを理解したいとする。その場合には，機械式時計の内部構造を理解することが役に立つ。

　次の方法は，②歴史的展開を用いて理解する方法である。たとえば，時計というものを理解するためには，時間を測定する装置としての日時計からはじまり，夜間や曇天にも，さらには移動中にも時間を知ることができる水時計，ゼ

ンマイバネを用いた機械式時計が開発されたという歴史をたどることができる。それによって，時計というものがいかに便利で正確に時間を知らせるものになったのかを理解できる。

　最後の方法は，③他のものとの比較である。たとえば，時間というものの性質を知りたい場合には，長さや重さとの違いを考えると分かりやすい。時間は絶えず一定の速さで動いている。しかもその動きは一方向的であり戻ることはない。長さや重さはそれぞれの物に固有であるが，時間はすべての物に対して均一の速さで経過する。このように，他のものと比較することで時間というものの性質が浮きぼりになる。

　この本全体では，①の手法が採られている。産業・組織心理学の内部の構造を各章ごとに分解して要素に分け，それぞれの関係を考えることになる。②の理解のための記述もこころがけたが，③の方法はあまり用いられていない。

3．本書の構成

　第1章では全体のガイダンスを行う。ここでは，まず歴史的展開を中心に産業・組織心理学全般の理解を深める。**第2章**は産業・組織心理学を構成する要素としての個人について扱う。モチベーション，リーダーシップ，キャリア，ストレスなどの現実には個人差がある。そこで，第2章という比較的最初の時点でパーソナリティという個人にともなう問題について考えることとした。どのような視点から対象者のパーソナリティを見たらよいのかを考る。いくつかの視点から複合的に相手を理解することが重要であり，より現実的である。その際に必要となる視点をこの第2章で提供した。

　第3章から第6章までは，従来の産業・組織心理学の中心になる分野であり，第2章を基礎として連続した関連を持つ。第2章のパーソナリティの違いが，**第3章**で扱うモチベーションの違いを生み出す。それぞれの個人の意図やモチベーションがぶつかり合い，**第4章**で扱われるコミュニケーションや意思決定が行われる。これらがパターン化すると**第5章**の組織文化が形成されることになる。環境の変化に応じて組織やその文化が影響され，場合によっては組織文化の変革が必要になる。その際に重要になるのが，**第6章**のリーダーシップの働きである。もちろん，リーダーシップは第4章で扱われた組織内のコミュニケーションや意思決定と重要な関連を持つ。また，リーダーの重要な役割の1

つは，組織のメンバーに対して第3章で扱われたモチベーションを引き出すことでもある。

　第7章と**第8章**，および**第9章**では，産業・組織心理学にもっとも関連の高い組織側の施策の実際と，それらの施策の基本にある考え方について述べる。**第10章**のキャリアは，第2章から第6章までの内容とともに，第7章から第9章で述べられる組織側の施策からの影響を受けて総合的に形成される。

　第11章では，消費者行動とマーケティングを扱う。多くの場合，「産業心理学」という場合にはこの分野を入れ，「組織心理学」という場合にはこの分野を除いているようである。日本心理学会による公認心理師大学標準カリキュラムでは，「産業・組織心理学」という名称の中で消費者行動を含んでいる。この標準カリキュラムに準拠する本書でも，この分野について十分な紙面を割いて扱っている。現在の産業上の問題は近・現代産業特有の大量生産システムや仕事の標準化に結びついている。実は，それを支えているのが現代の大量消費社会であり，その根底にあるのが大量販売やその技術としてのマーケティングである。消費者行動やそれに対する産業組織側の行動を理解するためには，そうした社会全体の中での位置づけを意識することが重要である。その点も本書では強調している。

　第12章では，第11章で紹介された販売方法を可能にした，大量生産システムについて考察する。おそらくそれは20世紀に入ってからはじまった歴史の転換点以降の，新たな人間の心理への負荷の問題である。具体的には，作業の標準化の効果とそれがもたらす心理的な問題について考える内容である。**第13章**は，それまでの各章の内容を踏まえて，産業・組織で働く上での心理的な負荷や，それに対する援助の必要性と方法について紹介している。ますます重要度が高まっているストレスへの対処やメンタルヘルスについて扱う。**第14章**では公的な施策の動向や法律を概観する。

4．本書の読み方と使い方

　第1章から順番に読み進めていけば，組織の中の人間の心理や行動を起点として，産業や企業経営の変化にともなう問題やその解決手法が大きな流れとして理解できるはずである。しかし，それぞれの章は独立しているので，すぐに必要な章や関心のある章から読み進めてもまったく差しつかえない。ばらばら

の順番で読み進めても最終的に全章に目を通せば，各章それぞれの内容が相互に連携していることが分かるように整理したつもりである。したがって，実務に必要な部分だけを読みたい社会人や授業などでテキストとして用いる際には読み進める順番を変えてもよい。

　実際に大学の授業でこれだけの広範囲の内容を全15回や14回で終わることは難しい。第3章から第6章までの内容は1回の授業では終わらないかも知れない。筆者の場合にはそれ以降の内容も1回では終わらないことが多いため，年度によって重点を変えて教えている。公認心理師資格に関係がない場合には，従来の産業・組織心理学の中心となる分野に力を入れて第7章から第9章のいずれかを省略する場合もあるだろうし，教員の専門によっては第11章を省略することもあり得るだろう。また第14章の内容は，日本心理学会が提示している公認心理師科目の標準シラバスに求められる内容ではあるが，厳密には心理学が扱う内容を超えている。

　読者が大学生である場合にも社会人である場合にも，実社会での応用力を向上されることを祈ってやまない。

　なお，本書のタイトルである『基礎から学ぶ産業・組織心理学』の"基礎"の意味であるが，1つには基礎となる古典的な原理や理論から出発して組織現象を考える構成にしたということと，筆者が産業界での仕事の中で実際に体験し，見聞きした事柄を具体的な基礎として，産業・組織の一般的な心理的問題を扱うという2つの意味がある。この2つの点が本書の特徴である。

5．公認心理師科目のテキストとして使用する場合の留意点

　日本心理学会による「公認心理師大学カリキュラム　標準シラバス」（2018年8月22日版）での大項目（科目に含まれる事項）と小項目（含むべきキーワードの例）はすべて網羅している。また，各章のはじめにその章で扱うキーワードを提示するとともに本文中ではアンダー・ラインをひいている。しかし，中項目（各回の授業タイトルの例）どおりの章立てにはしていない。その理由は，中項目の分類どおりに授業を進めようとすると，各回の授業の内容が完全に独立したこま切れの内容になってしまうからであり，産業・組織心理学の全体像がみえにくくなってしまうと思えたからである。そのために，章立てはあらため

て編成しなおしている。

目　次

はじめに

第 1 章　産業・組織心理学とは何か

公認心理師対応カリキュラムで含むべきキーワード
産業・組織心理学とは何か　目的，歴史，対象，方法，社会的意義，組織観の変遷，
　オープンシステム・アプローチ
産業・組織分野での活動の倫理　産業・組織分野での活動の倫理，個人情報と守秘
　義務

1．産業・組織心理学以前

　産業・組織心理学とは何かということを考えるにあたって，まず，産業そのものの発展を視野にいれながら，その**歴史**をみてみよう。18世紀後半から19世紀にかけて，家内工業は次第に大規模な生産体制に置き換えられた。産業革命は，人々の働き方を変え，都市部に大量に流入した見ず知らずの人々の間に仕事の上での緊密な連携が求められるとともに，上下関係が生じるようになった。このようにして発生した大量生産は，スミス（Smith, 1776）が『国富論』で示したように，生産効率を大幅に向上する。しかし，大抵の場合，分業体制の中で細分化された単純作業をひたすら続けることは苦痛をともなう。人は苦痛を避けようとするので，全力で働き続けることはせずに，自然と手を抜いたり隙をみてはさぼったりする。それでは生産効率が下がるので，監督者は労働者が手を抜かないように厳しく監督し，時間内に既定の生産量に達しない労働者を罰したり解雇したりすることになる。

　管理者はどのように労働者を管理すればよいのだろうか。また，労働者はどのようにして自分自身の健康と心をすり減らし過ぎずに，いわゆる人間的な生活水準を保っていけばいいのだろうか。これらの問題が後に産業・組織心理学という分野の礎になったが，まだこの時点では心理学的な問題はあまり考慮されていなかったし，心理学という分野も未熟であった。

産業の発展がもたらした社会の変化

19世紀後半からは工業社会が到来した。ウィーンなどの大都市で新興の中産階級に富が集まった。後に精神分析を開発することになるフロイトが扱うような近代的な精神的問題（Freud, 1900）が発生した。ヨーロッパでは全体的に人口増加と食料危機が起こり，各地から多様な民族が米国に移民することになった。これまで世襲で職業を継いできたヨーロッパ移民が米国に入植した時点で，親とは異なる新たな職業を選択するチャンスが発生した。これは幸せなようでいて，未知の職業に自分の人生を賭けるという過酷な選択でもあった。

一方，米国では19世紀末から20世紀にかけて鉄鋼業のカーネギーや石油のロックフェラー，鉄道や金融のモルガンなどの巨大企業が勃興した。巨大な産業はそれを売るための巨大市場を必要とする。生産物を輸送するための鉄道網が大きく発達し，巨大な資金力によって米国全土が結ばれた。こうして穀物や鉄鋼などの大量輸送が可能になった。販売先の市場が，分断された限られた地域ごとではなく，米国全体となった。

大量生産と大量消費の時代へ

大量生産の時代が本格的に到来した。それは一定の生活水準を享受できる全国の幅広い人々に生産物が行きわたるという意味で豊かさの時代の到来でもあった。しかし，生産現場での労働条件は過酷であった。1908年には自動車会社のフォードからT型モデルが発売され，1913年からはベルトコンベアーを用いた生産方式が導入された。またフォードが実践した巨大生産方式によって大量の労働者が雇用された。せっかく効率よく，品質の高いものを安価に製造したとしても，それらが消費者に買われて活用されなければ結局は無駄になってしまう。そこで，生産した商品をどのようにしたら人が買ってくれるのかを研究する必要が生じた。そのためにマーケティングという学問領域が発生し，20世紀初頭の米国の各大学で開講された。どうすれば大量に物を売れるのか，消費者の行動を分析することも産業心理学の中の1つの領域である。

2．産業・組織心理学の発展

こうした中，移民が到着する都市の1つである米国のボストンではパーソンズ（Persons, 1909）が職業指導運動を開始した。それまでヨーロッパで親の職

業を継がざるを得なかった人々が，耕作地を追われて新天地である米国にたどり着き，まったく新たな職業に就くチャンスが生じた。職業選択も職業適性という考え方もなかった時代である。1908年，パーソンズはボストンに職業局（vocational bureau）を開設し，職業指導のためのカウンセリング（vocational counseling）を行った。後にウィリアムソン（Williamson, 1947）がミネソタ大学で学生の職業適性の診断を試みた。統計学の発展とともに，その手法が全米に広まり，特性・因子論的アセスメントとして発展していく。

組織的怠業と標準作業

　産業社会が発展し，企業や組織の規模が大きくなると，分業化された多様な仕事にさまざまな人を配置するようになる。作業そのものも円滑に動くように管理する必要が生じる。経営者や監督者は，労働者が適切な作業手順を用いて，できるだけ努力して多くの仕事をすることを望む。それに対して，労働者が，意識的に，あるいは意識せずに仕事の手を抜いたり作業スピードを遅くしてしまうことがある。これを組織的怠業という。経営者にとって，その防止策として極めて有効であるとされたのがテイラー（Taylor, 1895, 1903, 1911）による科学的管理法である。最も効率の良い作業を標準作業として設定し，すべての労働者にその標準どおりに動くように要求する。このような方法を取ることで作業効率は飛躍的に向上した。しかしこれは，労働者が管理者からの指示に一方的に従い，それ以外のことは一切しないことを前提としたものである。働くことへの主体的な喜びなどについては一切考慮されていない方法であった。

人間性への注目

　1924年から32年にかけて行われたホーソン工場（Hawthorne Works）での実験では，働く人々は設定された決まりどおりに機械的に働くだけでなく，人間関係やモラール（morale：士気・やる気）によって作業効率が変わるということが明らかになった。この実験に参加した心理学者のメイヨー（Mayo, 1930）や経営学者のレスリスバーガー（Roethlisberger, 1946）らによって人間関係論という分野が拓かれた。

3. 現在の産業・組織心理学の対象

　人間の活動は，家庭や学校だけでなく，犯罪・法務領域，医療領域や戦争・災害時の活動など，様々な領域にまたがっている。そうした中の1つとして，産業・組織にかかわる領域がある。産業・組織心理学は，主に産業領域を**対象**として扱う。また，心理学である以上，人の心の問題，狭義には，組織行動にともなう心理的事象を扱う。

組織の中の問題

　人は集まって集団やグループを構成する。集団やグループが共通の目的を持ち，役割分担などの構造を持つようになると，それは組織として機能するようになる。組織そのものや，組織の行動が扱われることもある。組織が全体の目的を設定するプロセスや目的を達成するための集団での意思決定のメカニズム，集団内のさまざまな力関係や作用（group dynamics：グループ・ダイナミックス）が扱われる。さらに，集団を動機づけるためのインセンティブ・システム（incentive system）の設計や組織構造や組織階層の設計などに関わる心理的な問題も産業・組織心理学で扱われる。

　組織の中では，個々のメンバーが共通の目的に向かって何事かを行う。そのために，メンバーの行動を監督し，目的から外れたメンバーの行動の軌道を修正する機能も必要になる。集団内の個人相互のチームワークでこのような機能を果たすこともあるし，そのような機能を主に果たす役割としてリーダーという位置づけを設定することもある。したがって，産業・組織心理学では，動機づけ（motivation：モチベーション）やリーダーシップ（leadership）は重要な研究対象である。

　また，組織が目的に向かって円滑に作用するメカニズムそのものも重要な研究対象になる。これは，組織や目的に対するメンバーの愛着や態度であったり，集団内の人間関係や相互作用，力関係の問題でもある。さらに，メンバーの作業効率や作業を進める際の安全衛生に関わる心理的問題や仕事や人間関係によって生じるストレスについても扱われる。

個人の問題

　個人そのものに視点を移すと，組織に加入したり脱退したりする際の心理的問題もあり，組織や仕事への適性の問題もある。これらには，就職に際する職業適性や職業指導の問題も含まれる。１人の人生を継続的にみた場合には，キャリアの問題になる。これは職業生活を継続していく上での一連の活動についての研究ということになる。働き方やストレスについては組織の中の問題としてだけでなく，個人の問題として扱うことも可能である。

４．組織と環境

　組織は社会との関係の中で成立している。労働のための組織は産業革命と市民社会の形成を経て変遷してきた。産業にかんする**組織観の変遷**をみると，労働者が生きる糧を得るためだけに所属していた時代には，苦役を強制される場であった。監督者は労働者がサボらないように労働者を見張っていた。しかし，世の中が豊かになると，働くことで生きがいや喜びをみいだすべき場所であるという認識もひろまった。また，最近では各自が主体的に貢献し，それにみあった報酬を得る場所であると位置づけられる場合も多い。長期的な時代の変化に応じた労働観のおおまかなイメージは図１−１の通りである。

外部とのやりとり

　組織は，時代や社会といった大きなものの中で存在しているだけではない。現実に絶えず外界と接しており，外界から影響を受け，外界に影響を及ぼしている。通常は，外界から原材料や情報を受け取り，それを組織が加工して形を変えて外界に提供する。自動車メーカーは部品を外部から購入し，それを社内で加工して自動車という形にして顧客に提供する。外界から受け取るものが情報だけであり，情報を加工して外部に提供する情報産業のような業界もある。また，サービス業は，顧客が望むことを情報として取り込み，顧客が希望したことをサービスという形で提供することで成り立っている。美容院は顧客が望む髪型を理解し，あるいはいまだ希望として顕在化していない潜在的な希望を理解し，流行の髪型についての情報をもとに自らの技術を使ってサービスを提供する。また，受け付けから支払いまで，組織として顧客の満足を向上するために美容院の従業員は共同して顧客に対応している。

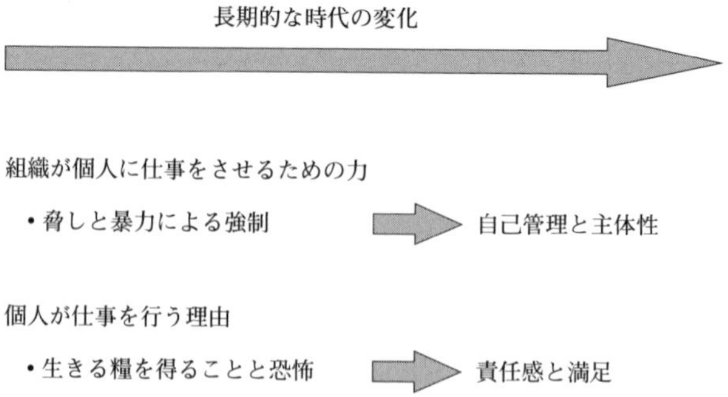

長期的な時代の変化

組織が個人に仕事をさせるための力

・脅しと暴力による強制　　　　自己管理と主体性

個人が仕事を行う理由

・生きる糧を得ることと恐怖　　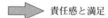　　責任感と満足

図1-1　組織における労働観の変遷のイメージ

　このように，外界から物や情報を取り入れ，それを加工して外界に提供する仕組みとして組織を把握する考え方を，**オープンシステム・アプローチ**という。顧客や外部に対して組織が働きかけることの重要度が大きくなっている。人は与えられたものだけでは満足できずに，それぞれの人がそれぞれの希望を持ち，それを実現することを望むようになってきた。消費者の潜在的な要望の分析や刺激の付与も産業・組織心理学が扱う領域である。

5．産業・組織心理学の目的と方法

　産業・組織心理学の**目的**は，産業や組織の中で，人間がよりよく生活し，よりよく働くことである。人々の生活の質や富，幸福や福祉が向上する範囲の中でこそ，産業・組織心理学という科学は存在を許される。労働の中に喜びを見いだせるようにし，できるだけ多くの人が自分自身にとって意味のある労働や人生を送れる方法を考えることが産業・組織心理学の**社会的意義**なのである。組織観も，自ら進んで働く喜びを見出す場所であるというように変化してきているし，できるだけそのような状態に近づけるための努力が社会全体で続けられている。産業・組織心理学もそのことに貢献することが期待されている。もちろん，消費者行動の分析も消費者に利益を供与するために行われるべきものである。

科学的方法の原則

　産業・組織心理学は心理学である以上，科学である。科学には科学独自の方法や手続きがあり，産業・組織心理学も科学としての**方法**に則って知識を増やしている。科学は事実や真理を追究する活動であるから，客観性が重要であり，産業・組織心理学の理論や仮説は，客観的な立場から現実に照らし合わせて検証することが可能な形式で表現されることが好ましい。科学的な記述を考える際に気をつけなければならないのは，科学的発見の段階とそれを正当化する段階との違いである。ニュートンはリンゴが木から落ちるのを見て万有引力の法則を発見したとまことしやかにいわれているが，どのようなきっかけで科学的発見が行われるのかは，ほんらい問題にならない。科学的であるかそうでないかの判断は，なされた発見を客観的に検証することができるかどうかによって行われる。だれか1人がそう考えたということではなく，できるだけ多くの立場から確認でき，誰が確認しても同じ結果が得られることが理想である。

心理学および産業・組織心理学に特有の問題

　しかし，応用科学であり，絶えず揺れ動き，異なる文脈の現実に直接，接点を持ち，それを対象とする産業・組織心理学では，数学のようにどんな場合でも誰もが客観的に同一の結果を得ることは極めて困難である。ある原因から特定の結果が得られるであろうことを決定論的に確定することは難しい。そこで，得られるであろう結果を確率で表現することが多くなる。

　ただし，他の社会科学の分野にみられるのと同じく，心理学の基礎となる古典的理論はポパー（Popper, 1972）などの批判的合理主義の立場をとる科学哲学者が設定する科学的言明の要件を備えていない場合も多い。特にフロイト（Freud, 1856-1939）の精神分析理論などは検証することが難しい。また，科学的発見の行き詰まりを打開する試みとして，科学的な理論の生成プロセスに注目する方法論がポストモダン（post modern）を標榜する立場から試みられるようになってきた。たとえば，グラウンデッドセオリー・アプローチ（grounded theory approach：GTA）などの手法である。これは，グレイザーとストラウス（Glaser & Strauss, 1967）によって提唱された手法である。基本的な考え方は，大理論（grand theory）から新たな理論を導出するのではなく，基底となる事実をさまざまな手法で集めて既存の先入観にとらわれない視点から小理論を積み上げ，時間をかけてより普遍的な理論をめざすというものであ

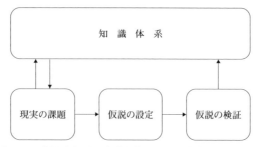

図1-2　新たな仮説の生成と検証・知識体系への組み込み

る。いずれにせよ，因果関係を仮説的に推定し，それを確かめてこそ科学的な理論たり得るということは，他の科学分野と何ら違いはない。観察対象がごく少数に限られており，ごく限られた側面を主観的に切り取ることができるに過ぎない場合には，まだ意見の状態でしかなく，科学的言明とは言い難い。

　様々な要因や影響が交錯する現実の中にあって，産業・組織の問題は絶対に正しいとか絶対に間違っていると断言することが難しい。そこで，いかなる理論もまだ仮説の段階であるとして提示され，現実に照らし合わせてテストされ，その仮説が誤っていることが分かれば，その仮説は棄却されることになる。いかなる理論も絶対に正しいということはなく，現実と矛盾が少ない仮説が生き残っている状態にすぎない。このことは，産業・組織における心理的問題を扱う上で極めて重要である。ある特定の理論に当てはめてそれが真実であると決めつけるのではなく，心理的問題の多様性を認めながらより現実に合致した，またはより良い仮説を探っていく過程が継続している。科学的な仮説が現実に照らし合わせて確かめられ，知識体系に組み込まれていくイメージは図1-2の通りである。

科学的方法と産業・組織の中での仕事との共通点

　こうした科学的手続きのプロセスは，実際に産業界で仕事を進めるプロセスとも共通する部分が多い。仕事を進める場合には，望ましい結果を出すために，原因と結果を推測する（成功のための仮説を設定する）。それを実行した結果（仮説の検証）が成功すれば，それを自らの成功パターンとして記憶し（知識体系に組み込み），次の機会に役立てる。また，実行した結果が失敗すれば，なぜそれが失敗したのかを教訓とし（知識体系に組み込み），今回の失敗の原因を含

めたこれまでの経験（知識体系）や新しく収集した新たな事実（新たな現実の課題）と照らし合わせて，次には結果を出せるように推測する（新たに仮説の設定する）。科学的推論では，このプロセスを純化して行うことになり，産業・組織の現実の仕事の中では，揺れ動く状況の中でこの原則が通用するような課題や仮説の設定をより柔軟に行い，成功を目指すことになる。

6．産業・組織心理学における倫理的姿勢

　産業・組織分野での活動の倫理について考えてみよう。産業・組織心理学の活動は，当然，守秘義務や個人の権利を保護する義務をともなう。消費者アンケートの結果を個人が特定できるかたちで他人に渡したり，管理がずさんなために情報が漏洩してしまうことになれば，その個人は，その情報を得た企業から本人が望まないような売り込みや宣伝を受けることになるかも知れない。ICT（Internet and Communication Technology）の発展によって，本人が知らないところで自らの情報が漏洩したり利用されるリスクが高まっている。個人情報の取り扱いは厳重に行わなければならない。

　それ以前に，不用意な質問文を提示することにより，調査協力者が心理的に傷つくことさえあり得る。たとえば，インタビュー調査についても細心の注意が必要である。ハラスメントや過酷な労働などの不快な体験を想起してもらうことにより，さらに心の傷を深めたり，インタビュアーの不用意な発言から心に傷を負うこともある。さらに，インタビュー内容が公表されたり外部に漏れることにより，調査協力者が被害を受ける場合もある。

　調査方法や，調査結果の扱いは慎重の上にも慎重に行わなければならない。**個人情報と守秘義務**は産業・組織分野での重要な課題である。

基本姿勢

　産業・組織心理学も科学である以上，特定の目的から中立であり特定の集団の利益に与しないことが望ましい。しかし，中立的であることを言い訳にして，特定の集団や目的のために無自覚のまま奉仕してしまうこともある。自らは何も積極的にしていないと思っていても，周囲の圧力や雰囲気に流されることに抵抗しないこと自体が倫理を損なう場合もある。倫理は何も考えないことではなく，考え，判断することによって生じる。

　産業・組織心理学は純粋科学というよりは応用科学であり，広く人間社会に利益をもたらすべきものである。消費者の行動や傾向を科学的に把握することによって，その情報を用いて実際とは異なる魅力的な広告を誇大に行うことに貢献してしまい，企業が不当に利益を得ることを助けたり，あるいは，リーダーが部下を従わせるために効果的な恐怖を与えて心理的な操作を行ったり，マインド・コントロールを行うことを助けるようなことになってはならない。組織が生産効率を上げるために，産業・組織心理学の成果を利用して，働く人間が激しい苦痛を感じるようなことに貢献してもいけないし，明らかに個人の将来の利益や人生を損なうようなことに利用されてはいけない。

第 2 章　パーソナリティと適性

1．パーソナリティとは何か

　人それぞれの思考と行動は異なる。また，似たような行動をしている人同士でも，インタビューを行ってその動機や行動中の意識を聞くと，驚くほど個人差があり，驚かされることがある。これらの違いの元になるのが，"その人らしさ"である。それぞれの人の"その人らしさ"をパーソナリティ（personality：人格）という。

　ある人がどんな人なのかを知ることは容易ではない。人間は相手の第一印象に左右されやすい。そしてそれが，経験則（heuristic：ヒューリスティック）に組み込まれると，先入観・偏見（prejudice）にもなりやすい。

　この経験則というものは，これまで経験してきた刺激に対する反応の蓄積から成り立っている。似たような出来事に遭遇した際に，いちいち物事を深く考えることは効率的ではない。そこで人間は思考の効率化のために，過去の似たような事例をもとに，いちから考慮し直すことなしに判断を下すことができる。たとえば，こちらが話をしている時に，初対面の人がそれを聞きながら指で小刻みに机を叩いている場合に，それを見た人は，過去の経験から類推して，この人はせっかちな人で私の話が早く終わらないかとイライラしながら待っているのだろうと思う。こうした思考には，過去の経験からの複数の類推が含まれている。第一に，長々と続く話や関心のない話を聞かされた人は，イライラすることが多いという過去の経験から，第二に，せっかちな人はイライラすると指で小刻みに机を叩くことがあるという過去の経験から類推を行っている。こうした類推は，深く考えることなく，直観的な判断に結びつく。あっ，この人

はイライラしているから話を早めに切り上げよう，などである。

　先入観・偏見は，経験則による判断が一定の傾向に固定化してしまうことをいう。たとえば，「急にお金持ちに成りあがった人の性格はえげつない」とか，「有名大学を卒業した人は，頭が良いが人間的に面白味がない」などである。こうした先入観・偏見は，価値観や好悪の感情に結びつきやすい。「女性は外で働かずに家庭にいるべきである」などの先入観・偏見を持っている人は，その先入観・偏見に合致しない対象に出会うと，「あの人は家庭をおろそかにしているに違いないので好ましくない」などといった好悪の感情を持ちやすい。

　また，スティグマ（stigma：汚名）は，先入観・偏見がマイナスの価値観と強く結びついている状態をいう。精神疾患などの病気は容易にスティグマとして固定化しやすい傾向がある。そうした傾向を避けるために，合理的な思考で相手を評価する必要がある。直截的で無意識的な判断だけでは物事を客観的事実として正しく認識することは難しい。

パーソナリティという考え方の成立

　パーソナリティという言葉を用いた場合，全人格的な特徴のことを指し示している場合が多い。オールポート（Allport, 1937）によるとパーソナリティ（personality）はラテン語の仮面（persona）から派生した言葉である。それに対して性格（character）はギリシャ語のkharakterが語源で，元々は刻印を意味している。性格という言葉は，一般的に，パーソナリティよりも，より際立った特徴を指して使うことが多い。また，気質（temperament）は，ラテン語で調節を意味するtemperareが語源であり，感情的な側面を示すことが多い。

　元々は，ドイツなどのヨーロッパで性格や気質という言葉が使われていた。第二次世界大戦期に，心理学者が英米に亡命したり移住し，心理学の中心がドイツから米国に移ったのと前後して，性格という言葉よりもパーソナリティという言葉が使われることが多くなった。また，心理学の発展を支えた統計的技法が発達してきたため，質問紙調査などをもとに細かい特性を量的に把握をすることが可能になった。

パーソナリティの類型的把握と特性的把握

　かつての性格論は直観的な印象や身体的特徴などを手がかりにして類型論的に分類される傾向があったのに対して，パーソナリティは統計的手法を背景と

して特性論的に把握されることが多い。類型論というのは，性格全体について特徴あるいくつかの理念型を設定し，1人の人間の性格全体をその理念型に基づく類型に分類する考え方である。また，特性論というのは，パーソナリティ全体をより細かい特性という単位に分解し，細分化されたそれぞれの特性の強さや弱さの集合体として1人の人間のパーソナリティを捉える考え方である。

2．パーソナリティと適性

　個人のパーソナリティは産業・組織とどのように関わっているのであろうか。パーソナリティに基づく嗜好の違いによって購買行動は異なる。したがって個人の消費者行動はそれぞれのパーソナリティによって異なることになる。また，第1章で触れたように，組織を構成するのは人であり，人が集合して目的と構造を持つことで組織になる。組織を構成する人には得意・不得意があり，適性もある。組織が不適切な個人の採用や不適切な役割配置を行うことは個人にとっても組織にとっても幸せなことではない。それでは，人それぞれに異なる個人の特徴とは一体どのようなものなのだろうか。具体的な例をもとに**パーソナリティと適性**について考えてみよう。

仕事での具体例

　営業の仕事の例を考えてみよう。たとえば，あなたがAさんというセールスパーソンの上司で，仕事を監督する立場にあるとしよう。Aさんの業績が低迷していて，なかなか顧客に商品を売ることができない。Aさん自身も仕事の上で悩んでいる様子なので，ある日，あなたはAさんを呼んで面接を行ったとしよう。Aさんは，面接の席上，以下のようなことを言ったとする。

　　営業の仕事をしていて，お客さんに商品を勧められないんです。どうしても相手に商品を押しつけているような気がして，ためらってしまいます。相手にとって迷惑かと思ってお客さんのところになかなか行けないんです。行っても，商品を勧められないんです。どうも仕事がうまくいきません。私は営業という仕事に向いていないのかも知れません。

　お客さんのところになかなか行けない，とか，お客さんに商品を勧められな

い，というのはAさんの行動についての問題である。Aさんは，それに付随する自分自身の心理的な問題として「なんとかもっと粘り強くお客さんと交渉できるようになりたい」と言ったとする。また同僚のBさんを引き合いに出して，「Bさんは，うまくやってるんですよね。ああいうふうに営業ができれば自分も苦労がないのに」と言ったとする。Aさんの上司であるあなたは，Aさんにどのような行動を求めるだろうか。

　1つの方法は，Aさんを叱る，ということである。Aさんを強く叱りつけて嫌な思いを強く持ってもらって，そんな嫌な思いをするよりも営業の仕事を熱心にやった方がまだましだ，と思ってもらう方法である。多くの上司があまり意識せずに用いている方法でもある。しかし，Aさんの営業の仕事に対する嫌な思いの大きさがそれまでと変わらないのであれば，上司であるあなたは，絶えずAさんを強く叱り続け，嫌な思いをさせ続けなければならない。このようなやり方では，Aさんは営業に行っても行かなくても嫌な思いをしなければならないという辛い状況に置かれることになる。これでは，Aさんは会社を辞めるなどの方法でしか嫌な思いを回避する手段がなくなってしまう。

　もう1つの方法は，Aさんのパーソナリティが営業という仕事に向いていないようなので，仕事の内容を変えるということである。しかし，通常の組織ではその仕事をするために必要な人数が限られていて，ある人が今やっている仕事に向いていないからといって別の業務に異動させることは難しい。通常は，異動させたい先にすでにその仕事に合った人がポストを占めているからである。

　上の2つの方法は，Aさんのパーソナリティそのものを変えることは難しいので，パーソナリティに基づく行動を変えることも難しい，ということが前提になっている。しかし，これらとは別の方法もある。それは，Aさんの行動を変えるということである。Aさんの仕事の上での行動は変えられるだろうか。どのようにしたら変えられるだろうか。

　図2-1は個人の内面を氷山にたとえた図である。氷山の上の方は現実に仕事を進める中で観察される行動である。水面より上の部分は少ししかない。水面下の部分はパーソナリティの深層から行動中の意識までの全体像であり，これは直接的に観察することはできない。この氷山の図を頭に描きながら，次の表2-1を見ていただきたい。

　Aさんは，同僚のBさんの行動を自分と比較して嘆いてみせたが，しかしAさんとBさんではパーソナリティの深層にある特徴が異なる。Aさんは「人好

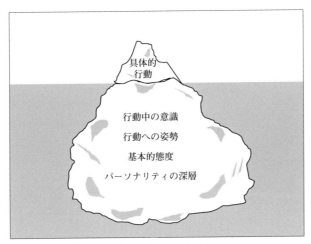

図2-1　パーソナリティの氷山モデル

き・世話好き」であり，Bさんは「勝気・闘争的」である。もともとのパーソナリティや心が向かう方向に違いがあれば，Bさんと同じような「他人に負けたくない」という基本的態度を持つことや，「トップの成績を挙げたい」という行動への姿勢を持つことは難しい。したがってその先の「自分の売上をとにかく上げたい」という行動中の意識や，「粘り強い顧客との交渉」という具体的行動をとることも難しそうである。

　さて，Aさんの職場には，Bさんほどではないが高い業績を上げているCさんという穏やかな人柄の社員がいるとする。では，AさんはCさんのようなかたちで営業の仕事を続けることはできるだろうか。これは不可能ではない。Aさんのパーソナリティの深層にある「人好き・世話好き」という側面は，Cさんの「人好き・世話好き」という側面と同じである。Aさんの場合には，「人好き・世話好き」だから，どうしても「相手に嫌われることはしたくない」という基本的態度が生じてしまう。でも，それをするのが自分の役割なんだから，ということで，「仕事だからやっている」という行動への姿勢で仕事に取り組む。だから，仕事を進める上での行動中の意識は，自分の都合で「相手に商品を押しつけたくない」というマイナスの方向に働くことになる。そのために，表面に現れる具体的行動が「顧客に商品を勧められない」ということになってしまって，営業の仕事をうまくできない。直観的に考えても，その人固有のパ

表2-1　パーソナリティによる営業スタイルの違い

	Aさん	Bさん	Cさん
具体的行動	顧客に商品を勧められない	粘り強い顧客との交渉	顧客に役立つ商品の提供
行動中の意識	相手に商品を押しつけたくない	自分の売上をとにかく上げたい	困っている顧客の問題を解決したい
行動への姿勢	仕事だからやっている	トップの成績を挙げたい	顧客を支援して役立ちたい
基本的態度	相手に嫌われることはしたくない	他人に負けたくない	人と仲良くしたい喜ばれたい
パーソナリティの深層	人好き・世話好き	勝気・闘争的	人好き・世話好き

ーソナリティの深層を変えることは極めて困難であろう。

　しかし，Aさんのパーソナリティの深層がCさんと同じであるのならば，Cさんが思っているように「人と仲良くしたい，喜ばれたい」という基本的態度で働くことはそんなには難しくないかも知れない。その基本的態度を活かして，困っているお客さんがいれば「顧客を支援して役立ちたい」という行動への姿勢を持つことができる。お客さんが困っていることを解決してあげるための営業であれば，進んで動くことができるであろう。そうすればCさんのように，「困っている顧客の問題を解決したい」という行動中の意識をもって，「顧客に役立つ商品の提供」という具体的行動ができるかも知れない。このようにして，Aさんも，うちの商品の何を使ってもらえば，お客さんの助けになるのだろうかと考えれば，営業の仕事を続けられるであろう。

　人間のパーソナリティは複雑なので，そう単純には事はうまく運ばないかも知れない。しかし，ものごとの捉え方（認知）を変えることや，環境を変えることで，新しい活躍の場を見つけられる可能性はある。

3．パーソナリティの理解と理論

　さて，これまでの説明では「パーソナリティの深層」，そこから生じる「基本的態度」，さらに自身の基本的態度と組織から与えられた役割を照合することで生じる「行動への姿勢」という心理的メカニズムを想定した。その行動へ

の姿勢から「行動中の意識」が生じ，具体的行動を特徴づける，というモデルである。しかし，パーソナリティの考え方には様々な視点がある。

　アッシュ（Asch, 1946）は一連の実験の中で初頭効果を確認している。初頭効果とは，連続した刺激が与えられた場合，最初に与えられた刺激の印象が強く残り，全体の印象を左右してしまうことをいう。この実験では，架空の 2 人の人物についての個人特性を 5 秒ごとに形容詞で提示し，被験者が受け取った印象を評定した。実は，この 2 人の人物の特性は提示の順番が逆になっているだけで，まったく同じ 6 つの形容詞が使われていた。しかし，被験者は全体としては同じ形容詞で表現されたこの 2 人について異なった印象を持つことが多かった。人間のパーソナリティの捉え方というのは曖昧であることの好例である。人は他人の特徴を判断する際に，まず最初の印象を手がかりにして判断してしまう。

　単なる印象や断片だけでパーソナリティを評価しようとすると最初に目についた印象が全体の評価を左右してしまいがちになり，偏ってしまう可能性がある。他の人からは表面に表れた行動しか見ることができず，そこから先を精査せずに，経験則や先入観・偏見を援用して判断を固めてしまうことがある。人によって異なる個人的な視点の偏りを減らすためにはある程度一般的に共有された視点からパーソナリティを評価することが必要になる。そうした視点としてパーソナリティ理論がある。

指標を用いた測定と人間の全体像との関係

　理論的な枠組みなしに，人を見ようとすると，焦点がぶれてしまう。パーソナリティ理論は人格の全体像をおぼろげながらも把握するためのメガネとして機能する。それは全体の見通しの悪い，視野のせまい単一の焦点の眼鏡かも知れない。そのために逆に見えにくくなる特性もあるだろう。しかし，焦点をどこかに合わせて，合わせた焦点についてだけ理解し，不完全ながらも同一の視点から他者と比較を行う道具としてパーソナリティ理論を利用することができる。

　パーソナリティ理論にも，いろいろな理論があり，理論によって，合わせる焦点が違う。それぞれの理論で見えるものと，見えないものがある。また，できるだけ客観的に見るために，見るべきポイントを定めたり，質問や回答をパターン化して，ある程度機械的に分類できるようにする。そうすると便利では

あるが副作用として人間そのものの本当の全体像と，測定した内容がズレてしまうということも生じる。人のパーソナリティを推測する際には，どれか1つだけのパーソナリティ理論に立脚するのではなく，眼鏡を変えて様々な角度から見る必要がある。

パーソナリティ理論にはどのようなものがあるか

　パーソナリティ理論の種類はさまざまであるが，パーソナリティに関する考え方の全体像を図示すると，図2-2のようになる。例外もあるが，主なものは何らかのかたちで個人の特徴を識別しようとするものである。図2-2で一番上に示されている「分類学的」な立場が主なパーソナリティ理論である。この立場の考え方によれば，パーソナリティというものは変化しにくい。パーソナリティが時々刻々と変化してしまっては，その人固有の特徴とはいえなくなってしまう。そのために，その人にとって変化しにくい性質を抽出してパーソナリティとして把握することになる。分類学的な立場を取れば，パーソナリティの把握の方法は静態論的なものにならざるを得ない。静態論的な考え方であってもパーソナリティの変化や成長を完全に否定しているわけではないが，変化しにくい要素を抽出して測定しようとするのがこの立場である。

　それに対して，人間の変化や心的なエネルギーの動きを捉えようとする非分類学的な立場がある。分類学的な立場が切り捨ててきたパーソナリティの側面に注目する立場である。この人はこういう人であるという分類を行うのではなく，人間は変化し，成長するものであるということを前提にパーソナリティというものを動態論的に考えることもできる。この立場は生物学的および社会的な"発達"に基礎を置くものと，与えられた刺激とそれに対する反応が次第に習慣化し，定着していくという"学習"に基礎を置くものとに分類され得る。

　非分類学的な立場として，しばしば動態論的な理論とは別に精神力動論に基づくパーソナリティの把握が挙げられる。これはフロイトによる精神分析の考え方を用いて人のパーソナリティを考える方法であり，心的装置の内部のエネルギーの配分がその人独自の無意識の状態を左右すると考える。このような考え方も一種のパーソナリティ理論であるとみなすことがある。

　これらの分類には当てはまらない，それ以外の考え方もある。図2-2の下の方に描いてある"それ以外の視点"の2つの立場である。1つは，人間は自己一致や自己実現に向かって変化していくものだと捉える，いわば人間主義的

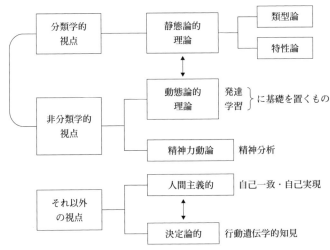

図2-2　パーソナリティ理論の種類

立場の人間観である。もう1つはそれとは逆に，人は遺伝的にパーソナリティ
があらかじめ決定されていると考える決定論的な立場もある。これらも一種の
パーソナリティ理論であると考えることもできる。

4．静態論的な立場（類型論と特性論）

　パーソナリティ理論のもっとも代表的なものは，静態論的理論である。その
中の類型論（typology）は，パーソナリティをいくつかのタイプに分ける考え
方である。パーソナリティ"理論"ではないが，このようなタイプ分けの分か
りやすい典型が，血液型による性格類型である。ただし，血液型でパーソナリ
ティを類型づけることには，背景となる科学的根拠が無く，科学的な"理論"
であるとは認められていない。

類型論的な立場
　類型論の成立をみると，近代まで影響を与え続けたギリシャのヒポクラテス
（Hippocrates，紀元前1世紀）は血液，黒胆汁，黄胆汁，粘液の4大体液が気質
を左右し，そのバランスの崩れが病気を生むと考えた。実験心理学の父ともい
われているヴント（Wundt, 1832-1920）は，身体的な特徴と切り離して，情緒

表2-2　クレッチマーの分類による気質（邦訳書, p. 41）

	循　環　気　質	分　裂　気　質	粘　着　気　質
精神感受性と気分	気分発揚性の比率 発揚（快活）と抑鬱（憂鬱）との間	精神感受性の比率 過敏（敏感）と鈍感（冷淡）との間	爆発と鈍重との間
精神的テンポ	動揺性気質曲線 活動と緩慢との間	飛躍性気質曲線 一方的思考感情様式	粘着性気質曲線
精神運動機能	刺激に相応，円滑，自然，柔軟	しばしば刺激不相応，抑圧，麻痺，阻止，硬直など	刺激相応，緩徐，精確，愚図，どっしり
親和性体型	肥　満　型	細　長　型	闘　士　型

反応の速さ（速い－遅い）と強さ（強い－弱い）の組み合わせによる4類型で気質を分類している。

　類型論の典型的なものは，クレッチマー（Kretschmer, 1950）による以下のような分類である。ここでは，身体的特徴と気質との関係が強く結びつけられている。

1. 細長型－分裂気質：孤独を好み非社交的で冷たい。細かい事柄に対して敏感。
2. 肥満型－循環気質：陽気で社交的だが気分にムラがある。具体的で現実的。
3. 闘士型－粘着気質：粘り強く融通がきかない。真面目で権威主義的。

　このような分類は直観的に正しいようにみえる。細長型の人物を思い浮かべると，芥川龍之介や川端康成，作曲家のマーラーや，ショパン（ただし写真ではなく肖像画の）などが当てはまる。肥満型では，歴史上の人物では西郷隆盛，足利義満や太陽王ルイ14世などが当てはまるだろう。また，闘士型ではベートーヴェンや新選組の近藤勇，平清盛やイギリスの首相であったマーガレット・サッチャーなどがこの体型に分類できるだろう。しかし，細長型ではあっても豊臣秀吉のように陽気に振る舞い，人付き合いがうまいといわれる人もいるし，肥満型であったといわれる徳川家康は冷酷非情な手段で幕府の礎を築いたといわれ，寡黙で吝嗇でもあったという。こうした特徴は，必ずしもクレッチマ

ーが示した分類には当てはまらない。

　米国のシェルドン（Sheldon, 1899-1977）は，質問紙調査や面接調査を重ね，以下のような分類を行っている。

1．外胚葉型（神経緊張型）：反応が早く，プライバシーを重視し，非社交的。
2．内胚葉型（内臓緊張型）：社交的で親切。安楽な状態を望む。
3．中胚葉型（身体緊張型）：動作や姿勢が断固としている。支配と権力を好む。

　分類の内容はクレッチマーの分類に類似しているが，この3つの類型に完全に当てはめるというよりはそれぞれの類型を構成する細かい特性を気質尺度として測定し，評定した値によって分類を行うので特性論（traits theory）的な性質も持つ。

　類型論的な考え方を特性論的に整理し直した考え方として，ユング（Jung, 1875-1961）の分類を応用したMBTI（Myers-Briggs Type Indicator）というパーソナリティ・テストがある。感覚，直観，思考，感情の4つの心的機能のそれぞれが，外向・内向のどちらの方向に向かっているかを測定し，最終的には8つのタイプのどれに当てはまるのかを判断しようとするものである。

特性論的な立場

　しかし現実の人間はさまざまな特性の複雑な組み合わせを持っている。たとえば，以下のような複雑さである。

　　この人は，怒りの感情に支配されることが多いみたいだけれども内向的でその怒りがあまり表面に出ないタイプであり，しかも，ちょっと不安定でいつもはおとなしいが，急に怒りの感情が爆発することがある。さらに，考え方は論理的で緻密，着実に思考を積み重ねるタイプで，それでいて意外と柔軟に考えを変えることもできる。他人の考えを受け入れることに困難を感じているようである。想像力はあまり豊富には見受けられない。ただし，特定の分野については斬新な発想が見受けられる。愛情面では……。

　ある人物の特徴をできるだけ正確に表現しようとすると，さまざまな要素の

組み合わせで表現することになる。このように多くの側面を記述しようとすると類型論では類型が増えすぎて収拾がつかなくなってしまう。上の例では，怒りの感情，内向性・外向性，安定性・不安定性，感情表出のパターン，思考の論理性・緻密性・着実性，他人の思考への許容度，想像力の豊かさ，思考の新奇性，愛情。こういった特性が漫然と記述されている。また，それぞれの特性がどの程度高いのか低いのか，他人と比べてどうかなど，それぞれの特性の大きさを表現することが難しい。

　そこで，特性論的な記述が必要になる。ただし，特性論でみても，パーソナリティの要素をすべて記述しようとしたらキリがないので，観察可能な行動を測定し，統計的な手法を用いて重要だと考えられる特性に分類していく方法をとることが多い。測定しやすい行動に注目し，その行動を背後から支配している比較的一貫性の高い特性を探していくことになる。特性論的な考え方の礎をきずいた 1 人であるオールポート（Allport）は特徴的な傾向の安定性や一貫性を拾いだそうとした。オールポートは以下のように述べている。

　　日常生活では誰もが，心理学者ですら，成熟した人間の行動の底には，特徴的な傾向性または特性があることを疑わない。そのひとの熱狂，興味，表現様式には特殊な習慣や同一要素からはとても説明がつかないほどにきわめて一貫性があり，明らかにパターン化している。

（Allport, 1937）

　MBTI でもみられた外向・内向という軸はアイゼンク（Eysenck, 1916-1997）にも見いだされており，パーソナリティ特性として比較的安定したものであるとされている。アイゼンクによる MPI（Maudsley Personality Inventory：モーズレイ性格検査）にも利用されている。

　特性論の典型は，矢田部ギルフォード（YG）検査であり，企業の採用試験にも使われることがある。使用目的としては，職業適性を検査するというよりは，社会人としてその企業内で円滑な雇用関係が維持できるかどうかをスクリーニングする目的で使用されている場合が多かった。最近では，一般常識や基礎知識などのテストとパーソナリティ・テストや知能テストに類するものが一緒になったパッケージが用いられることも多い。

　特性論的なパーソナリティ・テストについては，Big 5（性格 5 因子）という

考え方がある。因子分析という統計的手法を用いてパーソナリティを特性として把握する際に，5つの特性にまとまることが多く，それを Big 5 という。抽出される特性は調査によって異なるが，一般的には，神経症傾向（neuroticism），外向性（extroversion），開放性（openness to experience），協調性（agreeableness），誠実性（または統制性：conscientiousness），の 5 つかそれに類似した内容になることが多いとされている。Big 5 を用いたパーソナリティ・テストの代表的なものとして NEO-PI-R（NEO Personality Inventory-Revised 人格検査：Costa & McCrae, 1989）がある。なお，上に挙げた 5 つの特性は NEO-PI-R での分類である。（NEO は，neuroticism, extroversion, openness to experience の頭文字）

パーソナリティ・テストの信頼性と妥当性

　これまでみてきた静態論的な考え方，特に，特性論的な考え方は，パーソナリティを客観的に把握するためのテストによる測定を前提とするものが多い。テストを行う都度，結果が変わってしまうと信頼性が低くなってしまう。信頼性が高いということは，同じ人に対して違う環境や時間で測定しても同一の結果が得られる再現性や安定性，一貫性が高いということである。パーソナリティに関するテストの信頼性を高めるためには，時間や環境で変化しにくい特性を選んでそれを測定する必要がある。そのために，特性論的なテストでは，時間や環境によって変化しにくい特性を測定しようとする傾向がつよい。

　また，信頼性に関連する概念として，妥当性がある。妥当性には，測定したい内容を測定しているかどうかについての①内容妥当性，②個々の質問項目がそれに対応する特性を構成する要素として成立しているかどうかについての構成概念妥当性，③他のテストや現実を基準として照らし合わせてそれとどの程度一致しているかの基準関連妥当性，がある。

5．動態論的な立場（発達と学習の視点）

　これまで，静態論的な考え方をみてきた。しかし，パーソナリティというものは，幼少期から老人になるまでずっと一定で変わらないのだろうか。生まれたときから，パーソナリティがだんだんと形成されるということはないのだろうか。パーソナリティを全人格的なものと考えると，それが長い年月のあいだ

に変化することも考えられる。

　高校時代，控えめで，引っ込み思案の友人がいた。そこそこ大きな企業の御曹司だった。30年以上経って，彼のパーソナリティは変わっていた。家業を継ぎ，社長となり，「がはははは」と大笑いする，でっぷりと太って自信にあふれた経営者になっていた。変わらない一貫した側面があるにしても，いくつかの要素については人は変わるものである。年齢によってパーソナリティが成熟し，対人関係処理能力を身に着けて，もともとあったパーソナリティの明るい部分が発揮できるようになってきたのか。それとも，社長への道を進むうちに社会的な立場にふさわしい振る舞い方を身に着けていったのか。どちらにせよ，まったく人は変化しない，とは考えられない。

　パーソナリティの変化について考えてみよう。図2-2の動態論的な立場である。これは，人のパーソナリティを類型や特性で分類する立場ではないので，非分類学的立場である。発達という考え方や学習という考え方に基づけば，パーソナリティは時間的に変化していく。したがって，これらの考え方は動態論の立場になる。

発達からの立場

　パーソナリティをどういう次元で捉えるのかにもよるが，未熟だったパーソナリティがだんだんと完成されていく，ということもいえるので，パーソナリティを捉えるときには，発達的見地も必要である。発達論では，パーソナリティは，その年齢にふさわしい発達をしていく。発達には，それぞれの年齢にふさわしい発達課題があり，その課題を乗り越えられないと，次の発達段階に円滑に移行できない。発達課題を乗り越えられないまま，次の段階に入ろうとしても入れなかったり，次の段階の問題を解決する上で大きな困難を抱えてしまったりする。発達論ではそのような考え方に立脚することが多い。

　発達の基本的な考え方として，変化には順序がある。まず四つんばいになることができなければ，ハイハイ歩きはできないし，ハイハイ歩きができなければ二足歩行ができない。二足歩行ができてはじめて走ることができる。話をする際にも意味のない言葉を発することができなければ，意味のある一語を発することができないし，一語も発することができなければ二語を発することができないし，構文も作れない。他人と言葉を交わすことができなければ親愛の情を伝達することは難しいし，親愛の情を伝達できなければ新たな仲間と親密な

関係を築くことも難しい。仲間と親密な関係を築くことが難しければ，さらに親密な関係を維持し続けることも困難になる。

　そこで，パーソナリティに何らかの問題がある場合，発達の途中の段階に問題があったのではないか，という視点を持つことになる。こうした立場にたてば，多くの場合，発達段階とその段階特有の発達課題に注目することになる。

　エリクソン（Erikson, 1968）は，アイデンティティ（identity：自己同一性）を人生の重大な課題であると位置づけ，発達段階を考えた。アイデンティティは，社会的役割，個人の特性，意識的自己イメージとして考えられているが，それ以上の意味を含むものである。エリクソンはライフサイクル全体の中で，特に青年期と成人初期のアイデンティティの危機に重点を置いている。

　図2-3はレヴィンソン（Levinson, 1978）による成人前期と中年期を中心にした発達段階の記述である。それぞれ新たな段階に入るところに過渡期があり，過渡期を超えられるかどうかは，発達課題を解決できるかどうかにかかっている。レヴィンソンは人生を四季に例えているが，それぞれの季節の節目で生活構造を根本的に変える必要が生じ，それが過渡期を構成すると考えた。

　さて，発達という考え方は，この年齢であれば標準的にこれだけの発達段階にあるはずであり，このような問題に直面するはずである，ということが前提になっている。パーソナリティに問題がある人は，その年齢のその時点でどこがどう標準的な発達とズレているのか，という視点で検討することになる。

学習からの立場

　しかし，人間のパーソナリティは一律の成長をたどるだけではない。人は多様であり，パーソナリティも多様である。一律に発達していくのではなく，積み重ねる経験によってパーソナリティは変わってくるのではないか，という考え方も生じる。それが，学習（learning）に基礎を置く理論ということになる。図2-2の動態論的理論の中でも学習に基礎を置くものがこれにあたる。

　ワトソン（Watson, 1919）は，実証も検証もできない無意識や情動などの心理状態の解釈ではなく，科学的な枠組みで説明が可能な目に見える刺激と行動に研究の焦点を絞った。ワトソンの考え方は，行動主義（behaviorism）と呼ばれており，刺激－反応（S-R; stimulus-response）モデルを基礎にしている。自然にある反応を起こさせるような刺激を無条件刺激（unconditioned stimulus）という。たとえば，食べ物を提供されると唾液が分泌される，などの場合は，

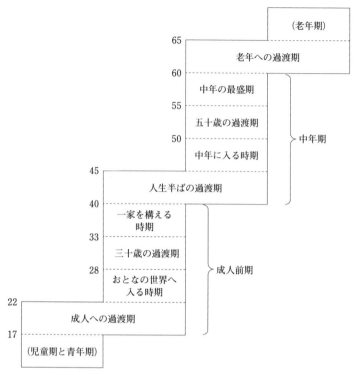

図2-3　Levinson (1978) による成人前期と中年期の発達段階 (邦訳書 (上), p. 111)

食べ物がこの無条件刺激である。通常，ベルを鳴らしても唾液は分泌されない。この状態では，ベルの音は唾液の分泌に対して，中性刺激 (neutral stimulus) である。しかし，食べ物を提供する前に必ずベルを鳴らすと，ベルを鳴らしただけで唾液が分泌されるようになる。このとき，ベルの音は中性刺激から唾液の分泌をうながす条件刺激 (conditioned stimulus) に変化したことになる。このような関係づけを古典的条件づけ (classical conditioning：またはレスポンデント条件づけ：respondent conditioning) という。ある特定の刺激や行動が起こった場合にある結果 (この場合，食べ物を提供される) が生じる，ということが繰り返されれば，その関係が記憶される。

　ソーンダイクら (Thorndike et al., 1932) は動物実験を用いて試行錯誤を研究した。刺激状況の中で誤反応を繰り返すうちに，満足が得られるような正反応が行動として定着する。またスキナー (Skinner, 1938) は，試行錯誤をもとに

した道具的条件づけ（instrumental conditioning：またはオペラント条件づけ：operant conditioning）を発見した。どのような行動をすれば期待する結果が得られるのかを学習すれば，自分から行動をコントロールできるようになる。たとえば，ベルを押せば食べ物が提供される，という関係を理解すれば，食べ物が欲しいときにはベルを押せばよいということを学習したことになる。これが道具的条件づけである。

　ある特定の行動が好ましい結果を生むのであれば，その後も，類似した行動をして，かつて成功した反応を続けようとするであろう。このような繰り返しを経験することにより，日常の文脈の中でよく訓練された活動が定着し，意識しなくても類似した刺激に対して同様の反応をするようになってくる。これが，心理学的な意味での"学習"である。学習の結果，これまでの反応が定着し，それがその人の特徴となり，パーソナリティを形作っていく。刺激に対する反応の連続が，行動の定着を生み，それが習慣化していくという考えである。その結果，発達と同じように，年が経つにしたがってさまざまな行動の特徴が確立されていくことになる。

　発達と違うのは，個人によって異なる刺激を受け続け，反応を続けていけば，行動特性も人それぞれに変わってくることである。形成されるパーソナリティも異なってくる。学習に基礎を置く考え方では，訓練や，これまでにさらされた経験とそれに対する反応によってパーソナリティは変えられる，ということになる。新しい学習をしていけば，新しい行動パターンが定着する。この新しい行動パターンが，新しく獲得したパーソナリティだということになる。このように考えると，人間のパーソナリティとは，刺激と反応の連続が絶え間なく織りなして定着した刺激−反応の束であると考えることができる。

6．それ以外の考え方

　図2−2の非分類学的視点のところに，精神力動論が記載されている。フロイト（Freud, 1933）による精神分析では，心の機能を分類し，それぞれの機能に偏在するエネルギーの強さが心の作用に力を及ぼすと説明する。図2−4は，フロイトが考えた心の中の機能を示したものである。

　フロイトは，人間の心は「エス（Es）」と「超自我（super ego）」と「自我（ego）」の3つの構造を持つと考え，どの部分に欲動エネルギーの量と循環が

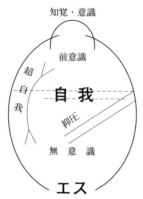

図2-4　Freud（1933）が考えた心の構造（邦訳書, p. 296の図を縦に描き直したもの）

配分されているのか，またそのエネルギーの動きによって病状を説明した。フロイトの考え方をパーソナリティ理論の文脈で考えた場合，精神力動（psychodynamics）と呼ばれることがある。この心の構造は，明確に脳のどの部分に対応しているのかは考えられていない。前頭前野や視床下部などの脳の器質とは別に，純粋に心の機能そのものだけを取り出して考えられたものである。おおまかな考え方は以下のようになる。

　人間の心に最初に生じるのはエスの部分である。子供は母乳が欲しければ泣き叫んで要求し，おむつが濡れて気持ち悪ければ泣き，眠ければ泣き，幸せを感じれば屈託なく笑う。自分の欲求を満たそうとするがその欲求を明確化して表現することもない。欲しいものがあれば手を伸ばして取ろうとし，見境なく口に入れたりもする。こういう行動の根元がエスにあると考えられる。欲望が満たされたり満たされなかったりという経験や様々な欲求は整理されずにこのエスの部分に蓄積されている。

　子供が地面に落ちているものをそのまま口に入れようとすれば怒られ，次第にそのようなことはしなくなる。お腹が空いているときにお店においしそうな果物があってすぐに食べたくても，お金を払わなければ買えないということを次第に理解していき，店の前を通っても我慢するようになる。信号が赤であれば，道路を渡ってはいけないということを教えられていくうちに，わざわざ意識しなくても，赤信号を見れば足をいったん止めるようになる。

　このようにして，してはいけないことを自分の心の中に取り込んで無意識に

行動したり，やめるべきことをやめる働きをするのが超自我である。行動主義者の考える刺激—反応の学習が起こるとも考えられるが，フロイトの場合，親そのものの行動や思考を自己の中に取り込んだり，文化的規範を取り込んで超自我が形成されていくと考える。職場ではこうするべきだとか，これはやってはいけないということを上司から教えられたり，職場内の文化から知らずしらずのうちに自分の内面にとり込む。

　心の中にはもう１つの機能がある。受け止めた外界の刺激をもとに判断を行うのが自我である。信号が赤であっても，左右を見て車が来ていなければ渡ろうと考えたり，多くの人が道路を横断しているのを見れば自分も渡るなどと考える。あるいは，赤信号では渡らないのがルールだと考え，他に渡っている人がいても自分は立ち止まろう，などと考える。より高い地位が欲しいので，そのためにはたいていのことはやりたいと考えるエスの力と，上司に媚びるのはいやらしいことだとして禁止しようとする超自我との間で，現実的な状況をみて判断するのも自我の働きである。エスからのエネルギーと超自我からのエネルギーを外界に合わせて調整しようとするのが自我の働きである。

　以上が，個人の中のエスと超自我，自我の働きであり，これらの機能の間に流れるエネルギーの違いが個人のパーソナリティの違いの原因にもなっている。

見たくないものは見なかったことにする無意識への抑圧

　フロイトによれば，自分自身の心の醜い部分，露骨な欲望やかなわぬ願望は無意識の底に抑圧されている。自分自身が認めたくないものは無意識の底に抑圧されてしまう。これらすべてが膨大に蓄積され，自分でも気づかずに行動させるのが無意識の働きであり，意識され得る心の部分はほんの表面の部分でしかないというのがフロイトの基本的な考え方である。フロイトは，心の大部分を占める無意識をできるだけ意識化し，整理し直すことを病状改善の手がかりにしようとした。病状や衝動の原因は，無意識下に整理されないまま蓄積され，意識に上がらないように抑圧されている。これらのエネルギーが無秩序にあふれ出ることが，精神的な病気による症状であると考えた。

　そのために，落ち着いた状態で，意識の一歩手前の前意識の段階まで漏れ出してくる無意識の断片をつかまえて，それらの断片をかき集め，何とか拾い出し，解釈することによって，病状や衝動の原因を理解することができると考え，精神分析の手法を考案した。たとえば，どうしてもコップから水を飲めない夫

人の病状が治った例（実際にはフロイトの共同研究者であったブロイラー（Breuer）の患者で，他にも様々な症状に悩まされていた）では，無意識の中に抑圧されていた過去の経験を思い出すことによって症状が消えた。子供の頃，大嫌いだった家庭教師のコップから犬が水を飲んでいたのを目撃してしまい，そのことを家庭教師には絶対に言わずにいようと思った経験が無意識の底に澱^{おり}のように溜まっており，その過去の記憶が整理されぬまま，家庭教師の嫌な思い出とコップで水を飲む犬の記憶と自分自身がコップで水を飲むことが混ざり合い，何かのきっかけでコップから水を飲めないという症状になったという（Breuer & Freud, 1895）。そのことを催眠状態で思い出し，意識化・言語化してからはその症状は消えたという。

　心のメカニズムが無意識の中に抑圧している事柄を，人為的に意識化して考える作業は本来は極めて辛い。それが辛いので意識化したくない。フロイトによれば1人ひとりの個人の心の中やパーソナリティは謎に満ちている。

その他の視点

　分類学的でもなく非分類学的でもない考え方が2つある。1つはロジャーズ（Rogers, 1979）の唱えるような人間主義的なパーソナリティ観であり，人は妨げるものがなければ有機体として良い方向に向かうという考え方である。ロジャーズによると，人間には有機的な生命としての特徴と自己実現化傾向があり，そこに焦点を当てて来談者中心療法を行うべきである。そのような人間観もあり得るだろう。

　もう1つが，遺伝的素因によってパーソナリティは生まれつき決まっていて変わらないという決定論である。人間のパーソナリティは運命論的にあらかじめ完全に決定されているとだけ信じている心理学者はおそらくはほとんどいないであろう。遺伝的素因と環境要因が複雑に絡み合ってパーソナリティを形作っていると考える立場が，遺伝的素因を研究する心理学者の主な立場であり，どのような要素が遺伝的に決まり，どのような要素が環境によって決まり，それらがどう相互作用しているのかについて，この分野にたずさわる心理学者は関心を持っており，研究が進められている。

第3章 職務満足とワークモチベーション

公認心理師対応カリキュラムで含むべきキーワード
組織成員の心理と行動 職務満足，ワークモチベーション

1．満足を求めることとモチベーション

　職務への満足と仕事へのモチベーション（motivation：動機）とには密接な関係がある。刺激－反応を扱う行動主義的な考え方では，人は快刺激を求めて行動する。このことを仕事に当てはめて考えると，人間は満足できる結果（報酬としての快刺激）が与えられるような仕事を行おうとすることになる。この，"仕事を行おうとする"意思が職務に対するモチベーションである。

行動主義的な視点（学習という視点）

　行動主義的な考え方に基づけば，快刺激が与えられることによって満足が得られるだろうという期待が，職務行動への動因になり，モチベーションが起動（動機づけ）される。後で満足が得られるという期待があれば，それを求めてモチベーションが生まれるが，満足が得られないことが分かればモチベーションは消失する。また，報酬が欲求を完全に満たすことができたのであればそれ以降の欲求は消失し，モチベーションは起こらなくなる。

　第2章でみてきた条件づけについて，より詳しくみていこう。ソーンダイクら（Thorndike et al., 1932）やスキナー（Skinner, 1938）などが明らかにした試行錯誤による道具的条件づけ（オペラント条件付け）のメカニズムは以下のようになる。

　道具的条件づけは，正の強化子と負の強化子を想定している。正の強化子は特定行動の出現頻度を高める刺激である。負の強化子は特定行動の出現頻度を低めたり消去する刺激である。いわば，ご褒美が正の強化子になり，罰が負の

強化子になる。このような刺激を与えたり与えなかったりすることで道具的条件づけが行われる。いずれかの強化子が与えられ続けることで安定的な行動が形成され，それが維持される。また，別の刺激を与えたり，これまでの刺激を与えなくすることによって行動が消去される。特に，道具的条件づけでは，人間が単に消極的に刺激に対して反応するのではなく，快刺激が継続的に得られるように行動を学習することを想定している。

　どんな快刺激をどんな方法で求めるのかは人によって異なる。たとえば，職務満足を求めて業務の進め方を工夫したり，承認欲求を満たすために上司への成果のアピールのしかたを工夫したり，または自己実現をめざして自分により適した職場を探すための転職をしようとする，などの違いには少なからず個人特性が影響している。

人は即座の快刺激や満足だけで職務を遂行しない

　しかし，人間は快刺激を求めて職務に動機づけられるだけではない。フロイト（Freud, 1920）はすでに，「心的な生において非常に多くのプロセスが，快楽原則と独立して遂行されることは意外なことではない」と考えていた。人間はさまざまな理由から快刺激が得られないような行動を続けるだろう。現実には，いま現在の快楽を先延ばして不快な思いをしながら職務を続けることもあるだろうし，責任感から職務を遂行することもあるだろう。

　オールポート（Allport, 1937）は，「工芸技術を完成させたいという動機をもっている人は，その問題が完全に終着点に達したという満足感を味わうことは決してない。永続的な興味というのは不満足の再発現なのであって，その不完全性から前向きの原動力を得ているのである」という。当然，満足を感じることもなく，快刺激という意味ではなく，生活上の必要に迫られて報酬を得るためだけに仕事をしているという人もいる。モチベーション以外にも仕事を遂行するさまざまな理由が考えられる。

2．動機づけ要因と衛生要因

　さて，それでは**職務満足**をもたらす要因にはどのような種類のものがあるのだろうか。ハーズバーグ（Herzberg, 1966）は職務に関する「動機づけ要因（motivators：満足要因）」と「衛生要因（hygiene factors：不満要因）」が異なる

ことを発見した。動機づけ要因は**ワークモチベーション**の向上をもたらすが，不満をあまりもたらさない。衛生要因は職務への不満をもたらすが，ワークモチベーションの向上をあまりもたらさない。ハーズバーグによると，職務に「動機づけ要因」が欠けているときには，現実的・想像的不良職務衛生に対する従業員の関心が増大し，その結果として，従業員に与える衛生の量と質をたえず改善しなければならなくなる。さらにまた，衛生要因による職務不満の解消は一時的効果しかもたず，したがって，頻繁に職務環境に気を配る必要が増える。

　ハーズバーグは，持続的なよい職務態度への動機づけに関連する決定要因としてきわだって重要なものとして，①達成，②人間関係的な承認，③仕事そのもの，④責任，および⑤昇進，の５要素を挙げている。満足要因とは別に，不満足をもたらす要因はこの５要素ではなく，①会社の政策と経営，②監督，③給与，④対人関係，および⑤作業条件であった。

人によってそれぞれの要因に対する反応の強さは異なる

　ハーズバーグは，さらに従業員のタイプを衛生要因追求者と動機づけ要因追求者の２種類に分けて考えている。動機づけ要因と衛生要因のどちらに対して反応しやすいかは，個人による違いがある。職務満足とモチベーションとの関係は一律ではなく，どのような要因に反応するのかも個人によって異なる。たとえば総合商社のようなところに入社して海外の劣悪な環境の中で自分の能力を発揮し，その国の人々の生活向上につくしたいと考える人もいれば，できるだけ奇麗なオフィスの安逸な環境の中で過剰な業務の達成を求められない仕事に就きたいと考える人もいる。

3．X理論・Y理論

　従業員のモチベーション向上のために何をすべきかは管理者にとって重要な問題である。マクレガー（McGregor, 1960）は，組織に関する文献や経営政策・施策で暗黙のうちに了解されている命令統制に関するそれまでの伝統的見解をX理論と命名した。X理論は以下の人間観を前提としている。

　1．普通の人間は生来仕事がきらいで，なろうことなら仕事はしたくないと

　思っている
 2．この仕事はきらいだという人間の特性があるために，たいていの人間は，
　強制されたり，統制されたり，命令されたり，処罰するぞとおどされたり
　しなければ，企業目標を達成するために十分な力を出さないものである
 3．普通の人間は命令される方が好きで，責任を回避したがり，あまり野心
　をもたず，なによりもまず安全を望んでいるものである

　マクレガーは，従業員個々人の目標と企業目標との統合は可能だと考えた。
そのために必要な以下の人間観をY理論と命名した。

 1．仕事で心身を使うのはごくあたりまえのことであり，遊びや休憩の場合
　と変わりはない
 2．外から統制したりおどかしたりすることだけが企業目標達成に努力させ
　る手段ではない。人は自分が進んで身を委ねた目標のためには自ら自分に
　ムチ打って働くものである
 3．献身的に目標達成につくすかどうかは，それを達成して得る報酬次第で
　ある
 4．普通の人間は，条件次第では責任を引き受けるばかりか，自らすすんで
　責任をとろうとする
 5．企業内の問題を解決しようと比較的高度の想像力を駆使し，手練をつく
　し，創意工夫をこらす能力は，たいていの人に備わっているものであり，
　一部の人だけのものではない
 6．現代の企業においては，日常，従業員の知的能力はほんの一部しか生か
　されていない

（McGregor, 1960）

　マクレガーによれば，このY理論は，人間を成長し発展させる可能性がある
とし，能力をもった人材を対象とする考え方であるという。人間の能力を信じ
て活用することを前提としており，人間があらかじめ心の中に持っている内的
なモチベーションを刺激しようとする考え方である。

4．モチベーションが起こるさまざまな要因

　モチベーションが主観的に起こる理由にはさまざまなものがある。たとえば，高校生が，部活動でサッカーを始めるとする。さて，その高校生は，何のためにサッカーを始めるのだろうか。サッカー自体が面白いと思ったのかも知れない。あるいは，仲間と一緒に頑張るということが楽しそうに思えたのかも知れない。または，サッカー選手として目立つと異性からモテるとか，人気者になれる可能性があると思ったのかも知れない。サッカーを一生懸命やろうと努力するためのモチベーションのもとにある要因がどのようなものであるにせよ，モチベーションそのものが強ければ，より大きな努力に結びつくだろうと予測される。

　職業として業務を行う場合でも同じである。社会的地位を求めて就職したり，仕事を一生懸命やる，恋人に認められたいからやる，上司からほめられたいからやる，ライバルに負けたくないからやる，みんなから仲間として認めてほしいからやる，など，など……。これらの例から容易に想像がつくように，個人によってモチベーションのもとになる"動因"の内容が異なる。

5．達成動機・パワー動機・親和動機

　モチベーションにはさまざまなものがあり，そのもとになるのがニーズである。基本的なニーズが外的な誘因によって具体的なモチベーションとして発動する。ニーズとは個人が内的に求めているものであり，モチベーションというのはそこに向かうために必要な力である。

　マクレランド（McClelland, 1985）は個人によるニーズの違いに注目し，さまざまな角度からモチベーションに至るニーズを測定することによって，モチベーションを整理した。またマクレランドらは，さまざまなモチベーションがあるとした上で，達成動機，パワー動機，親和動機が職務にとって重要だと考え，特に達成動機に注目をして研究を継続的に行った。（McClelland et al., 1953; McClelland, 1961, 1965; Atkinson, 1974）

　それぞれの動機についてマクレランド（McClelland, 1985）の記述からみてみよう。

達成動機

　ものごとを成功させたいという動機である。マクレランドは，達成ニーズの高い人は業績結果に対して個人的に責任を負うことを好み，自分がどれだけ見事に物事を達成しているかについてのフィードバックを好むと考えた。より多くの変化を求め，ルーティン（繰り返し）を嫌う傾向が強いと考えた。さらに，達成動機の高い人たちは，自分の能力と大学の成績に照らして現実的な職業を選択することが多く，職業上の成功に向けて好スタートを切ることができ，仕事に対しても積極的に取り組むとしている。

　この達成動機に関しては，アトキンソンらによる実験がしばしば引用される。彼らの実験では，被験者が立つ距離を変えて輪投げをする。回数を経ると多くの被験者が，輪投げが成功する困難さが中程度の距離を選ぶようになった。特に達成動機の強い被験者ほど中程度の困難さを選択することが多かった（Atkinson, 1950, 1957, 1964: Atkinson & Feather, 1966: Atkinson & Litwin, 1960）。こうしたことから成功確率が50％程度の困難な課題にチャレンジしようという達成動機は，経験回数を重ねるごとに高まり，人間はよりチャレンジを求めるようになる，という説明がされることがあり，マクレランドもこの説明を踏襲している。また，一連の実験の中で，特にこの輪投げの実験が，目標管理制度の導入時の説明など，さまざまな場面で引用されることが多い。

　しかし，現実の仕事の難易度の選択とは違って，アトキンソンらが行った輪投げの実験では自分の収入や地位が影響を受けるわけではない。メイヤー，フォークス，ワイナー（Meyer, Folkes, & Weiner, 1976）は，被験者が実験結果によって自身の能力と努力が知らされるという教示を受けることで，中程度に困難な課題を選ぶことを示した。この理由として，人間が，自分自身の能力や努力を知る手がかり（情報価：informational value）が高いテストを選ぶ傾向を持つという説明を示している。（Weiner, 1980）

　そうだとすると，やはり仕事の上で自分自身への処遇や地位の向上を求めて仕事の難易度を決定する場合と単なる輪投げの実験とでは，モチベーションの内容が異なる可能性がある。いずれにせよ，安易な目標ではなく中程度に困難なことにチャレンジしようとする傾向や，学習によってこの動機が高まるという傾向は，産業・組織を管理する側の立場からみた場合に，大変貴重なものである。このことについては，第7章で再び取り上げる。

　ただし，マクレランド自身は，この達成動機について，幼少期からの社会的

環境や就業以前に受けた教育の影響についても重視していた。

パワー動機

　人を支配することや地位を求める動機である。マクレランドは，パワー動機を持っている人は自発的に競争的スポーツに参加することが多いと考えた。

　成熟の段階では攻撃行動をしたくなるという衝動を抑え，実際には衝動的には行動しない場合が多い。また，強いパワー動機を持つ人は自身が独善的であると考えて否定的な自己像を持つことがあるという。さらに，パワー・ニーズのより高い人は他の職業よりもパワーと影響力をより強く持つ職業に就き，公的に影響力のある地位を求める傾向があることを述べている。外国車のような名声表示物として作用するような自動車を好んだり，地位を象徴するようなクレジットカードを好む傾向がある。

親和動機

　人と仲良くしたり周囲からの承認を求める動機である。親和動機の高い人は，課題達成作業を行う際にも課題の達成そのものに対しではなく，実験実施者や他の被験者との間での承認や友好的な雰囲気などの親和ニーズを満たすために課題に取り組んでいる可能性が高いことを示している。電話をよくかけ，手紙を頻繁に書き，友人を多く訪問する傾向も挙げている。

　親和ニーズの高い者にとって非常に重要な対象は人間そのものであり，仕事仲間として熟練者よりも友人を優先し，フィードバックも課題の遂行についてよりもグループの協力関係に関するものを好む。しかし，当人が非友好的なグループの中にいると感じた場合には，親和ニーズがあまりよく機能しない。その場合には葛藤や衝突を避けようとする傾向がある。親和動機が必ずしも協調して成果を高めることに役立つとは限らず，歩測作業などでは，親和ニーズの低いグループの方が向上度合いが高まっていることを示している。また，親和ニーズの高い人たちは勝敗が明白な争いゲームを好まない。さらに，マクレランドは葛藤や批判を避けようとする人は立派な管理者にはなれないことを指摘している。

　このように，個人によってそれぞれのニーズやモチベーションの種類や強さが異なる。

6．欲求五段階説

　一方で，マズロー（Maslow, 1954）は，①食欲，性的願望，眠けなどの"生理的欲求"をモチベーションの出発点と考えた。最も優勢なこの生理的欲求が比較的よく満足されると，②安全，安定，依存，保護，恐怖・不安，混乱からの自由，構造・秩序・法・制限や保護の強固さなどを求める"安全の欲求"が生じる。さらに生理的欲求と安全欲求が十分に満たされると，③近隣，なわ張り，一族，自分自身の「本質」，所属階級，遊び仲間，親しい同僚などを求める"所属と愛の欲求"が生じる。さらに，④安定したしっかりした根拠をもつ自己に対する高い評価，自己尊敬，あるいは自尊心，他者からの承認などに対する欲求・願望（ a．内的な強さ，達成，適切さ，熟達と能力，世の中を前にしての自信，独立と自由などに対する願望。b．外的な評判とか信望，地位，名声と栄光，優越，承認，注意，重視，威信，評価などに対する願望）を求めることになる（"自尊欲求"）。

　これらの欲求がすべて満たされたとしても，人は，自分に適していることをしない限り，落ち着かなくなってくる。⑤「人は，自分がなりうるものにならなければならない。人は，自分自身の本性に忠実でなければならない」。このような欲求をマズローは"自己実現の欲求"と呼んでいる。

　以上のような段階を追ってより高次なものへと欲求が変化するという考え方は，マズローによる欲求五段階説と呼ばれている。

　ただし，これらの階層は，より基本的な欲求が100%満たされなければ次の欲求段階にすすまないというわけではなく，「実際には，我々の社会で正常な大部分の人々は，すべての基本的欲求にある程度満足しているが同時にある程度満たされていないのである。欲求のヒエラルキーに関してさらに現実的に述べると，優勢さのヒエラルキーを昇るにつれ満足の度合いは減少するといえよう。たとえば独断で数字を当てはめてみると，平均的な人では，おそらく生理的欲求では85%，安全の欲求では70%，愛の欲求では50%，自尊心の欲求では40%，自己実現の欲求では10%が充足されているようである」（以上，Maslow, 1954）。

　このような段階的な欲求充足への希求は，第二次世界大戦後の日本社会と日本の組織の発展をたどる際に重要な視点をもたらす。特に，高度成長期や年功

序列的な人事制度との親和性が高い。このことは，第7章で再び取り上げる。

7．様々な内的要因による動機づけ

　モントゴメリー（Montgomery, 1952）は動物実験により，ネズミが新規刺激を探索するように動機づけられることを発見した。フィスクとマディ（Fiske & Maddi, 1961）は，個体は最適な覚醒水準を維持しようとして行動を起こすが，最適覚醒水準は固体内で変動すると考えた。ホワイト（White, 1959）は，自身の有能さへの動機づけ（competence motivation）や外部への影響や変化を及ぼそうとするエフェクタンス動機づけ（effectance motivation）から行動を起こし，効力感（feelings of efficacy）を得ようとすることを述べている。

　このように，モチベーションを説明するさまざまな立場がある。これまでみてきたように具体的な努力を行おうとする"動因"の根底にある欲求が個人によって違うことに注目したり，どのような内容の欲求充足を求めてモチベーションが発生するのかを調べる研究を，欲求説（need theory）と呼んだり，内容説（content theory）と呼ぶ（田尾，1999）。

外的報酬が内的要因によるモチベーションを阻害する可能性

　デシ（Deci, 1975）は，モチベーションが何によって起こるのかについての帰属に関して，内的原因（internal causality）と外的原因（external cusality）を分けて考えることを提唱している。デシは，外的報酬と内的報酬は，実際には異なる行動を動機づけると考えている。デシによれば，報酬が行動を外発的に動機づけることはたしかであり，外的な統制システムは，そのシステムが作動しつづけるかぎり，すなわち，当の報酬が決して停止することなく，質が厳密に統制されているかぎりは適切であろうとしている。しかしながら，当のシステムがたとえ作動しているにせよ，外的報酬は，彼を報酬に依存せしめることによって当人の内発的動機づけを吸収してしまうだろうから，当の活動よりも報酬の方に，より多くの関心をもつようになるであろうと警告している。

　グリーンとレッパー（Green & Lepper, 1974）は児童に数学的課題を与え，報酬を与えた場合と報酬を与えなかった場合とを比較した。その結果，一度，報酬を与えた場合には，報酬を与えなくすると作業時間を減らしてしまうことが分かった。

8. モチベーションが作用するプロセス

　どのようにしてモチベーションが起動して活性化し，消失していくのかを考えるタイプの学説を，過程説（process theory）と呼ぶ。または，どのような前後関係でモチベーションが作用するのか，全体の文脈として考えることから，文脈説（context theory）と呼ぶこともあり，プロセスの中で，動因や行動に結びついたり，結びつかなくなったりというようにプロセスが選択的に作用するので，選択説（choice theory）と呼ぶこともある（田尾，1999）。

目標設定理論

　何らかの欲求を満たそうとして何らかの行動をしようとする意思がモチベーションであり，モチベーションを喚起し維持するために重要な役割を果たすのが目標である。何をすればその欲求が満たされるのかという，達成すべき目標が分かっていた方が，分かっていないよりも行動への意思は強くなるであろう。

　ロック（Locke, 1968）は目標の設定がモチベーション喚起に強い影響を及ぼすと考えた。この場合，目標そのものが心理的に受け入れられていることが条件になる。ロック（Locke, 1991）によれば，もしその目標が本人に受け入れられているのであれば，その目標の困難度が高いほど高い業績を得ることができる。また，目標は具体的な方が高業績に結びつきやすい。さらに，金銭的報酬を含むフィードバックは，目標の困難度が高く，かつ具体的である場合に業績に対して影響を及ぼす。しかし，目標を達成するための能力や知識が足りない場合には，困難で具体的な課題を与えられても業績は低下するという研究もある（Kanfer & Ackerman, 1989）。

　人は困難な目標を達成したことによって受け取ることができる報酬を求めるが，その反面，失敗することを回避しようとする。そこで，実際の業務の中では目標の難易度も常に問題になる。

期待理論

　当然のことながら，目標を設定するだけでモチベーションの喚起と維持が起こるわけではない。モチベーションが起こり，それが維持されることを連続したプロセスとして考えることも必要である。ブルーム（Vroom, 1964, 1976）は，

行動を行おうとする力（Force: F）の説明として，行動による成果を期待できる確率（Expectancy: E），成果が報酬に結びつく手段性がどれだけあるかの確率（Instrumentality: I），報酬の価値（Value: V）を用いてこれらの関係を考えた。簡略化して示すと以下のようになる。

$$F = E \times I \times V$$

実際には，行動の結果は次の結果（二次的結果）をもたらし，それが連鎖していくために，この式はもっと複雑になる。

アトキンソン（Atkinson, 1957, 1964）は，行動を起こそうとするモチベーションの過程の説明として以下の2種類の等式が合成されると考えた。

$$Ts = Ms \times Ps \times Is$$

Ts は目標に接近しようとする傾向であり，Ms は成功したいという比較的永続的なモチベーションである。Ps は目標を達成できそうな確率であり，Is は目標を達成したときに得られるインセンティブである。（T＝tendency. M＝motivation. P＝probability. I＝incentive. s＝success）

成功する確率が低いと考えれば，失敗した際の失望感や恥の感情が起こり得る。そのために，目標に接近しようとする傾向は，成功する場合の喜びや誇りと，失敗した場合の失望感や恥という感情の間での葛藤から生じる。失敗を回避しようとするモチベーションについても同様の関係式を設定できる。それは以下のようになる（f=failure）。

$$Tf = Mf \times Pf \times If$$

そこで，個人の心の中で喚起される総合的なモチベーションは，行動を起こそうとするモチベーションと失敗を回避しようとするモチベーションの差になる。

さらにアトキンソン（Atkinson, 1964）は，成功の魅力は課題の困難度が高いほど増加する傾向があり，逆に，失敗感情は困難度が低いほど増加することを示している。

9．モチベーションの生起と維持のメカニズム

　このように，モチベーションが生起し維持されていくメカニズムは，同じ基本構造の中でさまざまに表現され得る。それでは，これまでの理論をもとに，努力とその結果からモチベーションが続いたり消えたりする一般的なモデルを考えてみよう。たとえば，モチベーションが喚起されてから解消されるまでのプロセスを図3-1のように表すことができる。

　人が何かを欲しいと思い，それがまだ手に入っていないとする。欲しいものは物理的なものでも精神的なものでもかまわない。また，具体的なものでも抽象的なものでもかまわない。たとえば，今，欲しいものが"幸福"という精神的で抽象的なものだとする。しかし，今の自分は幸福ではないと思っていたとする。この状態を，"満たされない欲求"を持った状態という。"満たされない欲求"を持っていると，気持ちが落ち着かなくなる。この状態を"緊張"した状態と呼ぶ。緊張状態は落ち着かない状態なので，気持ちを落ち着けようとして何らかの活動を起こしたくなる。幸福になるためにお金が必要だと思えば，お金を手に入れたいと思い，今，孤独であり素敵な異性と結婚することが自分にとっての幸福だと考えれば，結婚できるような交際相手を探したいと思う。このように，具体的な行動をしようと思うきっかけを"動因"という。この"動因"が心の中に発生すると，行動に結びつく。つまり，お金を得るためには，どんなアルバイトをしたらいいのか，または宝くじや競馬などで一攫千金を狙うのがよいのか調べたり実際に確かめたりして，欲求の充足が得られるように"探索行動"を起こす。素敵な配偶者を得たいと思ったのであれば，異性が多いサークルに加入したり，合コンに参加したり，または，お見合いをするかも知れない。こうしてお金や結婚相手など，欲しいものが手に入ると欲求は充足される。"欲求の充足"が起これば，そこで"緊張の緩和"が起こり，行動を起こそうとする気持ちが解消されることになる。

モチベーションが生起するプロセスの精緻化

　さて，これがすべてだろうか。人は何のために努力するのだろうか。個人差はあるにしてもモチベーションが高い時に人は努力をし，モチベーションが低い時にはあまり努力をしない。モチベーションにおける努力の位置づけを図示

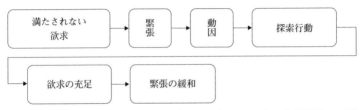

図3-1　基本的なモチベーションのプロセス（Robbins（2005）邦訳書, p. 79）

すると，図3-2のようになる。これは，図3-1の"探索行動"の次に，欲求の充足を求めて"努力"を続けるという状態を入れたものである。

　探索行動は一過性である場合も，なかなか欲しいものが手に入らずに継続が必要な場合もある。いかなる行動であっても欲しいものを手にいれるためには"努力"が必要である。努力は，単にパソコンなどの端末を操作するだけの軽微なものから，希望と絶望をくり返しながらの何年にもわたるものまである。

男子中学生の部活動の場合

　行動や努力の"結果"も重要である。具体例として，脚の速いある男子中学生が，女子生徒から注目を浴びたいと思っているとしよう。図3-3をもとに考えてみよう。今はあまり誰からも注目されず，ほめてもらえるようなことも何もないとする。この男子生徒は，女子生徒の人気者になりたいという"満たされない欲求"を持っていて，"緊張"の状態にあるとする。それで，クラスの人気者になりたいという"動因"が心に生じる。どうしたらクラスの人気者になれるだろうか。その男子生徒は，自分の脚の速さは活かせないだろうかと考える。スポーツの分野で，なんとか人気者になれないだろうか，どのスポーツなら結果を出せるだろうか。また，どのスポーツで結果を出せば皆から尊敬されるだろうか。そうしたことを考えて，自分が打ち込むべきスポーツを探索する。足が速いから陸上競技が良いようにも思える。しかし，今，男子からも女子からも尊敬されたり，人気者になれそうなのはサッカー選手として得点をあげることだという気がする。よし，それでは，サッカーで一番優れた選手になろうと決める。こうして彼の探索行動は終わり，やるべきことが決まる。そしてサッカー部に入って"努力"を続ける。努力の"結果"，試合でも得点をあげ続け，男子からも女子からも尊敬され，"欲求の充足"が起こり，"緊張の

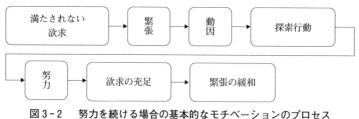

図3-2　努力を続ける場合の基本的なモチベーションのプロセス
（Robbins（2005）による図を筆者改変）

緩和"が起こる。緊張の緩和が起これば，もうその行動を続けるモチベーションは消えることになるので，努力は続けなくなる。

　当然，必要な努力が辛すぎて，途中であきらめてしまうこともあるだろう。また，なんらかの理由で入部を断られてしまうなど，探索行動がうまくいかずに終わってしまうこともある。このようにモチベーションのプロセスが途中で消失してしまうこともある。しかし，モチベーションのプロセスが続いていけば欲求の充足のために努力が必要になり，努力を続けることによって欲求の充足が得られる場合もあるだろう。だが，これで"努力"と"結果"の説明になっているだろうか。優れた選手は，得点王になった時点で欲求が充足され，緊張が緩和されてモチベーションが解消されてしまうのだろうか。そして努力をやめてしまうのだろうか。多くの場合，そうではないようである。

モチベーションが維持されるメカニズム

　図3-3は図3-2のプロセスに"結果"を加えただけでなく，"結果"から"満たされない欲求"に矢印が戻っている。人は普通，自分が行ったことを自分で評価して次の行動を考える。この左向きの矢印は，"結果"をもとに，自分はもっと上をめざしたいとか，もっともっと良いプレーをしたいなどの新たな"満たされない欲求"が生じていることを示している。この場合には，新しく生じた欲求が充足するまで再度，努力を続けることになる。このフィードバックを含めたサイクルがずっと続く場合もある。

　サッカー部に入ったこの男子中学生の例をさらに深く考えると，最初の欲求が充足されれば，そこで満足してモチベーションは消失してしまうかも知れない。しかし，向上心の高い生徒の場合には，最初の欲求が充足されても，次の目標を立てて，努力を続ける場合がある。より高い目標を次々に立てて，努力

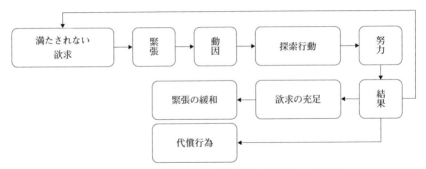

図3-3　モチベーションの継続と消失を考慮したモデル

を続ける人もいる。また，さらに別の目標ができるかも知れない。チームが一丸となる際の選手同士の友情や勝利に向かう親密な一体感が励みになって努力を続けている人もいるだろう。

　優れた選手は，努力の結果，最初の目標に到達したとしても，まだ満たされない思いを抱き，モチベーションを維持し続ける。優秀な選手ほど，最初の目標に到達すると，新たな練習方法や次の具体的目標を探索して，それにチャレンジするために努力を続ける。努力の“結果”をどう本人が評価するのかによってその後の展開が変わってくる。

努力は報われるとは限らない

　しかし，図3-3にはもう1つの矢印が新たに描かれている。この矢印は“代償行為”に向かっている。本人がいくら努力したつもりでも，自分が期待していた“結果”に結びつかなかったとしたらどうだろうか。“結果”をみて，もともと自分はサッカーには向いていなかったのだ，などと思い，サッカーを続けることをあきらめてしまうかも知れない。このような場合には，“結果”から出た矢印は“代償行為”に向かう。サッカーへの努力をやめてしまう場合には，“満たされない欲求”は充足されないまま残るので“緊張”は緩和されていない。

　第2章でみてきた精神力動論を思いだしていただきたい。心的エネルギーはそのままでは消失せず，心のどこかに残る。そのまま残るが満たされず，満たされない思いを抱きつづけるのは辛いので忘れてしまいたい。そして，その思いはおそらくは無意識の底にしまわれ，多くの場合には抑圧される。フロイト

は抑圧というメカニズムを考えた。第2章の図2-3にこの抑圧の仕組みが描かれている。この下に押し込められてしまうのである。

　また，そうではなく，合理化によって押さえつけることもある。自分に都合のよい理屈を考えて，欲求を抑えてしまうことを合理化という。たとえば，勉強が忙しくて十分な時間をかけて練習を行うことができないとか，もともと自分はサッカーにはさほど関心が高かったわけではない，などである。しかし，もともとの欲求が充足されていない以上，欲求は心的なエネルギーとして心の中に残っている。そのために“緊張”状態は続いている。このような場合には，本人が意識していなくても別の行動で欲求を満たそうとして代償行為を行うようになる。

職務との関連

　この図3-3のメカニズムは，仕事の上で同様に作用する。たとえば，現状よりも高い給与を得たいとか昇進したいというような，“満たされない欲求”がある場合には，心の中に“緊張”状態が発生する。人は緊張を解消するために行動する。上司から認められて昇給や昇進を得ようとする“動因”が生じ，“努力”が行われる。そこで“欲求の充足”が起これば，“緊張の緩和”が引き起こされてモチベーションは消滅する。しかし，仕事自体をもっと良くやりたい，もっとよい結果を出したいということが目的になり，それが“満たされない欲求”になって“努力”を続ける，という場合もある。また，さらにより上位の地位への昇進を渇望するというようになり，それが“満たされない欲求”となって次の昇進を狙うという新しいモチベーションにつながるかも知れない。この場合には，新たに生じた欲求がその時点ではまだ満たされていないために，図3-3の“結果”から“満たされない欲求”に矢印が向かうことになる。

　組織は従業員に対して，より一層の“努力”を期待する。その場合には，「もっと頑張ればもっと給料が増える」とか「今度実績を上げれば，さらに上の地位に昇進させよう」など，個人の次なる欲求を刺激することになる。あるいは，「今回は昇進させられなかったけれども，次回頑張れば，こんどこそ昇進できるよう上司の私から強く推薦しておく」など，個人が努力を続けるために“欲求の充足”を先延ばしにするという策をとるかも知れない。しかし，努力をしても欲求の充足に結びつかないと考える個人は，会社での努力を放棄して，個人の趣味に耽ったり，極端な場合にはギャンブルにはまったりすること

で心的なエネルギーを発散させるような誤った"代償行為"に走るようになるかも知れない。しかし，これらの代償行為ではもともとの"満たされない欲求"を満たしたことにならないので，代償行為がエスカレートし続け，本人の欲求は満たされないまま残り続ける，という状態がしばらく続くかも知れない。

10. 公平さとモチベーション

　これまで，モチベーションを個人で完結する問題として考えてきた。しかし，同様の環境にいる他人と自分とを比較する傾向が人間にあり，それがモチベーションに影響することも確かである。人事評価においても，いくら絶対評価の導入を試みても，実際には評価者は，被評価者を相互に比較し，順位づけし，次にその順位の中でどれくらいの差があるのか，差の大きさを評価する，という思考プロセスをとりやすい。評価する方法として，類似した他のものとの比較が手っ取り早いからである。そのために，知らずしらずのうちに評価すべき人を類似した他の人と比較してしまっている。

　同様に，評価される側の人は，自分への評価と，自分に類似した人への評価を比較する。その上で自分への評価が公正になされているかどうかを確認する。ことさら意識して比較し，確認するだけではなく，意識しないまま比較してしまっている場合もある。自分への評価が不公平であると意識下で認識すると漠然とした不快感が残る。

公平理論

　こうした心理的な動きについては，アダムス（Adams, 1963）による研究がある。アダムスによれば，人は職務へのインプット（努力など）に対して，それに対するアウトカム（報酬や地位など）を受け取る。その際に，他人よりも自分からのインプットが大きいのに自分へのアウトカムが小さければ，職務遂行のモチベーションは小さくなる。逆に，自身から組織へのインプットが小さいのに大きなアウトカムを得ていると感じられれば，自身からの組織へのインプットを増加させる。このようなことを他人と比較することによってモチベーションが左右される。このような考え方をモチベーションの公平理論と呼ぶ。

　公平さに関しては，配分の結果が公平であるかどうかについての分配的公正と，分配の手続きが公平であるかどうかについての手続き的公正がある。配分

の結果が公平であるかどうかの認知は置かれた立場によって異なることが多い
ので，人事評価などでは手続き的公正が重視される。

11. 外的報酬とモチベーション

　企業の経営者の関心は，どのようにすれば従業員全体のモチベーションがあ
がり，それが企業全体としてのより高い業務上の成果に結びつくのか，という
ことである。1人ひとりの個別のモチベーションだけでなく，全体としてのモ
チベーションをあげるために有効なのは，社員の多くに適用できる仕組みとし
ての"制度"を用いることである。社員のモチベーションを喚起し，それを結
果に結びつけるための仕組みを"制度"の中に組み込むことになる。特に，高
い業績をあげつづけなければ存続が難しいような業界や，企業間の競争が激し
い場合には，会社全体として業績を高めることができるような仕組みが必要に
なる。

期待理論に基づく制度設計

　制度という外的な要因を与えてモチベーションを刺激し，高い成果を生みだ
す行動に結びつける考え方の基本は，ブルーム（Vroom, 1964, 1976）による期
待理論に基づく。社員が自ら望む報奨が得られるであろうという社員の期待と
制度が結びつけば大きなモチベーションをひき起こす。したがって，もし自分
が望む報奨が得られるのであれば，努力を大きくすることになる。個人個人に
あわせて報酬の種類をアレンジすることは難しく，人によって報酬の種類が違
うと公平感が失われる。そのために，"行動を行おうとする力"を惹起する
"報酬"として"金銭"を設定する場合が多い。

制度としての成果主義

　基本的な原理として，あげるべき成果と報酬としての金銭との関係で，モチ
ベーションをコントロールしようという考え方が，現在，広く企業で行われて
いる成果主義的な人事制度の根拠になっている。現在の成果主義では業績に対
する金銭的な報酬を重視する傾向が高い。成果主義は，マクレランドおよびア
トキンソンらの達成動機に関する研究も根拠にしている。彼らは，人間の欲求
の中で，特に達成動機に注目をして研究を継続的に行った（McClelland et al.,

1953; McClelland, 1961, 1965; Atkinson, 1974)。実際に，年功序列型制度から，成果主義型の人事制度への移行が行われる際に，従業員を説得するための説明会において，成果主義型の人事制度が有効である根拠としてマクレランドの動機づけ理論が引用されることが多い。

金銭による報酬の効果への疑問

しかし，インセンティブ給与に関する調査の結果，金銭的報酬が期待されるほどの効果を上げていないとの報告はすでに1950年代から存在している（Whyte, 1955）し，金銭的報酬それ自体が単独の動機づけ要因として作用しにくいことは繰り返し指摘され続けている（Deci, 1975; Bushardt et al., 1986; Harari, 1995）。全員が納得できる制度というものはなく，人間が作る制度には必ず欠陥がある。納得性を向上して欠陥を埋めるために，さまざまな工夫が必要になってくる。本書では成果主義の仕組みについて第7章でくわしく考えることとする。

第4章 組織でのコミュニケーションと意思決定

公認心理師対応カリキュラムで含むべきキーワード
職場集団内のダイナミックスとコミュニケーション　グループ・ダイナミックス
　（集団力学），組織内・組織間のコミュニケーション，集団意思決定，集団の生産
　性，チームワーク
組織成員の心理と行動　職場における葛藤

1. 組織からの要求と納得の心理的調整

　組織は当然，人が集まってできている。個人個人がそれぞれの考えを抱き，
考えをやりとりし，組織での決定を行う。人が他の人や集団から同じ刺激を与
えられた場合に，個人差を超えた一般的な反応の傾向がみられる。また，反応
には一般的な反応から外れた個人差もある。個人ごとの考え方の違いは，それ
ぞれのパーソナリティの違いや，それぞれが受け取る情報の違いによって生じ
てくる。

　個人差を考える際には，標準となる一般的な反応をとりあえず仮定し，そこ
からのズレを見極めた方が差が明確になる。そこで，組織の中の一般的な個人
の態度や反応について考えてみよう。組織の中で発言したり行動する個人は，
どのようにして受け取った情報をもとに自分の考えを抱くのだろうか。自分自
身を組織の中でどのように位置づけようとするのだろうか。組織の中のそれぞ
れの人の考え方の違いはどのようにして生じるのだろうか。

自己の一貫性と認知的不協和

　人間はさまざまな理由を考えて自分自身を納得させている。人は，自分自身
がどういう人物であるのか，また，自分がどういう考えを持っているのかにつ
いて，自分自身に対するイメージの一貫性を保とうとする。それによって個人
のパーソナリティが維持されている。この力は非常に強いものである。

　フェスティンガー（Festinger, 1957）は，自己の認知要素に矛盾があると不

快感を持つという認知的不協和理論（cognitive dissonance theory）を考えた。自分自身の態度や行動について相反する認知が心の中で競合すると，自分はどのような態度をとったらよいのか迷うことになる。この態度の矛盾状態を認知的不協和と呼ぶ。

　フェスティンガーは，「不協和の存在は，不協和を低減しまたは除去する圧力を生ぜしめる」とし，行動と環境とのそれぞれの認知要素のあいだに不協和が起こった場合の不協和の低減の方法として，行動に関する認知要素を変えること，環境に関する認知要素を変えること，新しい認知要素を付加すること（既存の不協和を低減させるような新しい要素を付加するか，不協和な二つの要素をある意味で和解させるような新しい要素を付加すること），をあげている。

　さらに，フェスティンガーとカールスミス（Festinger & Carlsmith, 1959）は，自分自身の態度と行動とが不協和であった場合について以下のようにまとめている。

1．行動を元々あった態度に合わせる。
2．行動の理由や行動への報酬や罰への圧力に関連する情報があれば，その情報に基づく行動を誘導する。
3．都合のよい情報（協和している情報）だけに注目して行動をする。
4．行動に一致するように元々あった態度を変える。

　彼らのまとめをほぐしなおして再構成し，身のまわりの認知的不協和について考えてみたい。不協和を減少させるために人は，自分自身の態度や行動に，①協和するような情報を追加する，②不協和を起こしている情報を減らして不協和そのものが問題にならないようにする，③どちらか一方の認知や行動の重要性を比べものにならないくらい増加して，もう一方の認知や行動の重要度を相対的に減らす，または，④認知的不協和そのものの重要性を減少させる，ということをして不快感を減らそうとする。さらには，⑤不協和を起している行動そのものをやめる，ということで不協和を減少または解消する。

　次に，この①から⑤の場合分けを，営業に行きたくないが行かなければならないという日常の現実場面に当てはめて考えてみよう。

営業に行きたくない場合の具体的方略

　会社で営業の仕事をしており，いつも高圧的な態度をしてくるので苦手な顧客のところに行かなければならないとしよう。仕事なので行かなければならないという基本的に持つべき態度と，行くのは嫌だという態度が不協和を起こしてしまっている。その場合には，①その嫌な顧客の会社との取引の重要性についての情報を集める。たとえば，その顧客は，もしかしたら発注すべき案件を隠し持っているかも知れず，もうひと押しでその顧客から注文をとれるかも知れない，という情報を探そうとするかも知れない。そのような情報が手に入れば，多少の高圧的な態度は我慢できる。あるいは，②その顧客から嫌な思いをさせられた経験をできるだけ思いださないようにして営業に向かう。その人が自分に対して高圧的な態度をとっているというような情報をできるだけ耳にいれないようにして，その相手のことをあまり考えないようにして営業に行く。または，③たとえそんな相手に対してでもちゃんと営業に行って注文を取れば自分の営業業績があがり，昇給できると考えて営業に行く。または，嫌なお客であっても訪問することは，自分の仕事としてとても大切なことなので営業に行く，と考える。④あの人の高圧的な態度はそもそも自分が営業していることとは関連がない，もともとそういう人であるだけで，ことさら自分に対して高圧的なわけではない，と自分自身をなぐさめる。仕事で会っているだけなので，あの人の態度を深刻に受け止める必要はないと考えて，相手の態度と仕事としての訪問を頭の中で切り離す。あるいは，自分の同僚が対応しているもっと尊大な顧客を思い浮かべ，それに比べれば自分はまだましだと考えて，不協和の大きさの価値を下げることで自分を納得させようとする。同僚の営業での大失敗を思いだして，そういう失敗に比べれば，嫌な顧客から尊大な態度をとられることぐらいなんでもないことだと考える。このように④に関する方略はいくつかあるだろう。そうでなければ，⑤そのお客さんのところに営業に行くこと自体をやめてしまう。この場合には，実は自分にとってもっと大切な顧客がいたことを“思い出して”，そちらの顧客の方に行く時間を取らなければならないので，あの嫌な顧客には会う時間がない，と自分を納得させるかも知れない。

　どのような心理的な方略を用いて自分が感じる自己の態度の不一致を減少させようとするのかについては，それぞれの人のパーソナリティの違いが影響する。たとえば，達成動機の強い人は，自分がそこへ営業に行くという態度に一致するように自己の認知を協和させようとするだろうし，親和動機がきわめて

強い人は，その顧客のところに営業に行かない方向で自分を納得させようとするかも知れない。

　「つべこべいわずにその顧客のところに行け！」という上司からの強い圧力は，この内的な一貫性の仕組みに影響を与え，納得しないまま行動することを余儀なくさせる。その場合には心の中に不満が溜まっていく。しかし，上司に言われて行ったところ，受注でき，その結果が自分にとっての報酬になれば，それは学習として機能して，嫌な顧客のところに自らすすんで行くようになるかも知れない。

2．周囲との関係

　第3章で触れたアダムス（Adams, 1963）によるモチベーションの公平理論は，認知的不協和の理論とホーマンズ（Homans, 1953）による分配公正論の影響を受け，米国企業のゼネラルエレクトリック社で実施された実験に基づいている。アダムスは，自身の公平理論は，認知的不協和理論の特殊例であると考えた。自分自身が公平に扱われるべきであるとの基本的な態度と，認知した処遇への態度との不協和の問題として公平理論が考えられている。

　自分からのインプットと，それに対する職務から自分へのアウトカムの比率が，自分と他人とで異なれば，不平等を感じる。自分から職務に投入するインプットは年齢や受けてきた教育，努力などである。また，アウトカムとして考えられるのは，仕事への報酬や福利厚生，地位や地位を表すようなシンボルになるもの（昇格すると肘かけつきのイスに座れるなど）などである。

　ある人が，他人と比べて，自分へのアウトカムの比率が高いと認識していれば，より努力などのインプットを大きくしようとする。自分へのアウトカムの比率が低いと感じていれば，自分から組織へのインプットを減らそうとする。このようにして，公平を保とうとすると考えるのが，公平理論である。

現実社会での行動

　理論的には，上述のように考えられるが，こうした反応は誰にでも一律に起こるわけではない。このような個人的な認知に基づく態度決定は人によって異なる。実際には，インプットやアウトカムはそれぞれの主観的な判断によるものである。自分にとって年齢からくる経験が職務へのインプットとして重要だ

と考える人と，努力こそがインプットして重要だと考える人がいる。また，次に考えていくことになる自己評価の傾向も影響を及ぼす。

　さらに，実際の職場では，自分自身の努力などのインプットや自分へのアウトカムをコントロールするだけでなく，自分が比較する対象になる人の足をひっぱって，他人の評価を下げようとする人がいるかも知れない。

　このような危険があるので，組織による評価は，メンバーから公正であると思われる必要がある。他人の足のひっぱり合いが起こり，人間関係が毀損されると組織のコミュニケーションは悪化し，組織による意思決定の質が下がる。

自己評価と対人関係

　人はふつう，自分自身をどのように位置づけているのだろうか。自分が平均以下であると思う人は少ない。マイヤーズ（Myers, 1993）によると，ほとんどの企業のマネージャーは，自分は他のマネージャーよりも業績が高いと認識している。これは平均以上効果（above-average effect）といい，自分は平均的な他者よりも優れていると思う傾向である。この傾向は人事評価の際に問題になる。実際より多くの人が自分が平均以上の業績を上げていると考えることは，自分が考えているほど他人が自分を評価してくれないと思う人が多くいるということである。自分が平均以上だと思っているのに平均以下の評価しかされなければ，当然，被評価者は悲しみ，怒る。または，不満を持つ。その結果，人事評価に関して企業組織は大量の不満のたまり場と化してしまう。

　特に対人関係能力など，一般的な測定が難しい事柄については，この傾向が大きくなりやすい。測定が困難な事柄や将来の予測などに関しては，根拠がなくても楽観的に見積もってしまうポジティブ幻想（positive-illusion）が生じやすい。また，課題を達成できなかった原因を自身の能力が低いということに帰属させることには苦痛がともなう。あらかじめ達成できない状況をつくり，できなかった理由を自身の能力ではなく，外的な条件のせいにしようとすることがある。これをセルフハンディキャッピング（self-handicapping）という（Higgins, Snyder, & Berglas, 2013）。

　テッサー（Tesser, 1988）は，自分と他者とのパフォーマンスの結果を比較する場合，そのパフォーマンスが自分にとって関与度が高いもの（自分が一生懸命努力を続けているものなど）であるのかどうかと，自分とその他者との近しさの2つの変数を使って人間が自己評価を高めたり維持すると考えた。これが

自己評価維持モデル（self-evaluation maintenance model：SEM）である。自分自身の価値は，他人との相対的な比較で決まる。自分よりも高いパフォーマンスを上げている知人がいた場合，そのパフォーマンスが自己関与度の高いものであれば，その知人との心理的距離を広げて，他人に比べた自己評価が下がらないように維持しようとする。また，そのパフォーマンスが自己関与度の低いものであれば，そのような知人との心理的な距離を縮めて，その知人からの反映的名誉（backing in reflected glory）を感じようとする。それによって自分が優れた人（パフォーマンスが高い人）と近しい関係にあると認知しようとする。

友人の成功を心から祝えるか

　たとえば，自分自身が本業ではまったく仕事が入る見込みのない売れないお笑い芸人だとする。いつも一緒にいたよく知っている芸人が急に売れっ子になると，その相手とはあまり一緒に過ごしたくなくなる。相手と比べた自己評価が下がり，自分との差を常に意識することは辛いと感じるからである。一方で，自分が演芸の世界とは関係のない自動車のセールスマンであれば，自分の知人が急に芸人として売れだして有名になるとわがことのように嬉しくなって自慢したくなる。「俺，あいつのことよく知っているんだぜ」などと周囲に言って感心されたくなる。また，できれば頻繁に会って一緒に時間を共有したくなる。

　人は心の中で知人のパフォーマンスが自分にとって関与度が深いものであるのかどうかと，パフォーマンスの結果の高さがどのくらいであるのかによって心理的な距離を操作する。そのようにして自己評価を維持する心理的なメカニズムが作動する。このように他人との心理的距離は伸び縮みするので，自分から相手への心理的距離と，相手から自分への心理的距離は大きく異なることが多い。

　また，自分の関与度の高さと，相手との心理的な距離を固定して，パフォーマンスの結果の高さを操作しようとする場合もある。たとえば，ともにお笑い芸人としての成功を誓い合い，同居しながら技能を磨いていた親しい友人だけが売れっ子になり，自分には全く仕事が来ないような状態のときには，何とか自分も売れるようになりたいと思って努力するかも知れない。あるいは，相手のパフォーマンスが下がることで相対的な自己評価がもとに戻るので，売れっ子の相手がすぐに世間から飽きられて相手にされなくなるように心ひそかに願ったり，相手の失敗を心の奥で静かに祈るかも知れない。

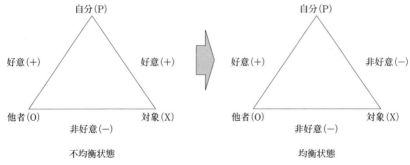

図4-1　認知均衡理論（不均衡から均衡へ）

　なお，以上の例では，友情とか親愛の気持ちを考慮していないので，実際には，上の通りの心理的な操作だけで自己評価を維持するとは限らない。

3者間の対人関係

　これまで2者間の対人関係を考えてきた。3者間の関係を単純に考えるとどうなるだろうか。ハイダー（Heider, 1958）は自分以外の2つのものごとに対する態度を図4-1のように整理した。この考え方を認知均衡理論（cognitive balance theory）という。ある人（P）と他者（O）との関係が態度対象（X）に与える心理的影響について，それぞれの態度が好意的であればプラス，非好意的であればマイナスで表し，その3者間の態度のプラス・マイナスの積がプラスであれば均衡状態であり，マイナスだと不均衡であると考えた。不均衡は不快なので，人は均衡を求めて態度を変えることになる。なお，対象（X）はものでも人でも成立する。

　たとえば，図4-1の左側の三角形を例にとれば，自分（P）が好意（＋）を寄せる同級生（O）が，担任の教員（X）のことを嫌っており（－），自分がその担任に対して好意を持っていた（＋）としても，同級生への好意が強ければ，図の右側の三角形のように，自分も対象となる担任の教員を嫌いになる（－）。そうすると，図4-1の左側の不均衡状態から右側の均衡状態に移行する。なお，プラスやマイナスの位置はどこであっても，これらの積がプラスであれば均衡状態になり，マイナスだと不均衡状態になる。敵の敵は味方であり，味方の敵は敵である。

　対人関係は，自らとの類似性による親近感や，単純接触効果（第13章参照），

また，同一の資源を取り合うことによる競争や，同じ目的に向かうための協調などさまざまな要因がからみあって成立している。組織上の理由からだけでなく，親近感や親愛の情などが影響するので，これまでみてきた力だけで対人関係の性質が決まるわけではない。

3．集団の性質と集団の力

　人が集まると集団になる。集団（group）は，群衆（crowd）とは違う。群衆は全く見知らぬ人同士が互いに関係ないまま個別の意図を持ち続けたまま互いに深く交流することもなく過ごす。しかし，群衆も時間が経つと集団になっていく傾向を持つようになる。人はなぜ集団に参加するのかについては，表4-1のように，安心感，ステータス，自尊心，親密さ，力，目標達成，が挙げられる（Robbins, 2005）。集団に参加する理由は自発的な場合もあり，強制されたり指示されたりして生じることもある。たとえば，中学生が近所の公園を掃除することをいいつけられて集まった場合などは，集団の目標達成はそれぞれの参加者にとって自発的なものではないかも知れない。

集団のメンバー
　集団は，自然発生的にできることもあるし，計画的に作られることもある。たまたま社会階層や出身の都道府県，あるいは出身中学や高校が同一であることから集団を作ることがある。趣味やたまたま気が合うなどのきっかけから自然発生的に集団が生成されることもある。近所に住んでいることや趣味が同じためにときどき集まることなどから自分たちが同一のグループであると認識したり連帯感を持ち，その人たちが集団化していく場合もある。一方で，集団の目的を明確にして，公式にメンバーを募集し，選別した結果，集団に迎え入れる場合もある。成り立ちはさまざまでも，集団には個人間のダイナミズムや集団としてのダイナミズムが働く。集団での意思決定やリーダーシップ，集団での規範などについて考える領域のことを，**グループ・ダイナミックス（集団力学）** という。

集団の中の非公式集団
　集団の規模が大きくなるにつれて，公式集団（formal group）の背後に非公

表4-1　人はなぜ集団に参加するのか（Robbins, 2005, 邦訳書, p. 172）

理　由	メリット
安心感	集団に参加することにより，人は「孤立」の不安を軽減できる。集団の一員となったほうが強く，自己不信を緩和でき，脅威に対する抵抗力が高まる。
ステータス	他人に重要視される集団の一員となることで，そのメンバーは承認とステータスを得る。
自尊心	集団は自分の価値を感じさせてくれる。つまり，集団に属することにより，集団外の人々にステータスを感じさせるだけでなく，メンバー自身も自分の価値をより感じることができる。
親密さ	集団は社交的欲求を満たしてくれる。集団に加入すれば，常時交流を楽しむことができる。多くの人は親密さへの欲求の大部分を，仕事上のこうした交流によって満たしている。
力	個人では達成できないことも，集団活動を通じてなら可能な場合が多い。そこには「数の力」がある。
目標達成	あるタスクを成し遂げるには，1人の力では足りないときがある。ある職務を成し遂げるためには，才能，知識，力を結集する必要がある。こうした場合，マネジメントは公式集団に頼ることになる。

式集団（informal group：インフォーマル・グループ）が発生することが多い。公式にリーダーを決めても，その裏で影響を及ぼす個人の力が強かったり，公式に連絡経路を決めても，それ以外のつながりが裏で発生するなどである。非公式集団の力が強い場合には，公式集団の機能は形骸化し，非公式集団を中心に作業が行われることさえある。

　非公式集団は，公式集団が意図した目的に向かって有効に機能する場合もあるし，目的達成を妨げる働きをすることもある。公式集団の目的がメンバー個々の求める事柄にうまく一致していない場合には，非公式集団が発生することが多くなる。また，表4-1に示した誘因が公式集団よりも大きい場合に非公式集団に加入する人が増える。公式集団と非公式集団とは，どちらか一方に加入するという選択的なものではなく，公式集団の中に非公式集団があるというかたちになる。公式集団の中であまり明示的にではないながらも多少なりとも影響を及ぼすのが非公式集団である。

同調行動・規範とルール

　アッシュ（Asch, 1955）は実験協力者の集団の中に被験者を入れて，実験協力者が被験者と異なる回答をすると，被験者は周囲の意見に合わせて自分の意

見を変える傾向があることを確かめた。具体的には，カードに描いた棒の絵を見せ，その後，3本のそれぞれ異なる長さの棒が描かれたカードを見せて，その3つのうちのどれが先ほど見た棒と同じ長さであるのかを当てる，という実験である。被験者は1人で回答する場合にはほとんど間違えることがないが，わざと共同して間違った回答をする6〜7人の実験協力者の中で回答すると，実験協力者と同じ誤った回答をしてしまうことが多い。集団に同調した行動をしてしまうことを同調行動（conforming behavior）という。

　集団にはその集団の決まりごとができる場合がある。見えにくくあまりはっきりしていないものが規範（norm）であり，何となく守らなければならないものである。それが明示的になるとルール（rule：規則）になる。

規範の機能

　規範は集団内の人々を一定の行動や思考に導く役割を果たしていると考えられる。規範の機能として，集団目標の達成，集団維持，社会的リアリティを提供すること，社会的環境との関係を規定することが挙げられる（佐々木，1971）。たとえば，ダンス教室などの趣味の集団の中で，古くからいる人やダンスが上手な人などで，暗黙のリーダー的な存在の人がいる場合がある。その人に対して他のメンバーはうやうやしく接しなければいけないというような規範がある場合がある。趣味の木工教室で，暗黙のうちに休憩と作業との時間的境界がはっきりしている場合もある。なんとなくみんながそれぞれの作業に取りかかっているのにいつまでも話しかけ続けてしまうなどは，緩やかにできあがった規範に反する行動になってしまう。

集団の規範と圧力

　集団の規範をよく理解していない人は規範から外れた行動を取ってしまいがちになる。集団内の規範に従わない人は排除されたり，周囲の人からあまり協力されなくなる場合がある。

　規範には当然，プラスに働くものとマイナスに働くものがある。また，プラスに働くものであっても，別の側面からみればマイナスの作用を持つものもある。たとえば，集団で何となく仕事の手を抜き楽をしようとする規範は組織的怠業（organizational idleness）と呼ばれるが，このような規範があると，結果として，管理者からの過度な労働の要求をそれとなくかわすことになり，日々，

疲弊しつくすまで働き過ぎるということを回避できる。これは労働者にとってのプラス面である。その反面，管理者の立場にはマイナスをもたらす。生産性があがらず，組織的怠業の無い他の企業との競争に負けてしまう。最終的な結果として組織的怠業を行っていた労働者たちも失業してしまうかも知れない。また，自国が他国から攻め込まれた場合に，自身の命を投げうってでも国を守るべきだとの規範があれば，他国との戦いには強いが，自己犠牲を強いる圧力から無駄死にを強要されることが増える可能性がある。自己犠牲の恐ろしい例としては第二次世界大戦末期の特攻隊などが挙げられる。表立っては反対できないような規範ができあがり，それをもとにルールが作られ，そのルールに逆らうことはできずに亡くなっていった人々が多数いる。

サマー・キャンプ実験での集団形成

　シェリフら（Sherif et al., 1961）は，小学校5年生が6年生にあがる際の夏休みにサマー・キャンプに参加した少年たち24名を2つのグループに分け，3段階に分けて実験を行った。

　最初の段階（グループ内の構造化）では，課題があたえられ，それぞれのグループ内で，メンバーの相互関係が生じ，個々のメンバーに規範や価値観が共有され，グループ構造がかたちづくられた。グループ名やシンボル，それぞれのグループが好む歌などができた。周囲からリーダーと認識される人物もあらわれた。グループの中で役割を分担しながら協力していく中で仲間意識が発生し，集団凝集性も高まっている。しかし，この時点で2名が脱落した。

　第2段階（グループ間の不和の発生）では，他のグループに対して競争的な意識がみられた。グループ相互が競いあう課題があたえられると，戦う前から他のグループに勝利することを確信するということもみられた。また，グループにとって競技が重要になるにつれ，リーダーと目される人物が交代したグループもあった。競技に勝ったグループははげしく喜び合い，負けたグループは大きく落胆した。グループ内のディスカッションでは，自グループについての自己正当化や自画自賛の言葉が使われた。他のグループに会ったときに，悪口や軽蔑的な言葉を浴びせることがエスカレートしていった。他のグループの小屋を襲撃して荒らす，相手のグループの旗を焼くということもした。どちらのグループ内も団結し，明確に構造化され，密接な人間関係になっていった。他グループとの競争や軋轢は，グループ内の協力を通してグループの凝集性を高め

た。その際にメンバーを元気づけるようなリーダーシップも重要であった。

　第3段階（グループ間の不和の解消）では，2つのグループに共通する"上位目標"がグループ間の軋轢を解消することが証明された。キャンプに必要な水を得るために協力することや，キャンプで観る映画の料金をどちらのグループが出すかについて，互いに妥協していくという協議を経験した。また，湖への小旅行中に食料調達のためのトラックがエンストして動かなくなったのを協力して押したり，綱で引いたりしてスタートさせるということを経験した。トラックが食料を取りに行っている間に，2つのグループが一緒に食事をするかどうか，グループごとに分かれて食べるとしたら，（それぞれのグループの人数が異なるので）どのように配分するのかについて話し合った。トラックが到着すると共同して食料を運び，話し合いを続けた。意見は割れたが，結局，一緒に食事の準備を進めた。調味料の入れ間違いについて，他のグループのメンバーから擁護する声が出るなど，協力は強まった。競い合っていたときにはやらなかったが，この時点では，テントを建てる際には別のチームの方法を学んでいた。トラックが再びエンストしたときにはスムーズに協力し合った。最後の晩には，共にキャンプファイアーを囲み，一緒に歌を唄った。

　実験を終了し，帰宅の途に向かうバスではグループに関係なく席に座り，キャンプ場を振り返り，泣いた。何人かは住所を交換し，多くの子は再会を約した。

産業・組織での集団形成とルール化

　以上がシェリフらによる有名なサマー・キャンプ実験の概要であるが，大人の場合には，**職場における葛藤**や軋轢が起こらないように互いに話し合ってルール化を行うことができる。規範がより明確に確認されたり，話し合ってやるべきことや，やってはいけないことを決めたり，約束事として伝えられたり，それらが文書化されるなどして，より明確になればルール（規則）になる。

　ルールは伝えられなければ分からないし，規範はよく感覚を澄まして感知しないと，外部の人たちには理解できない。2つの異なる集団が一緒に作業するような場合には，それぞれの規範やルールが異なる場合があり，そのために軋轢が生じることがある。2つの企業が合併して1つの企業になった場合などに，このようなことが生じる。

　多くの異なる集団が共同で作業したり，2つだけの集団であっても全く異な

る規範を持った集団相互であれば，改めて新しいルールを明示して，共通した行動ができるようにする必要が生じる。特に，集団間で利害の取り分がゼロサム（全体の利益の取り分が一定であり，一方が利益を増やすと他方の利益が減らざるを得ない状況）である場合には，単に共通のルールを設定することだけでは本当の利害対立の解決にはならない。その場合には，焦点を変え，共通の上位目標（superordinate goal）を設定し，グループ間での互いの駆け引きではなくより上位の目標に向かって協力できるようにすることが重要である。

4．集団内の行動とコミュニケーション

　集団での意思決定を行う際に必要な事柄がどんなことかを理解するために，原始人の猛獣狩りをイメージしてみよう。まず，集団で狩りを行う目的の主なものとして，生きていくために必要な糧を得るということがある。しかし，小動物は敏捷過ぎて取るのが大変だし，一度に集団をまかなうような大量の栄養が取れない。そこで，大きなマンモスを狩ろうと思ったとする。

計画立案と役割分担

　そのまま1人ひとりが立ち向かっていってもマンモスは狩れない。そこで作戦を立てる必要がある。いつもマンモスの群れがあの草原にいる。しかしそのままでは逃げられてしまうので岩場に追い込みたい。1人でマンモスを追い込もうとしても相手は大型動物なので，逃げてしまったり，逆に人間の方が襲われてしまうかも知れない。そこで，人数を集めて，岩場に追い込む係と，追い込まれたマンモスを安全なところから仕留める係などの役割分担を決める。

　まず，草原で草を食べているマンモスの群れの中の特定の一頭を狙って大人数で脅しをかける。急に大声を出して，身振り手振りで驚かす。驚いたマンモスは訳も分からず走り出す。そのままではより広いところへ向かって走っていくだろうから，草原が広がっていく方の少し左手にある大きな岩陰から，また，何人かが声を出し，槍を振り回しながら驚かして，マンモスを右の岩場に追い込む。その岩場には，安全な高いところに隠れていた大人数の仲間が待ち伏せしていて，最後にはマンモスを取り囲んで槍で仕留める。

　このようにして，計画と役割ができる。最終的な目的（目標）があって，はじめてそれを達成するために集団が計画を組み，役割分担をすることができる。

「君はこっちから大声を上げて，マンモスを走らせる係」「あなたは，左から急に飛び出して，マンモスを右に追い込む係」「僕たちが，ここで待っていて，追い込まれたマンモスを槍で仕留める係」などの分担である。

メンバーの連携

　役割分担を決めても必ずしもマンモスが人間の思った通りに動いてくれるとは限らない。大声を上げても，マンモスが動かなかったらどうするのか。大声に驚いて，マンモスが反対側に走ったらどうするのか。マンモスが岩場に追い込まれても，暴れていて立ち向かえなかったらどういうタイミングで人間が逃げるのがいいのか。予想外のことにどう対応するかということが重要になる。決まりがはっきりしていなくて，マンモスが違う方向に走った際に1人だけ違う行動をして踏み潰されたり，皆が逃げるタイミングから遅れて牙で刺されたりということもあり得る。そういった不測の事態に対応するためにも，メンバーの連携が重要である。では，連携のために，何が必要なのだろうか。

情報とコミュニケーション

　円滑に連携を取るためには，まず，状況と対応策についての共通認識と情報共有が必要である。「マンモスが飛び出したら報らせてくれ」などと，どういう状況になったらどういう情報が必要なのかといった共通認識がないと必要な情報が共有されない。次に，確実な報告が必要である。「マンモスが，まっすぐ飛び出して行ったのに，報告するのを忘れていました」ということでは，岩場にしゃがんで隠れていた人が踏み潰されてしまうかも知れない。必要な情報を，それを必要としている相手にきちんと伝える必要がある。また，直接的な相手だけでなく，次に影響を受けるメンバーにも情報が連絡されていないと，その後の動きが円滑に進められないし，動くべきタイミングがズレてしまう。

　そして，思った通りに状況が進まなかった場合や，状況が変わったらどう連携を取るのかなどの相談が必要である。「もしマンモスが右に行かないでまっすぐ走ったらどうする？」「そうだ，その時は，最初に驚かせたチームのリーダーに合図をしてもらい，岩陰チームはすぐに皆で逃げよう！」などという取り決めを行っておいた方が安全である。また，「もし，マンモスが右に行かずに，逆に左に大きく回ったときにはどうしよう？」「そのときは岩陰チームがマンモスの後ろから槍で攻めよう。最初に後ろ脚の腱の部分を切るように槍を

刺せば，そこで動けなくすることができる」「そうなったら，他のチームも駆けつけて，倒れているマンモスに止めを刺そう」などである。

　仕事を進める上でコミュニケーションが重要になる。相談して決めた内容は，マンモス狩りに参加している人たちが共有していないと，情報が伝えられなかった人はうまく動けないし，危険にさらされることもあるかも知れない。集団が連携するためには，円滑な人間関係がとても重要だということが分かる。あの人には伝えなくていいや，とか，あいつは嫌いだからあまり口をききたくない，機会があるまで言うのはやめておこう，といったことをしていては，情報がきちんと伝わらない。あいつは話しにくいから後で伝えようと思っているうちに機会を逸してしまうこともある。円滑な人間関係があって，やっと，皆でご馳走にありつけるように協力しよう！　ということになるのである。

配分と保障

　仕留めた後で，どうせあいつが美味しいところはみんな持って行ってしまうんだろうとか，楽して分け前だけはたくさん取るやつがいる，などということがあっては，円滑な人間関係を醸成できない。成果の公正な配分が必要である。

　また，危険なことをする人に対してはそれなりの保障が必要である。「もしお前が危なくなったら俺がこっちから槍を出して，マンモスの気持ちを俺の方に引き付けるから安心してくれ」などという協力も必要である。もし，お前がマンモスの牙で刺されて万一のことがあった場合，子供や家族は，集団の皆で面倒を見よう，などといった安心感が無ければ，集団のために自分の身を投げ出して集団にコミットすることは難しい。

マンモス狩りからの教訓

　話は“集団”からしだいに“組織”の特徴に移ってきた。集団が大きくなると次第に集団は公式的な側面を備えてくる場合が多い。集団の目的が明示的に掲げられたり，メンバーになるための条件が決められたりして，公式的な度合いが高まり，組織化されていくことが多い。こうして集団は，公式化していき，“組織”に発展していくことがある。集団が構造化されたものが組織である。

　マンモス狩りの例で分かるのは，組織には，①目標の設定があり，②目標を達成するための計画の立案があり，③計画を達成するための役割分担があり，④同じ役割どうしや他の役割の人たちとの情報共有や情報に対する共通認識が

必要であり，⑤そのための連絡や調整のコミュニケーションが必要である（“集団”と“組織”の違いについてはこの章の中で，「組織での仕事におけるコミュニケーションと意思決定」を考える際に，もう少し細かく検討する）。さらには，コミュニケーションに基づくメンバーの連携が円滑に進むためには，⑥確実な報告や相談が必要であり，その下地になるのが，⑦メンバー間の円滑な人間関係，である。メンバー間の円滑な人間関係を支える組織の仕組みとして，⑧成果の公正な配分や，⑨期待どおりに事が進まなかった場合や予期せぬ危険に遭遇した場合の保障が必要である。これらが組織が円滑に作用するための**チームワーク**の基本になる。

現代組織での問題

　現代の日本企業では人間関係がドライになり，1つの企業に一生，勤め続けるという意識も従来よりは低くなってきている。職場の安全意識が低かった昔の大企業では，朝，会社のデスクで過労のため脳梗塞で死んでいるのが見つかったなどということがあった。その場合，奥さんを子会社の正社員として雇い，家族を養えるようにしていた場合もあった。しかし，現代の企業では，安全意識も高くなったし，家族に対してそういうことができる余裕も無くなったところが多い。また，1991年の電通過労死事件以来，過労死は労災として定着し，いざとなれば会社はコミュニティとして支え合えばいいという前提が間違っていることが明らかになり，過労死そのものが会社が従業員に対して行った安全配慮不足の不法行為であると明確に位置づけられるようになった。

　円滑な人間関係を損なわないためにも，組織にとってメンバーの公平や保障は重要である。しかし，与えられた公平や保障に満足できないという人も多い。そうすると，集団内で人と人の利害や欲求がぶつかることになる。

集団内での影響力確保の方略

　現実の組織では，さまざまな**組織内・組織間のコミュニケーション**が行われている。集団内での力を増すためには，表4-2のような方略がある。

　組織の中や組織の間ではこのような力がせめぎ合うことになる。そして，それぞれが固有の力を持っていることをコミュニケートしなければ影響力として作用しない。力は行使する以前に，その力を持っていることを伝えなければ相手に対する影響力を及ぼすことが難しい。自身の背景にある力を伝えることな

表 4 - 2　　組織における力と政治的駆け引き（Daft, 2001, 邦訳書, p. 314）

力の基盤を拡大するための戦術	力を利用するための政治的駆け引き	協働を促すための戦術
1．不確実性の高い分野に参入する	1．合同を構築する	1．統合の仕組みを考案する
2．依存を生み出す	2．ネットワークを拡大する	2．対決と交渉を活用する
3．経営資源を提供する	3．意思決定の前提条件をコントロールする	3．グループ間の話し合いを予定に組み込む
4．戦略的コンティンジェンシーを満たす	4．正当性と専門性を高める	4．メンバーのローテーションを行う
	5．意向は明示し，力は暗示する	5．上位目標を設定する

く，突然行使すれば争いになり，不毛なつぶし合いになることが多い。

集団意思決定

　個人の意思決定と，**集団意思決定**とでは異なる側面がある。責任を明確にせずに集団でものごとを決めようとすると，必要な情報について十分な検討がされずに集団浅慮（group think）に陥ってしまうことがある。責任を取らなくてもよいのなら，いくらでも景気のよいことを言えるからである。

　成功の見込や倫理的な配慮がおろそかになってしまい，多数派の意見に反対することも難しくなってしまうことがある。多数派の意見に同調しやすいことを集団移行（group shift）というが，特に，自分が弱気でありいくじがない人間であると周りから思われたくないために，リスク偏位（risky shift）が起こることが多い。特に，産業組織では，消極的でものごとに否定的な人間は嫌われるのではないかとメンバーが恐れてリスク偏位に陥りやすい。それとは反対に慎重な方向へのシフト（cautious shift）が起こることもある。集団で決める結論がどちらかの方向にシフトすることは，声の大きい人や多数派に賛同するメンバーが増えることから起こるという考え方もある。

　いずれにせよ重大な政治的決定や裁判員制度における重罪の判決決定だけでなく，企業の役員室でもこれらのシフトが起こっている可能性もある。意思決定は具体的な根拠をもとに合理的に行うべきであり，できるだけ心理的に偏向しないように心がけて行う必要がある。

5．集団間の摩擦

　同じ内容の仕事をしている場合には，2つ以上の集団を意図的に競い合わせることがある。競い合う複数の集団のうち，上位の結果をあげた集団に報奨が与えられるなどの方法で，それぞれの集団の努力が向上し，全体の成果が向上することがあるからである。特にバブル期といわれる日本経済の絶頂期では，営業部隊を競わせ，その半数の集団に報奨として海外旅行をさせていたという企業さえある。競争の結果，もたらされるものについて，シャイン（Schein, 1965）は以下のようにまとめている。

　A．互いに競争しているそれぞれの集団の《中では》どんなことが起きるか。
　　1．団結が高まり，メンバーは集団に強い忠誠心をもつようになる。つまりメンバーは等質的になり，内部の差異が消えうせる。
　　2．集団の風土は，非公式で偶然で遊び半分のものから，仕事中心，課題中心のものに変わる。つまり，メンバーの心理的欲求に関する関心が低下し，課題達成への関心が高まる。
　　3．リーダーシップの型が民主的なものから専制的なものへと変る。つまり，集団は進んで専制的リーダーシップに堪えようとするようになる。
　　4．高度に構造化され組織化される。
　　5．「強固な前線」を形成するために，メンバーに強い忠誠心と服従を要求する。
　B．互いに競争している集団の《間には》どんなことが起きるか。
　　1．各集団は相手の集団を単なる中立的な存在としてではなく敵とみなしはじめる。
　　2．各集団には，知覚の歪曲現象があらわれはじめる。自分たちについては，よい点だけをみて弱点をみないようになり，相手の集団については弱点のみをみて長所をみないようになる。つまり各集団とも相手の集団について否定的な偏見をもつようになる。
　　3．相手の集団に対する敵意が強まり，相手との相互作用とコミュニケーションが減少する。その結果，相手に対する否定的な偏見はそのままに残りやすくなり，知覚の歪曲を是正することがむつかしくなる。

4．たとえば，ある課題に関するそれぞれの考えを主張するために代表を選び，その代表の発言を熱心に聞くことが強制されるというように，集団間の交互作用が強制されると，相手側の代表の言うことは，その間違いをあばくため以外には耳を傾けようとしない。つまり，集団のメンバーは，自分自身の立場や偏見を支持する代表のみに耳をかたむける傾向がある。

コンフリクトとその解消

　集団間が競い合っていなくても，立場の違いから葛藤（コンフリクト：conflict）が起きる。葛藤は，個人内で対立する2つの感情の間から集団間，国家間にいたるまでのさまざまなレベルで起こる。

　心の中の葛藤は，心理学的には，精神分析用語として用いられる場合もあるし，レヴィン（Lewin, 1951）が個人の心の中でも起こっている問題として考えたような，同じ程度の魅力や同じ程度の嫌悪感を持つ2つの事柄に接近したかったり回避したいという感情の間で立ち往生してしまう状態をさす場合もある。たとえば，次の日曜日に映画も見たいし遊園地にも行きたいが，どちらも魅力的すぎて選択できないとか，勉強不足なのでテストを受けて低い得点を取るのも嫌だけれども，受けないでそのまま落第してしまうのも嫌だとか，異性に恋愛感情を告白したい気持ちも強いが振られる場合の恐怖も大きくて告白できない，などである。

　集団間のコンフリクトは，集団間の目的が一致していなかったり，異なった特徴や態度・行動基準などを持っている場合，また，限られた資源を奪い合う関係にあるときに発生しやすい。特に，職場間の葛藤では，職務の関連性が高い場合にはコンフリクトが高まることがある。機能が異なる2つ以上の集団が協力しなければならない場合にも，それぞれの考え方や仕事の手順の違いや，そもそもの利害の違いによって摩擦がおこる。また，コンフリクトの段階を，①潜在的対立，②認知と個人化，③行動，④結果，に分類し，結果には生産的結果が得られる場合とそうでない場合があると考えることもできる（Daft, 2001）。ブレークとムートン（Blake & Mouton, 1964, 1968）はコンフリクトの解消方法として，①撤回，②宥和，③妥協，④強制，⑤問題直視の5つのスタイルの分類を行った。このうちで，最も生産的なコンフリクト解消方法が，問題直視である。

6．組織での仕事におけるコミュニケーションと意思決定

　これまで集団行動と心理について考えてきた。それでは，集団と組織は具体的にはどう違うのだろうか。組織は何らかの構造を持つ集団である。単なる集団のばあいにはそれが曖昧である。構造には，①時間的な構造と，②上下関係や同僚との横のコミュニケーション・作業手順の構造，の2種類がある。多くの場合には，目的を達成するために人が集まり，目的に向かって時間を構造化させる。つまり，スケジュールを作成したり，スケジュールが無くても目的に向かって組織や作業，あるいは中間成果物などに手を加えて完成にむけて変化させたり，時間の経過にしたがって生産量を蓄積するための秩序や体系をつくり，実施しようとする。これが時間的構造である。また，目的を達成するために役割を分担したり，手分けして業務を行い，目的を達成しようとする。このような分業や上下関係は，コミュニケーション経路や作業手順の構造である。

　組織を効率的に運営するために用いられるのが，分業である。分業は**集団の生産性**を大幅に向上する。しかし，分業を行っただけでは，ただのばらばらの作業が個々に生じるだけになってしまう。そのために，分業したものを統合することが必要になる。作業を細かく分けて分業することを機能別分業といい，機能別分業は直列に作業工程をつないでいく分業と，並列に分業したものを後で統合する場合とがある。

ドアとドアにつけるドアノブと窓ガラスの製造

　ドアを製造する場合を考えてみよう。ドアには，取っ手となるドアノブを組み合わせる必要があるとする。さらにそのドアには窓ガラスをつけるとする。たとえば，板をドアの形に切り出す工程の後，そのドアの形の板がそのまま次の工程の人に渡されて，ドアノブを付ける工程が続く。さらにそのノブが付いたドアの板に窓ガラスをはめる工程がある，という流れ作業の場合には直列につないだ機能別分業である。それに対して，それぞれ独立に，ドアの形の板を切り出すだけの人がおり，その作業の進捗には関係なく，別の場所でドアノブだけを作り続ける人がいて，さらに，窓ガラスだけを作り続ける人がいる，という場合には並列に作業を行っていることになる。この場合，並列に作業が行われた結果，出来上がったそれぞれの部品を組み合わせて統合する工程が必要

になる。

　さて，ここで問題が生じる。直列に分業を行った場合に，前の工程の進捗や仕様をすり合わせるためのコミュニケーションが必要になる。大規模な産業ではあらかじめ作成された設計図をもとにそれぞれの工程が進められる。しかし，途中のどこかの工程で設計どおりに作業ができなかったり，設計図には書きこまれていないような細かい事柄（たとえば，0.1ミリ以下の誤差が生じた場合に工程相互の微細なサイズの違いをどう解消するかなど）については，統合作業がうまく進むようにコミュニケーションを行い，問題を解決する必要がある。そうしないと，工程間のつなぎめで作業が止まってしまう。

　並列に分業が進められている場合には，分業された他の工程の進捗や細かい仕様をあらかじめ誤解や解釈の違いが生じないように厳密に決めておくことが必要になる。さもなければ，すり合わせのために頻繁にコミュニケーションを行う必要がある。そうしないと最後にそれぞれの部品を統合する段階になっても設計図に載りきらない細かいサイズの誤差などから，窓がうまくドアの基本部分にはまらなかったり，作業スピードの調整がうまくできていないと，窓ができてこないのに気づかずに，ドア枠だけが先にできて，どんどん溜まってくるという事態が生じる。

　したがって分業化された仕事の調整を行うためにはコミュニケーションがきわめて重要な役割を果たすことになる。しかし，現代の産業では作業工程が複雑なため，仕事を分業し，組織のまとまりを工夫することによって，さまざまな職場における葛藤が発生することになる。全体として1つの葛藤を処理しようとすると，他の問題が発生してしまい，実務上はバランスをとることがきわめて難しい。

組織での意思決定

　ブライ（Blai, 1986）によると，意思決定のプロセスは，①環境の監視，②意思決定すべき問題を定義する，③意思決定の目的を明確にする，④問題の原因を分析する，⑤解決のための代替案を策定する，⑥解決のための代替案を比較評価する，⑦代替案から最良のものを選択する，⑧実行する，という手順を踏む。組織は曖昧な状況の中でものごとを決めなければならない。サイモン（Simon, 1960）によると，意思決定にはプログラム化された意思決定とプログラム化されていない意思決定がある。プログラム化されていない意思決定はし

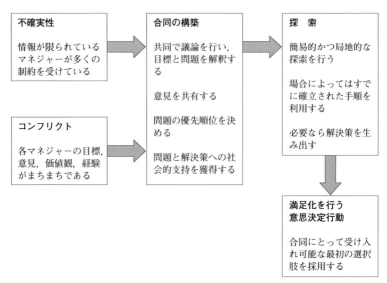

図4-3　集団意思決定のプロセス（Daft, 2001, 邦訳書, p. 273）

ばしば扱いにくい困難なものである。問題自体が明確でなかったり，問題が揺れ動く，問題が大きすぎるなどである。産業組織で何らかの意思決定を行う場合には，プログラム化されていない問題について扱うことが多い。そうした曖昧な状況のなかで意思決定を行う際には，まず，①組織内外の状況について情報を収集し，②多角的な視点から問題の本質を理解することによって，③本当に解決すべき問題は何かを特定する。次に，④問題解決のための代替案を作成し，⑤組織が抱える資源や外部から導入できる資源を評価するとともに，⑥代替案のなかから実行すべき案を選択する。その際に，⑦組織内の利害関係者からの様々な力やその組織特有の文化からの影響を受ける。⑧変化する状況や内外の調整を行いながら，⑨解決策を実行し，それが終わったら，⑩実行した案が問題解決に役立つものであったのか，また，立案したとおりに実行できたのかを評価し，⑪そのような評価になった理由を検討する。検討結果を今後の意思決定や類似する問題の解決に活かせるように，⑫組織の知恵として蓄積する。サイアート，マーチ，サイモン（Cyert, March, Simon）ら限定合理性を重視するカーネギー学派の研究者が考える集団での意思決定プロセスは図4-3のようにまとめられる。

　その際に，全体を管理するリーダーのパワーが強い場合には，組織内の十分なプロセスを経ないで，リーダーの一存で組織の行動が決まることが多い。また，意思決定プロセスの途中で複雑なグループダイナミックスのせめぎあいが起こると，議論が混乱し，混迷し，決定に至らなかったり，決定がくつがえることがある。

第 5 章　組織文化と組織変革，および企業倫理の改善

公認心理師対応カリキュラムで含むべきキーワード
職場集団内のダイナミックスとコミュニケーション　組織開発，組織変革，コンプライアンス

1．組織文化

　組織文化とは，「組織内で共有された価値観やメンバーに共通するものの見かたや考えかた，行動のしかた，およびコミュニケーションの方法や内容の特徴によってもたらされる，組織メンバーの具体的な言動やメンバー間の関係のありかたの特徴」である。

　組織文化の表層にあるのは目に見える部分であり，その根底には目にはみえにくい本当の文化がある。文化は，国全体のレベルでも，企業全体のレベルでも，さらには部門内といった狭いレベルでもみられる。より狭い範囲の小グループのレベルでもみられる。

　文化は人間にとっての空気や魚にとっての水のように自然に充満している。普段は内部の人間にはことさら感じられない。しかし，他の組織と共同で何かを行う際などに，それぞれの組織によって行動や使っている言葉が異なることで浮きぼりになる。たとえば，ある人が，別の会社と共同で仕事をする際に，相手の人が「ショクセイが…」「ショクセイが…」というように"ショクセイ"という言葉を頻繁に使うが，意味が分からなかったという。職制という言葉は，労働組合が管理者を呼ぶ場合に使うことの多い言葉であり，組合用語でもある。職制という言葉を使っていた企業は官僚的な仕事のしかたをする会社として有名な企業であり，官公庁向けの仕事が多く，労働組合の力が強い会社であった。このように，管理者を上司や上長と言ったり，職制という言葉を使ったりする企業があり，それは文化の影響によって会社ごとに異なる。

　組織の文化はどのようにして形成されるのだろうか。また，どのような文化が好ましいのだろうか。文化は環境にも依存する。生命の存続さえ難しい砂漠に住む民族であれば，外部からの来訪者をはっきりと峻別しようとするなど，その環境に合った文化が定着しやすいだろう。相手が希少な資源を奪い合う敵であるのか，または苦しいときに命を助けてくれることになる味方であるのか，どちらかにはっきりと分類しようとし，そのために，味方であることを確認する儀式がその地域で独自に発達していくことになる。たとえば，互いの部族や見知らぬ人と出会った際に，敵意がないことを確かめるために，互いに両手を大きく上げて，遠くからでも武器を持っていないことが確認できるようにして近づいて固く抱き合い，ほほを合わせる。少しでも敵意がある相手とそのような行為をするのはためらいわれるので，味方であることを確認できる。

　企業についての事柄に話を戻すと，競合する企業同士が敵・味方を峻別するような業界であれば，その業界に所属する人間は競合他社に対して激しい対抗意識を燃やすであろう。たとえば，業界第2位の清涼飲料水会社は「とにかく業界第1位の会社の売上を抜くこと」を目標にしていた時期があり，そのことを強く意識するような言葉や行動が文化として定着していた。一方で，たとえば関東地方の電鉄会社は路線が競合することが少なく，さらに乗り継ぎや乗り入れで協力することが多い。かつては同じ会社であったのが分割されて別々になった会社もある。そういう場合には安全キャンペーンなどで協力しあうことも多い。他社を敵対視して蹴落とそうという空気は感じられない。業界特性により，業界内の企業の文化は影響を受ける。

文化的価値のコントロール

　内部の人間にとっては当然の行動が外部の眼から見ると特異な集団行動であり，特異な文化として映ることがある。たとえば，1960年代前半までの東芝（当時は東京芝浦電気）は，あまり仕事に対して貪欲ではないと揶揄する意味も込めて，紳士的な仕事の進め方をする企業であると評されていた。1965年には経営難に陥ったが，無駄の排除と合理化を強力におし進めた改革により社員の行動は変わったという。そのころから，会社の中に利益を拡大するために積極的に仕事にチャレンジするという価値観が文化として根づいていった。しかし，2010年代になり，上司が無理な“チャレンジ”を求めるようになり，チャレンジを達成できないとか，不可能であると表明することが許される雰囲気は無く

なっていったという。果敢なチャレンジに挑むという文化的価値観への変革が企業の危機を救ったが，その内容が徐々に歪んでしまい，集団の中ではそれがおかしいと声を上げることができないような文化が醸成されてしまっていたと理解できる。

　文化の根底にある価値観は，直接，目に見えないだけにコントロールが難しい。しかし，文化は行動に深く影響するために，文化が現実にそぐわないものにならないようにコントロールすることは重要である。

２．職場における文化

　業種ごとの文化があるように，職種ごとの文化も存在する。経理部門では過ちを排除し，厳重に仕事のチェックを行う雰囲気が大きく，着実に仕事をこなすことが文化として定着していることが多い。また，生産管理部門では生産性向上や計画性が尊ばれることが多い。この２つの部門に共通する文化として，経理部門も生産管理部門も，経費節減やコツコツと仕事を積み上げていくことが尊重されることが多い。こうした傾向はその企業が所属している業界を問わずに，経理の仕事であれば経理の仕事といった職種そのものがもつ文化として他の企業の同一職種とも比較的共通している。

　このことは，社内での職種ごとのコンフリクト（conflict：葛藤）が発生する原因にもなる。たとえば，建設業界の同じ会社の中の経理には経費を節減するための積み重ねを尊重する文化があったとしても，営業部門では経費の節減をあまり意識せずに派手に経費を使い，場合によっては新規受注を取るための柔軟な動きを重視したがるかも知れない。さらには受注合戦で一発逆転の展開を期待して，もしかしたら無駄になるかも知れない経費を大胆に使いたがるかも知れない。

　文化は相互理解のための土壌としても機能している。しかし文化が異なれば相互理解が難しくなる。個人の行動の根底にパーソナリティがあるように，組織の行動の根底には組織文化がある。

下位文化

　このように，同じ社内でも職種によって，それぞれの部署の文化や文化の根底にある価値観は異なる。大きな会社では，社員が公式に所属する事業分野や

職種からは見えないところで，また，組織内のより小さなグループに，会社全体とは微妙に異なる下位文化（サブカルチャー：subculture）が存在する。「経理の奴らは融通が利かなくて困る」とか，「なんで営業のやつらは，いつもいい加減なんだ」とか，「生産管理の奴らにはまったく顧客重視の文化がないから困るんだよなぁ」などと言われることがある。これらは，会社全体からみた部署ごとの下位文化が決定的に異なることから生じる溝である。

文化を構成する主体は人である

　また，企業は，自社の社員を採用する時点で，文化を形づくる個人のスクリーニングを意識せずに行っている可能性もある。採用したい学生が仕事の上で優秀な成績をあげそうかどうかだけでなく，自社の文化に合いそうかどうかも採用の重要なポイントになる。

　かつて日本のある大手新聞社は，産業界をリードしている有名な一般企業を受験している人を採りたがらなかった。総合商社や大銀行に採用の内定をもらっているという志願者が来たら，面接官は「じゃあ，なぜうちを受けに来たんだ」と息巻いたという。意図していたかどうかは別として，その新聞社は，総合商社や大銀行などを巨悪と断じ，批判的な眼で見る社員が志願者の面接を行い，自身と同様の志向をもつ社員を採用していたということになる。今ではそのようなことはもうないにしても，このようにして，組織文化を担う従業員を補充し続けるというメカニズムも無視することはできない。しかし，組織をとりまく環境が大きく変わり，今までとはまったく異なる解決が求められるような場合には，均一の発想しかできない単一文化の組織よりも，これまでの文化からはみ出しているような斬新な発想のできる人材を含んでいる組織の方が，新しい解決策をみつけ出せる可能性が高い。幸田・加藤（2012）は，異質な背景をもつ人材の投入による組織文化の変革の可能性を事例で示している。

3．日本的経営

　企業にはそれぞれの企業ごとの企業文化が存在する。企業文化については，これまで日本企業における文化の特殊性が議論されてきた。その推移を以下にたどってみたい。

　第二次世界大戦直後に，ベネディクト（Benedict, 1946）は，『菊と刀（The

Chrysanthemum and the Sword)』を著した。日本人独特の"罪"の意識は自分自身の内にあるのではなく，"恥"として周囲の人々からどう思われるかによってかたちづくられていると分析した。この分析はそれ以降の多くの日本人論に踏襲されている。日本人が周囲の人々の視線を気にして，集団の圧力でものごとを決める傾向が強いという分析視点である。この場合の周囲の人々はまったく見知らぬ外部の人ではなく，仲間うちにいる人々である。分析は米国戦争情報局にいたベネディクトが日本人の行動を研究したときのものがもとになっている。対戦相手の行動を分析し，戦争後の日本占領政策に役立てるための資料をまとめ直して出版したとされている（ずっと後になってからの企業文化論も，経済摩擦あるいは経済戦争といわれた時期の日本企業の行動パターンを米国の側から分析する内容のものが多い）。

　日本ではしばらくの間，民主化が強調された。戦前の軍国主義的な方向に国を挙げて向かっていったことへの反省や，民主化への希望といった社会背景の中で，日本社会の特殊性（きだ，1948；川島，1950など）が議論された。その後も日本人論はますます盛んになり，いろいろな分野から日本人の特殊性が分析された（会田，1970；土居，1971など）。

日本文化に含まれる集団主義への注目

　早い時期からすでにアベグレン（Abegglen, 1958）は，集団に対する忠誠心や責任の相互交換に注目していたし，中根（1967）は社会人類学の立場から，日本社会の構成要因として重要なのは「場」の共有であり，会社は株主などの外部のものであると位置づけるのではなく，われわれのものという意識を共有していると指摘している。間（1971）は，職場における「和」の精神に注目し，日本的職務と職場について，たがいに寄りかかり，もたれ合って組織を支えていると考え，組織全体の動きは，メンバー各人の動機によってよりも，周囲のムードによって，活発になったり不活発になったりすることを指摘している。岡本（1976）は，多種の職場集団間の特殊な相互関係として，日本企業にみられる集団主義が，欧米の近代ないし現代における集団とかなり異質な属性をもっていることを指摘している。岩田（1977）は企業組織との関連で，日本人の特徴として集団志向的傾向とそれに基づく所属意識の高さを挙げているし，津田（1977）は日本企業の生活共同体としての側面を強調している。

日本企業の文化

　1980年代に入って海外からは日本企業の文化を積極的に評価しようとする動きが大きくなった。パスカルとエイソス（Pascal & Athos, 1981）は，日本人の「和」の概念に注目し，日本人はグループ精神のもとに意気投合し，よい雰囲気を保つために誰もが努力している，と分析している。日本的経営の原理が形成されたのは，江戸時代中期にさかのぼるという考え方（尾高，1984）もある。

　日本経済はめざましいばかりの成長を遂げ，オイル・ショック後も伸び続けた。日本経済の伸びは，そのまま海外輸出に結びつき，米国に大量の日本製自動車や家電製品の流入をもたらした。製品として目に見える形となって現れた日本企業の経営成果は，米国の産業界に驚きと不安を巻き起こした。米国での日本への関心の高まりとともに，本格的な，アメリカ人向けの日本人論も著されるようになった（たとえば，Reischauer, 1977）。ヴォーゲル（Vogel, 1979）は，「ジャパン・アズ・ナンバーワン（Japan as Number One: Lessons for America）」という本を著し，その翻訳が日本でベストセラーになった。

　こうして高まった日本企業の強さと日本の文化に対する興味は，日本型経営の基本的特質には日本企業特有の文化的背景があるのではないかという関心に結びついた。石田（1984）は，日本型経営についての文献を分類し，その由来について，日本型経営の基本的特質が「自然に」あるという説と，「つくられたもの」であるという説の2つに分類している。この分類にしたがえば，これまでみてきた議論は，日本型経営の基本的特質が「自然に」あるという立場である。

4．強い企業の組織文化

　高業績をあげている優良企業の基本的特質が「自然に」あるという視点だけからは積極的な解決策を見いだすことは難しい。優良企業の基本的特質は「つくられたもの」であると考えれば，優良企業になりたい企業は，その特質をつくればよいことになる。そもそも日本にもさまざまな企業があり，成功した日本企業もあるし，失敗した日本企業もある。成功した日本企業に注目するから，いっけん日本企業全部が優れているかのように見えるだけなのではないだろうか。そう考えれば，やはり優良企業の基本的特質は「つくられたもの」であるという前提で対策を考えた方が合理的である。それでは，つくられた企業文化

とはどのようなものなのだろうか。

相互信頼の基礎としての企業文化

　オーウチ（Ouchi, 1981）がインタビューとアンケートの分析を行った結果，主題として浮かび上がってきたのは，「信頼」「ゆきとどいた気配り」「親密さ」に関する事柄であった。オーウチが特に重視したのは「人」であり，労働者の存在こそが生産性向上の鍵であるとの観点から，人というものについて特別な注意を払うことの必要性を主張した。

　最も大切なことは，信頼の雰囲気であるが，社内の相互信頼を生む一連の「信念」の基礎となるメカニズムは，経営の基本理念そのものの中に含まれているとした。日本企業で，このメカニズムがうまく作用するのは，日本人が集団的価値観に対して強い指向性があるからだという。しかし，日本と米国とでは，人々の伝統が異なるので，意識的に強い平等主義的雰囲気を米国企業は保たなければならないと考えた。オーウチが調べた米国の優良企業では，経営理念の書などで，他の会社よりもはるかにくわしく経営慣行の細目を定めていた。このように，会社の文化を生産関係の従業員のレベルにも浸透させる努力を体系的に行っている企業を，Ｚタイプの企業と呼び，自身の叙述内容を「Ｚ理論」と名付けた。米国でも，全体志向の方向性を持つＺタイプの管理が必要であることを，彼は主張した。特に，Ｚタイプの企業として，インテル社を例に出し，多くのページを割いている。

日米企業の経営比較と人の重視

　パスカルとエイソス（Pascale & Athos, 1981）は，6年間にわたり，日米の34社を研究した。その結果として，彼らが考えたのは，日本の工業の米国に対する優位性は，実際には見かけよりも大きく，現状では過少に評価されているのではないか，ということであった。そこで，日本企業の利点を研究することによって，米国産業の当時の凋落を防ぐ「物の見方」が得られるとして，日本の代表的な家電メーカーである松下電器（現・パナソニック）について詳しく分析した。さらに，それを米国企業と比較するために ITT 社との対比を行った。松下では，起業家精神が太く一本通っている。松下がなぜこれほどの業績を達成できたのかを探ると，システムを動かす鍵は数字ではなく，人材であり，人材を活用することによって，平凡な人間から非凡な能力を引き出すと分析し

ている。彼らは，松下と ITT とでは公式な部分ではシステムにも本質的な違いはないので，大きな違いは機構にあるのではないと考えた。ほんとうの相違点として最も重要なものは，企業の理念とこれらを管理するヒューマン・スキルであると述べている。

　彼らは，「東洋に学ぶ」という章の中で，日本の経営者にはまったくおなじみのスタイルとスキルを活用している米国企業は①人間指向，②眼に見える経営，③分権化，④徹底的な掘り下げ，⑤情報のあくなき追求，⑥参加的計画立案および管理，⑦上級幹部に対する支持，⑧チームの会合に特徴づけられるという。このような上手な管理職のスタイルは，部下のために「旋律」をととのえ，彼が期待するものや仕事の進め方を実務レベルで伝達する。また，人々の注意の集中のしかたや人々の相互作用のしかたをそろえる。これらの行為の裏側には，さらに深いリズムがあり，これはもっと基本的なコミュニケーションの役目を果たす。

優良企業で一般的にみられる企業文化

　これらは，日本の優良企業を研究することにより，国籍を超えた普遍的な優良性に至る方策を求めることができるという立場で企業文化に注目する研究である。その後，日本企業の特殊性にとらわれずに，より一般的な視点から優良企業を研究することへと関心が移行していった。

　ディールとケネディは，文化がいかにして人々を結びつけ，日々の生活に意味と目的を与えているかについて，先人の教訓を学びなおさなければならないという問題意識に基づいて，研究を行った。約6か月間に80社近い会社を調べた結果は，以下の通りである（Deal & Kennedy, 1982）。

・調査した会社のうち，僅か3分の1（正確には25社）しか，明確に表現された信念を持っていなかった。
・これら3分の1の会社のうち，その3分の2は「IBMはサービスを意味する」のような文化的な信念を持っていた。残りの3分の1は，金銭面の目標を掲げていて，これらは広く理解されていた。
・文化的な信念を持つ18社は，すべて，一貫してめざましい業績をあげている会社である。

「常に好成績をあげている会社の特徴が，強い文化の会社である」ことから，強い文化が重要であり，強い文化をもたらす推進力として，彼らは，4つの要素を挙げている。それは，以下の通りである。①企業環境，②理念，③英雄，④儀礼と儀式，⑤文化のネットワーク（コミュニケーション）。

企業環境と企業文化の整合性

　彼らは，「会社の活動に伴うリスクの程度」と「意思決定あるいは戦略が成功したかどうか，結果が現れる速さ」の2つの方向から，企業文化を4種類に分類した。

- 逞しい，男っぽい文化——つねに高いリスクを負い，行動が正しかったか，間違っていたかについて速やかに結果が得られる個人主義者の世界。
- よく働き／よく遊ぶ文化——陽気さと活動が支配する文化で，従業員はほとんどリスクを負わず，結果はすぐに現れる。成功するために企業文化が社員に促すのは，比較的低リスクの活動を高レベルに維持すること。
- 会社を賭ける文化——大金の賭かった意思決定の文化で，しかも，これらの意思決定から成功の見通しが立つまでに数年かかる。高リスクで，結果がなかなか現れない環境下にある場合。
- 手続きの文化——結果を知ることのほとんどない，あるいは全くない世界で，職員は自分たちの作業を評価することができない。そのかわり，彼らは仕事の進め方に神経を集中する。これらの手続きにコントロールが効かなくなったとき，私たちはこの文化を別名でよぶ——官僚主義と！

　彼らによると，これら4つの環境の違いは，従業員に以下の違いをもたらす。①服装，②住居，③スポーツ，④言葉，⑤応対の仕方，同僚間の儀礼，である。

エクセレント・カンパニー

　ピーターズとウォーターマン（Peters & Waterman, 1982）は，米国の中から超優良企業を選び，その卓越性のもととなる特質について研究を試みた。「日本の企業にまさるとも劣らないような強烈な文化を有している」企業を調べることから研究は始まった。彼らは，①顧客へのサービスが徹底している，②従業員に対する考慮が深く払われている，③全従業員が共通の価値観を共有して

いる，などの特徴を備えた超優良企業の共通点として「8つの基本的特質」を以下のようにまとめた。①行動の重視，②顧客に密着する，③自主性と起業家精神，④人を通じての生産性向上，⑤価値観に基づく実践，⑥基軸から離れない，⑦単純な組織・小さな本社，⑧厳しさと穏やかさの両面を同時にもつ。

　ピーターズとウォーターマンの記述は，決して体系だったものではなく，結局は人が大切なのだという論旨は，合理的分析を主体とする古典的な組織論に対する挑戦であったとされる。しかし企業の実務家への影響力は大きかった。ピーターズとウォーターマンによれば，「業績を問わず，こうした企業はほぼいちように，やぼくさく見えることもあるにせよ，なにか並はずれたことを徹底して繰り返すことによって，全従業員が自社の企業文化に同化する―あるいは，それに同化できない者は逆にいたたまれなくなって出ていく―ようにしているのである」。組織が要求する品質とサービスの水準を維持するためには，少数のトップ・セールスパーソンが活躍するというだけでは不可能であり，「並の人間に並はずれた仕事ぶりを要求し，また，それを大前提としている」。

組織文化とコミュニケーション

　優良企業といわれている会社の文化は，おそらく，その文化の内容が特殊なのではなく，それがすみずみまで浸透した結果，企業の戦略や，その実行に対するコンセンサスができあがりやすい，ということであろう。そのために，企業内で共有された認識のもとで1つのことに卓越できるのではないかと推測できる。文化の浸透を促進し，維持するようなコミュニケーションが機能している。社内に形成されたコンセンサスによって，戦略の実行に全員の参加が得られるという側面が大きい。ただし，それだけでは単に上意下達の軍隊的な組織になってしまい，状況に対する柔軟な対応ができにくくなってしまう。

　したがって，"良い組織文化"は，企業文化が全体的な方向を示す中で，異質性や意見の違いを認めた上での，より積極的な解決策に至るスムーズな交流を内包しているはずである。また，部門間や上下の立場を超えて存在する交流が問題解決に向けた活発なコミュニケーションを促進することになる。たとえば，ディールとケネディが「強い文化を持つ企業が強いのは，相違を許容し，包含するからである」（Deal & Kennedy, 1982）と述べているほか，日本企業（特に松下電器：現・パナソニック）の，当時の高業績の理由に注目したパスカルとエイソスは，その理由の1つとして，日本人が高いコミュニケーション能

力を持っているという文化的特質をあげ，「たいへん重要なことだが，コミュ
ニケーションがうまくゆくかゆかないかは，理解の分かち合いに依存している。
このような理解は，暗黙のうちに状況を判断する能力を持つ人間同士の間で了
解し合う」ものであると述べ，文化とコミュニケーションと企業の業績につい
ての重要な示唆を与えている。

5．企業の変革

　企業における**組織変革**は仕事の進め方や手順，担当する人員，コミュニケー
ションの相手や方法，生産体制の変更などの全体的な変革をともなう。ダフト
（Daft, 2001）によると，企業の変革には，①変革のアイデア，②変革の必要性，
③変革の採択，④変革の実行，⑤変革のための資源，が必要であり，これらの
要素が組織内で確実に起こるようにせねばならず，要素が1つでも欠けると，
変革のプロセスは失敗してしまう。これらの要素の関係は，図5−1の通りで
ある。

どのように変革するか

　変革は一度に全体を変える場合と，部分から変えていく場合とがある。全体
を変えるのは困難でよほど企業全体が危機的な状態でないと，どこかで変化が
止まったり，揺り戻して元に戻ろうとしたり，または反対勢力が表立って，ま
たは裏で変革を阻止しようとする動きを強めることもある。

　全般的な変革については，全社的な仕事の品質を洗いなおす TQM（total
quality management）も行われることがある。少人数の QC サークル（第12章参
照）が競い合いながら，改善点を発見し，改善を工夫していくことを全社的に
展開する手法である。そういった細かい改善の積み重ねではなく，ゼロベース
で根本的に業務を見直していくビジネス・プロセス・リエンジニアリング
（BPR：business process re-engineering）の手法（Hammer & Champy, 1993）が組
織変革や企業変革に用いられることもある。一方で，変革を組織の一部分から
進めるケースもある。この場合には，一部分で起こっている変革を他の部分の
メンバーは冷酷に見つめていることがある。一部分で起こった変革が失敗した
場合には，全体的な反対を呼び起こすことになる。そこで，一部分で変革を起
こす場合には，その最初の変革を必ず成功させなければならない。

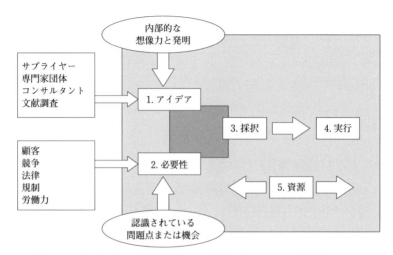

図5-1　変革に成功をもたらす一連の要素（Daft, 2001, 邦訳書p. 221）

　河野（1988）は，変革に必要な環境条件として，①実行の能力がすでにあること，②既存事業とある程度分離すること，③成長の可能性，を挙げている。ダフトは，変革を起動させる部門として，開発部門によるイノベーションや，独立したベンチャーチーム，企業内起業家制度を提示している。ただし，マンスフィールドら（Mansfield et al., 1971）によると，新製品を開発しても，技術的な目標を達成できるのは57%だけであり，さらに，商業化されるものは31%，利益が出せる商品に成長するものは12%に過ぎないという。

　組織構造の違いも，企業の変革に影響を及ぼす。「有機的な組織はボトムアップのイノベーション・プロセスを促進する。アイデアを提案し実験する自由を持つ中堅層以下の従業員によって次々とアイデアが生み出される。一方，機械的な組織構造はルールや規制を重視してイノベーションを抑制するが，多くの場合，ルーチン的な製品を効率よく生産するには最適の組織構造である」（Daft, 2001）。変革に熱心な企業は常に変革し続けるように意識しており，各部門に一定の新製品比率を要求する場合さえある。変化の少ないルーチン業務に最適化した組織からイノベーションは生じにくい。

文化はさまざまな要素に関連している

　組織文化は企業運営に関して重要な役割を果たしている。そのために変革を

行う場合にも文化が問題になる。環境変化に対応しようとしても，旧来の組織文化が変わらなければ，それが変革の足かせとなってしまい，制度や組織を変えても人の動きが変わらないということがある。

　組織が取り組むべき変革は，①技術，②製品・サービス，③戦略・組織構造，④文化，に分類できる（McCann, 1991）。これらはすべて連動していて，どれかを変えると他の要素も変わる。

　変革の必要性が認識されていない限り，変革に真剣に取り組むこともないし，まじめに検討されることもない。変革は，既存の仕事の進め方を変えることや，これまでの利益を失うリスクをともなうし，社内の力関係を変える恐れさえある。また，これまである部門が最重要顧客と位置付けてきた顧客を失う恐れもある。

6. 文化の変革とその障壁

　企業が，技術，製品・サービス，戦略，組織の変革を行う際には文化も変える必要がある。しかし，組織の文化を変えることは容易ではない。そのためには意識して文化を変えるための施策を実行する必要がある。このことは組織内に根深いコンフリクトが生じる原因になることが多い。

組織開発

　組織変革の際に，従来から人材開発に結びついた考え方である**組織開発**（organizational development）が用いられてきた。これは，心理学的な知見を用いて，組織メンバー，特に管理者の意識を変えようとするものである。部下や環境に対する気づきを促したり，態度や行動を見つめなおして個人の自己変革を進める。組織内の人間関係やコミュニケーション，および他の組織への対応の方法などのグループ・ダイナミックスに関する気づきを促すために，1960年代には，感受性訓練（sensitivity training）を中心としたＴグループ（training group）またはラボラトリー・トレーニング（laboratory training）と呼ばれる手法が用いられることがあった。シャイン（Schein, 1965）によれば，それは以下のような効果を持つ。

　　参加者たちはその当初（訓練集会がはじまって大体3ないし6時間位）に，

（1）何を討議すべきかについて皆の意見が一致するということは大変むつかしいこと，（2）メンバーはお互いに相手の言うことにあまり耳を傾けたり注意を払っていないことを知る。したがって参加者たちが得る一つの重要な洞察は，第一に，他人や集団の動きに対する関心よりも自分自身に対する関心（各メンバーの自分自身の欲求に対する執着）の方がはるかに強いこと，そしてこのことが何を議論すべきかを決めることのむつかしさの原因だ，ということである。

　実験室でこの体験をもつと，参加者たちはしばしば，同じようなことが会社の作業集団や委員会でもおこっていること，しかしだれもそのことに気づかないために，うまくやってゆけないことに気づくようになる。そして，いったんそのことがわかると，委員会などでも，メンバーがお互いに意向をさぐり集団内で安全な場所を発見するだけの時間を与える（それは，格式ばらない非公式の会話をせいぜい，1，2時間すれば十分だろうが）といったささいなことで，集団はむつかしい問題についても効果的に働きうるであろう。

変革の難しさ

　変革への障壁となる心理的な問題として，①行き過ぎたコスト重視，②メリットに関する認識不足，③調整と協力の欠如，④不確実性の回避，⑤喪失への不安，が挙げられる。また，実行のための技法として，①変革の必要性を明らかにする，②必要性を満たすアイデアを見出す，③トップ・マネジメントの支持を取りつける，④漸進的な実行に向けて変革を計画する，⑤変革への抵抗を克服するための計画を立てる（利用者のニーズや目標との整合，コミュニケーションとトレーニング，参加と巻き込み，強制と強要），⑥変革チームの創設，⑦アイデアの先導者の育成，が挙げられる（Daft, 2001）。

　組織には従来の仕事の進め方を継続しようとする力が働く。この力を組織慣性という。これは，第4章でみてきた自己の一貫性を維持しようとする力が個人の中に働くことによって，これまでの行動や態度をなかなか変えられないことから生じる。

　個人のレベルでは，これまで自分自身が価値を置いてきた活動を変える必要が生じ，これまでの行動との一貫性が損なわれることに対する心理的抵抗が生じる。また，自分自身の態度が変革に対して好意的なものに変わろうとしても，自分の周囲にいる友好的な同僚が変革に対して批判的で従来のやり方を支持す

る態度をとれば，第4章で取りあげた認知均衡理論の働きで，自分自身の態度が他人にひきずられて，もとに戻ってしまう。認知均衡理論では，基本的に3者間の関係が考えられたが，組織の中には好意的であったり敵対的であったりとさまざまな人間関係が網の目のように張りめぐらされており，どこか1つを変えようとしても他の影響により揺り戻しが起こってしまうことが多い。

　また，組織全体のレベルでは，顧客からの従来どおりの要求が続くことや，仕事の手続きの硬直性，変革にともなう一時的な混乱や損失の回避などによっても変革は妨げられる。これまで特定のメンバーが得てきたメリットや立場が弱まる可能性（たとえば変革の実施によって自分が受けもっている既存の顧客からの売上が減ることにより社内での相対的な立場が劣化するなど）が予測されれば，その当事者は変革に抵抗しようとする。特に，大規模な雇用調整（人員削減）や異動をともなう大改革では，経営者と労働組合などの労働者側との対立的なかけひきが活性化する。

7．組織文化とコンプライアンス

　人も組織も社会の中で存在している以上，**コンプライアンス**（compliance: 法令遵守）は重要である。しかし，企業で起こる不祥事がときどき話題になることがある。2015年から2017年にわたって話題になった株式会社東芝の不正経理の問題では，歴代3人の社長の責任が問われることとなった。2008年のリーマンショックと呼ばれる不況の頃から赤字になり，2017年には監査法人から限定付き適正意見をつけられた上，提出が遅れた有価証券報告書では，最終損益で，当時国内製造業過去最大の9,656億円の赤字を出している。赤字になった頃から，目標数値を死守するように社長から檄が飛び，当事者にとって無理だと思えるような高い目標数値が公表されることもあったという。なぜ，そのようなことが起こるのだろうか。

　本章の「文化的価値のコントロール」でみてきたように，組織文化がコンプライアンス違反を促進する場合がある。その他にもコンプライアンスに反する行動には3つの原因がある。

　第1は社員個人の欲望や，個人や集団が公式の手順に従わないことによって生じるコンプライアンス違反である。企業や顧客の資産や金銭を着服することに起因する不祥事や，定められた手順を省略して生じる事故などが挙げられる。

突出した業績を上げようとして無理な投資をして大損害を会社に与えてしまい，そのことを隠蔽しようとする，などである。本来，定められた手順に従わなかった事例として，1999年に東海村の原子力研究所で，公式に定められた手順を省略して起こった放射能漏れ事故や，2000年に雪印乳業で大量の食中毒が発生した事故などがある。雪印事件では，冷蔵装置の停止があったが，決められた衛生管理を行わずに大丈夫だと判断し，雑菌が混ざって食中毒者を出した。

　第2は経営者や上司からの要求が苛烈であり，その圧力に耐えきれない場合である。指示を受けた者が実際には要求どおりの実績を上げられないために，それを隠蔽し，要求を満たしたかのように売上や利益を操作してしまうなどが挙げられる。前述の東芝事件はその例である。苛烈な要求は，たとえば国家の場合であれば“お国のため”“天皇陛下のため”，企業であれば“会社のため”“株主のため”などの一見もっともらしい大義のもとに下される場合が多い。

　第3は組織的な隠蔽である。製品などに不備があったことに後から気づき，問題が発覚した場合の責任や影響の大きさに恐れをなして，組織ぐるみでその不備や企業の赤字を隠蔽する場合が挙げられる。大多数の社員には知らせずに上層部や関連部署だけで表面化しないように隠蔽し，人事異動などで担当者や経営者が変わっても，隠蔽する内容は代々引き継がれてしまうことがある。

　つまり，①社員個人の欲望，②経営者や上司からの苛烈な要求，③不祥事の組織ぐるみの隠ぺい，の3種類が原因として考えられる。これらの原因は組織の文化に強く影響される。そして，しばしばこれらの3つが複合して法令違反が表面化せずに皮膚の下で肉の腐敗が広がるように企業の内側を腐らせていく。さらには，集団から目に見えない圧力を受けたり，集団に同調してしまうことも，社会的に好ましくない行動やその隠蔽に作用する。

個人の心との比喩（心的機能にたとえた心の闇と組織の闇）

　個人が実現が困難な欲望を満たそうとすれば現実との間で深刻な問題が発生することがある。精神分析を創始したフロイトは，通常，誰もが実現不可能な欲望を無意識の中に抱えていると考えた。この欲望を抑えこむ心の働きについては，すでに第2章でみてきた。健康な人間には非現実的な欲望にブレーキがかかるのと同じように，健康な企業の中の個人の欲望にもブレーキがかかる。本人が健全な組織文化を意識し，その文化からの圧力をうけて欲望を抑える場

合もあるし，組織が定めたルールや罰則が欲望を抑制する場合もある。また，周囲の人々からの制止によって不適切な行動が抑えられる場合もある。しかし，不健康な組織では，その欲望に向かって行う行動にブレーキがかからなかったり，そうした行動に個人だけでなく組織ぐるみで蓋をしてしまい，表面に上らないように隠蔽してしまうことがある。

　もし組織に何の規律も規則も無かったとしたら，社員や経営者の勝手な欲望に任せてそれぞれが何の方向性もなく混沌と動き回ってしまうことになる。自分の業績を上げるためだけに顧客をあざむいて高い価格で物を売ったり，逆に給料をもらっていながら仕事をあまりしないでサボって会社に損害をあたえる社員が出てくるかも知れない。あるいは，社長が経営者として株主や得意客に良いところを見せようとして，できもしない約束をして，結局，契約を守れなかったことをかくすために不祥事をおこしてしまうこともある。また，そのようなことが起こるような企業では，社内のどこかでそのような行為が行われていても，無かったこと，見なかったことにして放置したり，他の社員は巻き込まれないように遠巻きに眺めるだけで，口をふさいで知らん顔をしているだけになってしまう。

　このように会社全体にとって認めたくないものを認めないまま，一部で放漫な不正が行われていれば，その不正を行っている部分はまるでフロイトの心的機構のエスだけで動いているようなものになる。また，こうした乱脈な行為が社内のどこかで行われていたことを糊塗するために不正経理を行って，帳簿上，これらの行為が無かったように記録を書き換えてしまうかも知れない。これでは，人間の心理でいえば無意識の中に思い出したくないことを封じ込める"抑圧"という機能と同じになってしまう。

8．不祥事を防ぐ

　しかし，人の心の中とは違って組織というものは人工的に作られ，構造づけられたものである。社員や経営者がやるべきことをやり，やってはいけないことをやらないための機能が必要になる。これは社員1人ひとりの心の中に浸み込んだものの反映を明確にルール化したものかも知れないし，会社としてすでに昔から示されたルールや方針，またはすでに文化に組み込まれていることを明確にしたものなのかも知れない。コンプライアンスを専門に扱い，社内を規

律づけるための部門を設立することになるかも知れない。コンプライアンスを遵守するためには，優秀で規律を守りそうな社員を雇い，社員教育を行い，取引先に鍛えられながら自らを律する組織を作っていく必要がある。ゼネコンという業種は，マスコミで談合や不正工事などがしばしば話題になる。そのゼネコンの部長に，建設会社の経営者として一番大切な条件を聞いたときに「倫理観」との答えを得たことがあった。ともすれば不正取引が行われやすい業界だけに，どこまでが適正な取引で，どこからが不正なのかのグレーゾーンが多く存在し，それを的確に判断できる能力が大切だというのである。しかし，しばしば，不祥事は起こる。

　また，万一に備えて会社は監査機能を備えており，内部監査（監査役や取締役会）と外部監査（監査法人や税理士）のチェックを行い不正な行動を防ぐようにしている。これらは個人の心理でいえば，超自我の働きに相当する。

いきすぎた規制からはよい結果は生じない

　かつてコンプライアンスに反し，不祥事が発生し，社会的な非難を浴びた企業が，こんどは厳しいルールを設定し，不祥事の再発を防ぐことがある。たとえば，カラ出張や不正請求防止のために，都内での近距離の電車移動でも，一回ごとに切符を買い，その切符を持ち帰って旅費の請求書に張り付けたり，その場所に行ったという証明のために，コンビニエンス・ストアや喫茶店などのレシートを出張報告書に張り付けるということをさせていた企業があった。

　ただし，この企業では業務上，連続して出張する社員が多く，出張先に次の出張の指示が来て，2か月間一度も会社に出勤できないという社員も多く抱えていた。しかし，まとめて出張報告を提出すると書類作成に誤りが生じやすく，また，時間が経つと追跡調査が困難になるため，出張報告は出張後1週間以内に行うことというルールを作成した。そのために，出張者は出張先から職場に連絡し，切符や領収書を郵送し，ハンコを預けて代わりに押印してもらい，出張報告書作成の代行を派遣社員に頼んでいた。すると派遣社員に任せる業務が増え，負担に耐えきれない派遣社員が次々と辞めていき，仕事が回らなくなってしまったことがあった。これでは健全な組織の姿とはいえないであろう。個人の心理に例えれば，超自我が強すぎてうつ病になり身動きが困難な状況になってしまっているようなものである。その企業では，これらの厳しいルールは次第に曖昧になり，何年もしないうちにもとのやりかたに戻ってしまった。

仕組みと個人・経営者の倫理観で不正を防ぐ

　業績についての圧力が営業職に対して強すぎると，営業職の側には，その圧力をかわす必要が生じる。営業としてはどうしても今期の目標売上高を達成できそうにない場合には強引な売り込みをしたくなる。しかし，今，それをやると後々，顧客の信頼を失ったり，関係が将来悪化する恐れがある。その場合には，以下の2つの選択肢がある。①それでも顧客に無理に頼み込んで，商品を何としても，今，買ってもらうか，②労力が大きいし可能性も低いが新規顧客を開拓して何とか新たな売り込み先を開発するか，という選択肢である。どちらの選択肢を選び，どのように進めていくのかには，それぞれの社員のパーソナリティや社員を管理する経営者，そしてその組織の文化の特質が影響する。

　社内のそれぞれのレベルでの倫理観がしっかりしていなければ，上の2つの選択肢をとび越えて，③経理を操作して不正に売上を立てたことにしたり，④顧客の不利益になるような悪質な売込みをしたりするなど，不正行為に走ることになる。また，逆に不正を防ぐために規制やルールでがんじがらめになってしまうと，企業が生き残るために根源的に必要な売上や利益が得られなくなってしまう。あるいは，不正や不都合なことが起こらなかったことにして抑圧してしまうことになる。抑圧している都合の悪い事実を表面化させ，いわゆる"見える化"を行う作業には極めて強い痛みが伴う。企業の場合の痛みは社員の今後の昇進などのキャリアだけでなく解雇や刑事罰に発展することもあり，表ざたにしたくないという力が働きやすい。問題が大きくなるまで抑圧を続けたあげくの"見える化"であれば，社会的な指弾を受けて企業そのものが倒産し，取引先の連鎖倒産を引き起こす恐れさえある。

実際の企業の例

　2018年に株式会社神戸製鋼所で10年近く続いていた品質検査結果データの改ざんが発覚し，また同年には三菱マテリアル株式会社のグループ会社数社が1970年代後半から品質検査の改ざんを行い，経営者もそれを知りながら続けてきたことも問題になった。

　2000年には三菱自動車工業株式会社がリコールにつながる不具合情報を20年以上にわたり当時の運輸省（現・国土交通省）に報告せずに隠蔽していたことが発覚した。不具合情報の隠蔽は社員の間で把握されていたが，隠蔽が代々引き継がれていたという。今まで社内に無かったはずの問題を明らかにすれば，

隠蔽を続けてきた歴代の先輩や上司，同僚に多大な迷惑がかかるし，それを明らかにした自分の会社人生が壊滅的な悲劇に見舞われるかも知れない。さらにその後も分社化したトラック・バス部門の三菱ふそうトラック・バス株式会社で2003年のリコール隠しが翌年に発覚し，さらに大型トレーラーのタイヤ脱落事故は死者を出し，刑事事件に発展した。この事件をヒントに池井戸潤が『空飛ぶタイヤ』という小説（池井戸，2006）を発表し，高い評価を得た。個人の心の中に限らず，会社という集団の中にも，①どろどろとした欲望，②不正を許さないという力，③現実の状況や環境をよく考えて最良の選択をしようとする力，の3者のせめぎあいがあり，このせめぎあいは，仕事を通して人間は何のために生きるのかという根源的な問いにつながる。

内向きの心理とコンプライアンス違反

　どうしても人間には仲間うちをかばったり，仲間からの当面の評価を得ることを重要視する心理がある。土居（1971）は，人間関係を「内」と「外」に分け，特に内に対する依存関係や受身的愛情希求が日本社会に強いことを指摘した。終身雇用といわれる構造を持つ旧来の閉鎖的な日本企業では，そのような心情は強いであろうし，内部告発は一緒に働いている内部の仲間への裏切りという強い意味を持つであろう。不正防止のためには健全な業務手順の明確化と，経営者と社員の健全な倫理観が重要である。特に，経営者や管理者が非現実的な業績への圧力をかけるような組織では，高いストレスのもとに社員が不正な処理を行って上司からの叱責を免れたいという誘惑が大きくなる。コンプライアンスの意識を高めるためには，法令順守を阻害するような経営者からの強い圧力や文化的な圧力を退けなければならない。

第6章　リーダーシップと組織

公認心理師対応カリキュラムで含むべきキーワード
リーダーシップ理論　集団目標の達成，特性論，行動記述論，状況適合論，フォロワーシップ

1．組織行動をみる視点としてのリーダーシップ理論

　企業の中で，リーダーは**集団目標の達成**に責任を負っている。その責任を果たすために，制度的および心理的な権限を持っている。他人に対して強い影響力を持つことができるのが組織におけるリーダーという立場である。産業・組織においてリーダーは，組織目標の設定，その目標の達成手段，目標達成のための集団の生産性，目標達成度合い，に責任を持つ。それと同時に，しばしばメンバーの選定と業務遂行能力の育成に責任を持つこともある。上司としてのリーダーは役割として，部下に対する評価や業務の割り振りを行う。また，昇進・昇給や異動などの人事権を持つことにより，部下の殺生与奪の権限があるといわれることさえある。リーダーの行動は，部下に大きな影響を与える。

　リーダーシップ（leadership）の定義はさまざまであり一定しない。チームや組織を単に管理（manage）することや，それ以上のもの，たとえばメンバーを従わせる力をさしてリーダーシップということもある。また一方で，リーダーシップとは，それを受容する側の認知の問題であると考える視点もある（たとえば，Lord & Maher, 1991; Sims & Lorenzi, 1992など）。いずれにせよ，集団において最も影響力のある立場がリーダーであることから，以下にみられるように，リーダーシップについての研究は様々な視点から行われている。

特性論的アプローチ

　1940年代以前のリーダーシップ研究は，顕著なリーダーシップを持った人物

の特性を調べようとする**特性論**的なアプローチが多かった。しかしこの頃はまだ，第2章でみてきたような，類型論・特性論という分類の意味での"特性論"ではなく，顕著な特徴を持ったリーダーを理念型とし，その中からリーダーシップに関する特徴をみいだそうとする考え方が中心であった。そのために，特性論的アプローチは偉人論（great man theory）アプローチとも呼ばれていた。顕著な業績を残したリーダーの特徴からリーダーにとって重要な要素をみいだすことが考えられた。歴史上の人物を例にとり，その顕著なリーダーシップを参考にしようとすることは，日本でも巷間で行われている。たとえば，織田信長や武田信玄などのリーダーシップを引き合いにして，目の前の現実のリーダーシップに当てはめて，あのリーダーはどのタイプに当てはまるかということを考えるなどである。

高業績をもたらすリーダーへの関心

　第二次世界大戦後，傑出したリーダーの特徴よりも一般のリーダーの行動に関心が移っていった。はじめのうちはリーダーシップにとって必要な特性を羅列的に拾いだすことが中心であった。知性や自信，攻撃性，社交性など，どのような特性がリーダーのパーソナリティの中に配置されていればよいリーダーになるのかについてを考える，特性の星座理論（constellation theory）アプローチが中心であった。

　第12章でみていくように，20世紀前半では大量生産の現場監督には決められた作業手順の指示と監督が主に求められていた。その後，20世紀後半の，産業界における大量生産の定着により，軍事や政治だけでなく，一般の産業社会の大量の作業監督者に，リーダーとしての判断や部下のモチベーションを向上させることが求められるようになった。そのために，一般的なリーダーシップについての調査への関心が高まった。また，この頃の統計学の発展は，大量の調査データを処理することに寄与した。1950年代ごろから60年代にかけては，資本主義国家と共産主義国家との対立が深まるとともに，社会的な関心として民主的な統治に価値観が置かれるようになり，民主的なリーダーに関する関心が高まった。

　自動車会社フォード（Ford）などで実際に多大な成果をあげていた管理方式は職務中心型の従業員管理の手法であった。しかし，時代の変化とともに第3章でみたマクレガー（McGregor, 1960）が提唱したY理論的な人間観による組

織管理が注目されるようになっていった。従業員中心的な監督が効果を上げる
のか，または，職務中心的な監督が効果を上げるのかという関心が高まり，そ
れぞれのタイプのリーダーの行動特性が注目されるようになった。

　特に，産業組織におけるリーダーシップについての研究は，以下にみていく
ように，高業績をもたらすような効果的なリーダーシップ行動とはどのような
ものであるのかという関心と，第12章で詳しくみていくように，ホーソン工場
の実験などの成果から，メンバーのモチベーションとの関係の視点から調査が
行われることが多くなっていった。

2．リーダーシップと組織風土，およびモチベーションとの関係

　集団のリーダーがどのような管理を行うのかによって組織の文化や風土は変
化する。そしてそれはメンバーのモチベーションに影響する。リーダーの主な
仕事として，メンバーをモチベートすること（動機づけ）がある。リーダーシ
ップ研究として知られるリッカート（Likert, 1967）の研究も，組織をシステム
１からシステム４まで分類しており，広い意味では組織風土の研究としても分
類され得るリーダーシップ研究である。リッカートは，システム１を独善的・
専制型，システム２を温情的・専制型，システム３を相談型，システム４を集
団参画型の組織として分類している。なお，リッカートが開発した統計尺度は
リッカート尺度（Likert Scale）として心理統計の専門用語になっている。組織
風土についても，また，組織文化についても，それぞれ研究者によって定義が
異なるが，組織文化研究の初期のころには風土（climate）という言葉が使われ
ることが多く，1980年代頃から文化（culture）という言葉が使われることが多
くなっていった。

ホワイトとリーピットの実験再考

　ホワイトとリーピット（White & Lippitt, 1960）は，実験者の成人が，被験者
の10歳の少年たちに対してリーダー行動を操作することで，３種類の社会的風
土を作り上げた。民主的，専制的，自由放任的の３種類である。彼らは，作業
目標の達成と社会的目標の達成の両方の側面からみれば，民主的な社会風土を
リーダーが作ることが好ましいと結論づけている。

　この実験結果は1960年代の民主主義的な意識の高まりの中で注目を浴びた。

表6-1　三種の社会的風土におけるリーダーの行動（White & Lippitt
in Cartwright & Zander, 1960, 邦訳書, p. 630)

専制的指導	民主的指導	自由放任的指導
1．方針のいっさいは指導者が決定した。	1．あらゆる方策は集団によって討議され決定された。指導者はこれに激励と援助を与えた。	1．集団としての決定も個人的決定も全く放任されて成員まかせであり，指導者は最小限にしか参加しなかった。
2．作業の要領と作業の手順は，そのつどひとつずつ権威的に命令する。そのため，それから先の作業の見通しの多くはいつも不明瞭であった。	2．作業の見通しは討議の間に得られた。集団の目標に達するための全般的な手順の予定が立てられた。技術上の助言が必要な時には，指導は二つ以上の方法を提示して，その中から選択させるようにした。	2．いろいろな材料は指導者が提供した。また，求められれば情報を与えることを言明しておいた。仕事上の討議においてもこれ以外の役割はしなかった。
3．指導者は通常個々の作業課題を命令し，各成員の作業の相手方も指導者が決めた。	3．成員は仕事の相手として誰を選んでも自由であり，仕事の分担は集団にまかされた。	3．作業には，指導者は全く参加しなかった。
4．指導者は，各成員の仕事を称賛したり批判する際に，「個人的主観的」にする傾向があった。実演してみせる場合以外は，集団の仕事に参加することはなかった。	4．指導者は，称賛や批判をするにあたって，「客観的」で，「即時的」であった。指導者は気持のうえででは正規の集団成員の立場にあるようにつとめたが，差出がましくならないように気をつけた。	4．質問されないかぎり，指導者は，成員の作業上のことについて自発的に意見を述べることは稀であった。そして，作業のやり方を評価したり調整したりすることは全くしなかった。

しかし，ホワイトとリーピットが自ら述べているように，「もともと自分には
好ましくない方法で，ある目標を達成することを社会から要求されるような場
合がよくあるが，そういった場合と，今の事態は（中略），もちろん比較でき
る性質のものではなかった」。さらに続けて，「実験に用いたクラブは，レクリ
ェーションのクラブであった。これらのクラブは「おもしろい」はずのもので
あったし，少年たちも，親密な交友を通して，またおそらく，時々は悪意のな
いばか騒ぎをしたり，大工仕事，図画，組織立った刑事ごっこなどをすること
によって，楽しもうと期待してクラブに集まって来たのである」。そうである
ならば，子どもたちの本来の目的を共有する民主型のリーダーシップのもとで

モチベーションは高まるであろうし満足度も高いはずである。さらに，その著書の中では人間関係に関する実験結果と違って作業結果に関する具体的なグラフは示されていない。「単に作業の目標だけという狭い観点からでさえ，実際に現れた証拠によれば，われわれの実験では，民主型の集団は専制型とほぼ同程度の効果を発揮したといえる」との表現がなされている。

　実際に，「専制型では（あるいは少なくとも，専制的指導に対する反応が服従的であった集団では），なされた作業量は大きかった。このような集団では，作業に皆が専念した時間の長さでは，全時間の74％を占めていたが，これに比べて，民主型では50％，また専制的指導に対して攻撃的な集団反応を示した唯一の事例（第Ⅱ実験）では52％であった」という。この数字だけからみれば，作業目標の達成だけでなく，社会的目標を重視すれば，民主型もすぐれている，というのが現実のようである。表6-1はホワイトとリーピットによるそれぞれの社会的風土を作るためのリーダーシップの分類である。実験実施者としてのリーダーは目的の社会的風土を作るために，意識して，または意識せずに表6-1のような行動をとって指導していた。

3.　リーダーシップの発揮への2つの方向からの視点

　第3章でみてきたようなメンバーのモチベーションについての関心が高まるとともに，リーダーシップがいかにして集団のモチベーションをコントロールするのかについての関心が高まっていた。そうした中，リーダーシップ行動に関して大規模な調査が行われたのがオハイオ州立大学で始まった研究である。これは，一般的なリーダーの行動特性を大量のデータから分析しようとする行動論的アプローチである。

　金井（1991）によると，この研究は1940年代後半から始まり，「第1段階として，現実の企業組織における管理者がいかなる行動をとっているのかを記述するための質問項目の開発・蓄積に最大限の努力がはらわれた。項目の開発は，フィールドでの管理者やその部下に対する観察やインタビューにもとづいている。もちろん，リーダーシップ関係の文献レビューも項目開発の源泉の1つをなしている。研究初期の項目の作成，その蓄積に向けてのすさまじい努力の結果，9次元構成の暫定的枠組のもとに1,700項目を上回る，微に入り細に入る多様なリーダー行動の側面が，（質問項目に結びつく形で）記述された」。「オハ

イオ州立研究のこの2次元は今日でも最も広範に使用されるリーダー行動の測定尺度である」。その後も尺度の改定が行われ続けていたが「もっぱらこの2次元だけが使用されるようになってしまった」。その2次元とは、"構造づくり"の次元と"配慮"の次元であり、「リーダー行動の次元と分析の枠組(Hi-Hiパラダイム)がほぼ固定されてしまったという意味では、もはやオハイオ州立研究の範囲内から研究上の大きな飛躍はなかなか望めない」という状況が続いている。なお、Hi-Hiパラダイムとは、2つの次元として観測された側面のどちらも高い(Hi)リーダーシップが良い、とする考え方の総称である。

　その中で特に産業界に普及した考え方が、マネジリアル・グリッド(Managerial Grid)である。因子分析によって抽出されたタスク指向のリーダー行動と人間指向のリーダー行動の2軸をもとにリーダー行動を分類する。ブレークとムートン(Blake & Mouton, 1964)により開発され、企業で組織開発を行う際の管理者訓練に活用された。図6-1がその概要である。こうして1960年代後半から1970年代にかけて、リーダーシップ二元論は現在でもみられるかたちになり、ほぼ固定化した状態になっていく。現在でも、こうした考えかたを超えるような、決定的なリーダーシップの測定手法はなかなか発展していない。

　また、日本でも同時期に、同様の枠組みであるPM理論が三隅(1964, 1966, 1978)によって開発され、その考え方は企業にも広く普及した。これは管理行動をP(performance)とM(maintenance)の2次元に分類するものである。リーダーのPの側面とMの側面の両方が高い場合をPM型、Pが高くMが低い場合をPm型、その逆転型をpM型、PもMも低い場合をpm型として表現する。

　部下への動機づけはオハイオ州立研究での"配慮"の次元やPM理論の"M型"の要素に含まれるものである。現実の組織では、これらの2次元に分けられるリーダーシップの要素について、必ずしも両方の役割をリーダーが1人で担うのではなく、サブリーダーが片方の次元を受けもったり、あるいは、リーダーに欠けている次元をインフォーマル・グループ(詳細は第4章の「集団の中の非公式集団」を参照)の中でインフォーマルなリーダー役を果たす人物が担う場合もある。こうした非公式な集団の力を利用できるかどうかは組織や集団のまとまりの良さ、すなわち集団凝集性の高さからの影響を受ける。

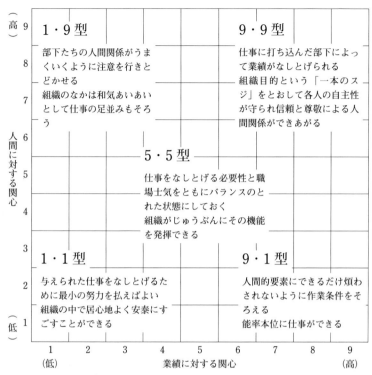

図6-1　マネジリアル・グリッド（Blake & Mouton, 1964, 邦訳書p. 14）

集団の効果を左右するもの

　シーショア（Seashore, 1954）は集団凝集性に注目した研究を行った。集団凝集性はメンバーの精神衛生と組織としての業績に対してプラスに作用するとの結果が得られている。リーダーはメンバーに高い配慮を行い，集団凝集性を高めることも必要である。

　一方で，集団そのものについて調査する研究も行われている。メイヨー，レスリスバーガー，ホーマンズ（Mayo, 1933; Roethlisberger, 1941; Homans, 1950）らによる，1924年から1932年まで米国イリノイ州のウェスタンエレクトリック社のホーソン工場で行われた実験の分析で，メンバーの感情やインフォーマルな人間関係が，仕事の成果の大きさに影響することが確認されている。集団の業績や成果に対して，メンバーの感情が重要であることが指摘された。メイヨ

ーは特に，上司が部下の話をよく聞くことを重視している。

　リッカートに代表されるように，集団参加型を前提としたリーダーシップ研究も行われている。リッカートによるシステム4（集団参加型組織）を導くために必要なリーダーシップ・スタイルの3原則は，①支持的関係の原則，②監督の集団方式，③高い業績目標，の3つである。この視点からみれば，リーダーシップというものが，メンバーが所属する組織に対して参加型としての特徴や風土をもたらすための，最も重要な要因になる。リーダーの一方的な監督ではなくメンバーに支持的態度を示し，意思決定にメンバーを参加させるための上述の三原則のうちの①と②はオハイオ州立研究でいう高配慮型のリーダーシップに対応しており，三隅によるM型リーダーシップにも対応している。リーダーによるこのような態度は，参加型の組織，すなわちリーダーとメンバーが相互に協力する風土を生む。

4．リーダーシップの源泉となる力

　リーダーは何をもとにリーダーシップを発揮しているのだろうか。メンバーの考えや行動に支持的な態度を示すなど，リーダーのふるまい方だけでリーダーシップは発揮されるのだろうか。直観的に考えると，人心掌握術であったり，その人そのものが持っているカリスマ性など，個人的な特徴がリーダーシップの源泉になっているようにも思える。しかし，それだけではない。フレンチとレイヴン（French & Raven, 1959）によると，力の源泉には以下の種類がある。

　　1．報酬によるパワー（Reward Power）：上司は自分への報酬を左右する力をもっている。上司のリーダーシップを受け入れるのは，給与や賞与の査定をよくしてもらえるとか，仕事の条件をよくしてくれるから，という期待が部下の側にある場合。
　　2．強制パワー（Coercive Power）：上司は自分を処罰する力を持っている。命令に従うのは，上司から叱られたり責められたり，給料を減らされたり，クビにされたりする危険があるから，という場合。X理論的なリーダーシップ。
　　3．正当パワー（Legitimate Power）：上司は部下に命令するのが当然であって，部下は上司の命令を受け入れる義務があるという，価値観や信念が部

下にある場合。仕事の範囲内だけで効き目がある。プライベートに対して，正当パワーを感じることはできない。

4．準拠パワー（Referent Power）：部下が上司に個人的に魅力を感じていたり，一体感を抱いている場合。尊敬やあこがれを感じる相手の意図や指示に，率先して従おうという気持ち。プライベートな指示であっても，部下が従うことがある。

5．専門パワー（Expert Power）：上司が自分よりも技術や能力や知識が優れていると部下が確信している。仕事の上で，自分がどうしたらいいか迷っているときや，仕事の進め方に自信を持てないときに，自分よりも仕事ができる上司の指示を受け入れる場合。

リーダーにとっての情報

メンバーのモチベーションは作業の効率をあげる上で重要ではあるが，メンバーの満足度の高さと業績の高さは必ずしも相関していない。リービット（Leavitt, 1951）は，隣の人としか情報交換できない状態で課題解決を行う実験で，次のような結果を得ている。

5人で構成された集団を，circle 型，chain 型，Y型，wheel 型，の4つのかたちに分類し（図6-2），全員にカードを配り，全員が共通して持っているカードを当てる作業をやらせた。その結果，正解率が，一番高かったのはwheel 型で，低かったのはcircle 型であった。しかし，メンバー全員が一致して満足度が一番高かったのはcircle 型で，1人を除いて一番低かったのはwheel 型であった。wheel 型では，中心に位置づけられた人だけ満足度が高かった。

重要な情報を“握っている”ということもリーダーが役割を果たす上で重要である。実験が終わってから，各グループのメンバーに誰がリーダーだったと思うかと聞くと，wheel 型では，真ん中の得点が23で，他は0であった。circle 型では，それぞれ，2，2，6，1，3であった。Y型では，先端が0，経路の途中の人が1，真ん中の人が17，枝が各1であった。chain 型では，端から0，4，12，2，0であった。

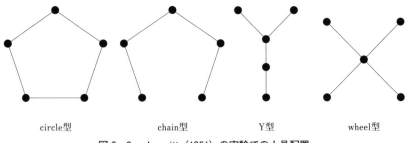

circle型　　　　　chain型　　　　　　Y型　　　　　　wheel型

図6-2　Leavitt（1951）の実験での人員配置

5．リーダーシップへのさまざまなアプローチ

　ゴールマン，ボヤツィス，マッキーは，リーダーシップ・スタイルを，「ビ
ジョン型リーダーシップ」「コーチ型リーダーシップ」「関係重視型リーダーシ
ップ」「民主型リーダーシップ」「ペースセッター型リーダーシップ」「強制型
リーダーシップ」の6つに分類している（Goleman, Boyatzis & McKee, 2013）。
リーダーのパーソナリティだけでなく，部下のフォロワーシップのありかたや
組織が取り組む課題の性質によってどのリーダーシップが適切であるのかが異
なる。彼らは，この中で，前半の4つを前向きなリーダーシップ・スタイルに
分類し，後半の2つを危険なリーダーシップ・スタイルと分類している。彼ら
は，時間が切迫したなかで明確な結果を出さなければいけないときには強制型
リーダーシップが，安定的に高い結果を出しつづける必要があるときには，民
主型やコーチ型，関係重視型リーダーシップの方が好ましいことを示唆してお
り，多彩なリーダーシップ・スタイルを使い分けることが効果的であるとして
いる。

状況対応型リーダーシップ

　最良のリーダーシップとはどのようなものかを探求することとは別に，状況
やリーダーの個人特性により，適切なリーダーシップは異なるのではないかと
いう状況対応型リーダーシップの視点からの問題提起もなされている。仕事の
内容が明確であるかどうかとリーダーが持つ権限の大きさによって，職務遂行
型のリーダーシップをとるべきか人間関係重視型のリーダーシップをとるべき

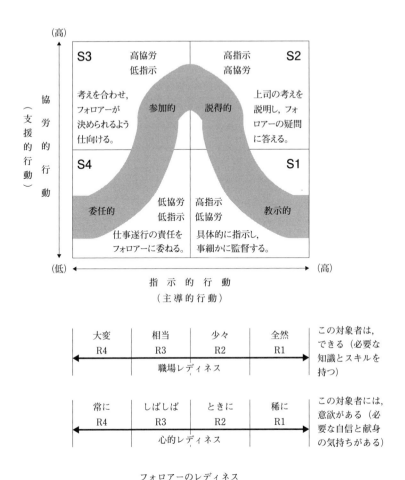

図6-3　リーダーシップ・スタイルの4基本型とレディネスの定義
（Hersey, Blanchard, & Johnson, 2000, 邦訳書, p. 214を改変）

かが異なる。（Fiedler, 1967）

　ハーシーとブランチャード（Hersey & Blanchard, 1977）は，部下の成熟度に合わせてリーダーは指示的な指導の度合いを変えるべきだと考え，部下の成熟度に応じて協働の度合いも変えていくべきであると主張した。リーダーシップの**状況適合論**である。この場合，特に重要なのがフォロワーの仕事へのモチベーションや能力，習熟度などのレディネス（readiness）である。フォロワーと

の関係と適切なリーダーシップとの関係は図6-3のようになる。

フォロワーシップとの関係

　リーダーシップ研究において，社会的交換論的アプローチが盛行するように
なった（狩俣，1992）が，その代表的な理論的枠組みがLMX（leader member
exchange：リーダー・メンバー社会的交換）理論である。リーダーはメンバーか
ら受け入れられてこそ，リーダーとして機能する。リーダーと部下との関係を
社会的交換の一形態として捉える考え方である。LMX理論では上司と部下と
の関係をさまざまな社会的価値を交換しあう社会的関係として捉える。

　「このアプローチの考え方を約言すると，個々人はそれぞれ便益と費用を交
換することによって関係を結ぶ，というものである。個々人は基本的には自己
の利益を最大にし，費用を最小にすることを求めて行動する，というのであ
る」（狩俣，1992）。こうした考え方にしたがえば，上司のリーダーシップと部
下の**フォロワーシップ**（followership）は複雑にからみあっていることになる。
リーダーシップ理論を分類することは困難であることを指摘しつつも，グリー
ンとウルビェン（Graen & Uhl-Bien, 1995）はリーダーシップを「リーダー」
「リレーションシップ」「フォロアー」の3つの分析レベルで分類することを提
唱し，LMX理論を，リレーションシップの分析レベルの視点を持つものとし
て位置づけている。

　さらにグリーンとウルビェンはLMX理論の発展を4つの段階に分類してい
る。第1段階として，上下の連携（vertical dyad linkage：VDL）研究からの発
展の段階，第2段階として，上司と部下の関係性とそれによる結果に焦点を当
てる段階（この段階における研究は，上下間の役割分担が成立するプロセスの研究，
上下間のコミュニケーションの研究，上下間の価値観の共有についての研究，LMX
関係を決定づける先行条件の研究，部下の側からの上下関係維持の方策に関する研
究，部下のロイヤルティ研究，意思決定への影響の研究，部下の特徴についての研
究，業績との関係の研究，離職率や職務満足の研究，キャリア上の昇進，業績との
関係の研究などが含まれる）である。第3段階として，上下間のパートナーシッ
プ確立に関する記述的研究の段階，第4段階として上下のパートナーシップか
らの視点の拡大とグループやネットワークレベルの分析への拡張の段階である。

　幸田（2013）は，実際の上司と部下との間での具体的なサポート関係を測定
するための5項目，上司と部下との間での相互理解を測定するための3項目，

さらに部下の側からの上司のための努力を測定するための2項目，合計10項目でLMX関係の強さを測定している。

6. リーダーの全体的な役割

　ミンツバーグ（Mintzberg, 1973）は，実際の経営者に同行し，細かく日々の行動を観察した。それまで主流であった大規模調査とは異なり，**行動記述論**的なアプローチで経営者の行動を調べた。その結果，実際のリーダーは自身の部下に対してだけでなく，多方面に向けてさまざまな活動を行っていることが分かった。ミンツバーグによると，組織のマネジャーには以下のような10種類の役割がある。

対人関係の役割

　①フィギュアヘッド（象徴としてのトップ）としての役割。

　②リーダー（部下に対する）としての役割。

　③リエゾン（外部に対する）としての役割。

情報関係の役割

　④モニター（環境を受信し理解する）としての役割。

　⑤周知伝達役（部下に対する）としての役割。

　⑥スポークスマン（外部に対する）としての役割。

意思決定役割

　⑦企業家としての役割（組織の計画的変革の多くについて，これを提案し設計する）。改善計画がスタートすると次の3つの方法のいずれかがとられる。（1）部下を配置転換する権利だけ残して，ある部下に全責任を委ねる。（2）設計作業の責任は委譲し，そのプロジェクトを承認する責任は残しておく。（3）設計作業も自分で監督してしまう。

　⑧障害処理者（新しい刺激に直面したときに介入する）としての役割。

　⑨資源配分者（部下に対する）としての役割。資源配分には次の3つの方法がとられる。（1）時間割（scheduling of time）を作り優先項目を定める。（2）仕事の基本的なシステムを設計し部下の作業をプログラム化する。何がなされ，

誰がそれをやり，どんな構造が用いられるかを決定する。（3）組織の下す主要な意思決定すべてについて，実行前の承認を握る。承認すべき案件が多く意思決定が困難であるので，提案よりも提案者を選ぶことや，融通性のあるモデルとプランを活用する。

　⑩交渉者（外部に対する）としての役割。

　全体として，「要するに，マネジャーは組織の仕事を設計し，内部環境と外部環境を監視し，望んだときに変化を起こし，障害にぶつかったら安定を復活させなければならない」，「部下を率いて組織のために仕事を効率的に行い，また部下に特別情報を提供しなければならない。その情報の一部は自分が開拓する接触のネットワークから獲得する」。また，数々の“家事”（些末な日常業務）も果たさなければならない。

　以上が，ミンツバーグによるマネジャーの役割である。なんといってもミンツバーグの最大の発見は，マネジャーが極めて忙しく，個々の業務が細切れになっており，落ち着いて1つの仕事に取り組めるようなことは少ないということである。本書の筆者も大企業の経営者にインタビューをする場合，緊急の課題が入るために予約した日程が何度も変わったり，面会の時間自体をとることが難しくなり会議の合間に役員室で昼食を取りながらということになったり，外出の時間が迫り，話が終わらないために車に乗り込むまで歩きながら話し続けるということがあった。また，面会時間中に様々な挨拶や相談が割り込むため，スケジュール管理をしている秘書から呼び出され，5〜10分程度の中断が何度か入るなどということもしばしばある。経営者の時間は細切れに分断されている場合が多い。

第7章　社会的変化と人事制度

公認心理師対応カリキュラムで含むべきキーワード
組織成員の心理と行動　定着意識

1．生活保障的な意味あい

　第二次世界大戦後に多くの日本企業で導入された賃金・処遇制度として，生活給体系に基づく賃金制度がある。これは従業員の標準的なライフサイクル上，必要となる金額を考えた賃金カーブを想定して設計されていた。

　第二次世界大戦の敗戦後，日本の産業は壊滅に近い状態になり，都市部では多くの人がバラックと呼ばれる掘っ立て小屋で雨露をしのいだ。食料品の入手さえ困難であった。コメなどの主要食料品は配給制となったがその配給も滞り，各地に自然発生した闇市と呼ばれる不法売買さえ行われる市場で物資を購入せざるを得なかった。そんな時代には，まず食べることが必要であり，第3章でみてきたマズローの欲求五段階説（Maslow, 1954）の"生理的欲求"を満たすことが第一に求められた。まず，人々は食べるために働いた。次に必要になったのは，明日も明後日も安心して生活したり安心して眠れる場所である。生命の危険や生理的に困難な状況にさらされずに，安心して食事も手に入り，安心して暮らせる状況を人々は望んだ。"安全の欲求"を満たすことが重要な課題となり，それを得るために働くことになった。失業は恐怖であり社会不安をひき起こす大きな要因であった。第14章でみていくように，そのためにも国内の労働関連法規が整備されていった。

企業の役割

　安全・安心な生活を従業員に提供し，保障するという機能が，企業にも大きく期待されるようになった。大企業などの比較的ゆとりのある組織では，正規

の社員として雇った従業員の生活が破綻しないような給与の設計が可能になった。独身時代には，給料は安くても寮などの住むところが提供されたり，社内食堂が設置されるなどして，食と住の不安が払拭された。結婚し，二人暮らしが始まる頃にはそれが可能となる賃金が支給され，第一子が生まれる頃になれば，子どもの養育がかろうじて可能な賃金が支払われる。さらに第二子が生まれ，子どもの養育費があがるタイミングに応じて，支払われる賃金もあがるように設計された。また，労働組合もそれを要求した。戦後しばらくの間は，中学・高校を卒業し，親の庇護から自立すると同時に仕事を得る必要があった。地方の中学・高校卒業生は学校にきた求人に応じて集団就職というかたちで上京し，雇用が増えつつあった都会に就職をした。

　このような仕組みが成立する前提として，従業員のライフスタイルが比較的，均一である必要がある。あくまでも賃金は提供された労働への対価であることが，その本質である。年齢や生活そのものに対して直接，報酬が支払われることには経営者の側も従業員の側も違和感を感じる。ライフスタイルが多様であれば，それぞれのライフスタイルにあわせて賃金を変えることになり不公平が生じる。しかしライフスタイルが均一であれば，企業は一律の年功的な賃金体系を用いることによって従業員のライフサイクルに応じた報酬を支払うことができる。新規学卒の一括採用を前提に給与制度を設計し，在職年数の増加とともに次第に職務に習熟していき，総合的な職務能力が向上していくと考えれば，年齢とともに増加する生活費をカバーすることができる。また，違和感は少なくなる。このようにして，新卒一括採用が前提となり，その仕組みが定着していくと中途入社者の報酬の位置づけも難しくなり，均質な集団のなかで周囲から違和感をもたれやすくなる。このようなこともあり，日本の大企業では新卒一括採用が定着していった。その後の給与も実質的に生活保障的であり，そのまま定年まで一緒にいることが前提となり同じ仲間と働きつづけることになる。メンバーが固定的であるがために企業ごとの組織風土も強化されていくという副次的な効果もあった。

企業への定着意識と年功序列

　また，一括採用の同期入社者が年齢的にまとまった階層をなし，中途入社が少なければ，社内の仲間意識も強くなる。マズローの欲求五段階説の"所属と愛の欲求"が満たされることになる。このようにして一般的に就職先への**定着**

意識も増加していった。

　さらに経済の高度成長期にかけて，各企業の規模が大きくなっていくと，新卒一括採用が人員補充の主な方法であるために，規模の成長に応じて採用を増やす。企業内の人員構成は，高齢者が少なく低年齢層が増えていくというピラミッド型になる。そうなると，従来からいる社員にとっては，年齢とともに給料があがるのにともない，指導すべき新卒者や若年者が増えつづけていく。年齢とともにしだいに指導的な役職にあがっていくことが自然になる。年齢があがっていけば，職務経験上の尊敬が，毎年大量に補充される下の階層の社員から得られることになる。また，一定の年齢になれば指導的な役職につくことがほぼ保証されることになる。在職年数に応じて次第に大きな尊敬が得られ"自尊欲求"が満たされ続けていくことになる。このような理由から，戦後日本の企業で多くみられた年功的な人事システムはマズローの欲求五段階説との親和性が高い。

2. 生活保障からの転換のこころみ

　当時は大企業の社員であっても大学卒業者は少数であることが多かった。そのため，大卒社員は幹部候補生とよばれることが多かった。一般的に大企業ではそれ以外の社員の場合，部長・課長であたま打ちになり，それ以上にあがれる人数には限りがあった。1950年代の朝鮮特需が終わり，1970年代半ばから何度か起こったオイルショックなどによって，企業規模の拡大が時々止まり，採用内定の取り消しが発生するなど，社員の人員構成が変わることもあった。また，終戦後，世の中が安定してきた時期の1947〜1949年頃に生まれた団塊の世代以降，社会全体の出生率が変化し，ピラミッド型の人員構成を支えていた新規就労人口の増加が望めなくなった。

自己実現の重視
　社内の人口ピラミッドの変化に応じて，モチベーション管理のために企業は社員に対して仕事を通した自己実現をめざすことを勧めるようになった。多くの企業で従業員教育の一環として，企業が社員に対して行う研修のなかでマズローの欲求五段階説が引用されるなどした。"自尊欲求"を，役職を通して満たすのではなく，より内面的なものとして考えるように教えられ，さらに，よ

り人間として大切なことは，仕事を通して"自己実現"を行うことであると教えられた。

　企業業績の悪化による人件費抑制や採用抑制，一時帰休などの実施により，年功による給与の単純な増加に対する疑問も生じた。多くの企業が存続の危機に立たされるなかで，実際の社員の貢献に応じた報酬の配分が求められるようにもなった。社内の長期的な年齢構成の変化が起こり，年功による給与増のゆとりがなくなり，人件費総額を抑制するなかで，人件費の配分も変えざるを得なくなった。

新たな制度の模索と職能資格制度

　こうして年功ではなく，会社への貢献や仕事ぶり，会社に対する能力の提供に応じた処遇の仕組みが求められるようになった。その解決策として導入が試みられたのが職能資格制度と目標管理である。こうして，生活給体系は，概ね1975年頃から職能資格制度による賃金体系へと変えられていく（竹内，2002）。この頃，広く普及した職能資格制度は，制度設計上の思想としては，職務能力（職能：function）に賃金支払いの根拠を置くものであった。年功的な賃金制度から，能力主義的な制度への移行が，制度導入の意図である。しかし，実態としては，運用が続くうちに，賃金体系自体が，生活給的になっている場合がほとんどであったといわれている。米国での景気後退を背景に，海外でも，日本企業を評価する動きが盛んになり，第 5 章の「日本的経営」でみてきたように，見習うべき手本として日本企業の経営が取りあげられるようになる。

　職能資格制度という名目の新しい能力主義的な制度を導入しながらも，1970年代後半から日本的経営を評価する動きが国内で盛んになると個人の能力で差をつけなくても全体として企業の収入が増え，ほぼ全員の給与を毎年あげていくことが再び可能になってくる。職能の向上を厳密に査定して，その結果に基づいて個人の職能資格の上昇に差をつけていく必要性が低下した。インセンティブとして認知される細かい査定による少額の個人の賃金上昇は，全体の賃金上昇のなかに吸収されて効果が薄まってしまうからである。運用の実態は従来から行われてきた年功的な旧来型の日本企業の賃金制度をなぞるかたちでの運用になっていった。

バブル経済とその崩壊の影響

　1980年代後半からは，米国経済の低迷もあり，日本はバブル経済といわれる時代になり，空前の好景気を迎えることになる。しかし，21世紀に入る前に日本のバブル経済が破綻し，多くの日本企業にとって人件費負担が重荷になってくる。それぞれの企業による違いはあるにしても，筆者がコンサルティング業界に入った21世紀への転換点のころには，各企業での職能資格制度の運用は，生活給体系の賃金カーブをなぞったものに変容し，それが時代に合わなくなっていることが多かった（給与体系を成果主義型に変えたいという希望を持って依頼してくる案件が多かった）。

　運用にはさまざまなものがあるが，人事制度を刷新するにあたっては，多くの場合，従来からすでに導入されていた目標管理という仕組みを利用することが多い。そこで日本企業への目標管理導入のいきさつを以下にみていきたい。

3．目標管理の導入と歴史

　目標管理はしばしば目標管理制度と称されるが，厳密にいうと制度として運用するよりも，全体の制度のなかで，業務を管理するための道具として運用される場合が多い（なお，目標管理の英語での表記は management by objectives であり，制度や道具といったニュアンスの単語をつけることも少ない）。目標管理の日本への導入の歴史は比較的古い。日本での導入は1950年代後半にはごくわずかな企業で導入が行われていたに過ぎないが，1964年から1965年の不況を境とし，急速に導入が進められた。生産性関西地方本部の調査では，1966年には導入済みの企業が調査対象500社中24％，導入計画中が20％であったという。同調査は，5年ごとに継続調査を行っていたが，1980年には導入済みの企業が60％にまで達している（幸田，1971）。地方行政活性化研究会（1994）によると，目標管理はもともとはドラッカー（Drucker, 1954）の提唱によるものである。また，コンサルティングファームの多くは「目標管理はもともとはドラッカーの『現代の経営（1954）』で提唱されたものである」として企業に対する成果主義導入支援や，目標管理導入支援を行っている。

　しかし，ドラッカーは，当事，明確に目標管理を具体的な仕組みとして提示していたわけではない。ドラッカーによれば，事業部制組織を円滑に運営するための仕組みが必要であり，①事業にかかわるあらゆる活動をいくつかにまと

めること，②こうしてまとめたものを現実と照らし合わせること，③必要な行
動を明らかにすること，④意思決定の過程においてそれが正しいかどうかを評
価すること，⑤行動の結果を分析し，仕事を改善できるようにすること，を行
うべきであるとしている。米国の大企業の事業部制に焦点を当て，「目標によ
る管理と自己統制」として，このような経営管理上の仕組みを紹介している。

　日本への導入の経緯については，幸田（1971）が以下のように記述している。

　　ドラッカー（Drucker, 1954）の影響の元，先駆的に1957年にガラス会社が
　目標管理の導入を行い，1960年には繊維会社が重点項目管理という名称で導
　入を始めている。また，金属会社の当事の社長がドラッカーの信奉者であり，
　その考えに共鳴して1964年から導入しているという。製紙会社でも1964年か
　ら導入を行っている。これらの企業は，それぞれの企業ニーズから独自に目
　標管理について研究し，制度を導入しており，これらの実践事例がモデルに
　なって，他社に普及していった。以上が日本への目標管理導入の経緯である
　が，その後，目標による管理と自己統制という考え方をさらに推し進め，具
　体的に展開したシュレイ（Shleh, 1961）による "結果のわりつけによる経営"
　という考え方が日本に紹介され，普及が進んだ。

目標管理への当初の期待

　その当時，目標管理が従来の管理方式との違いとしてどのような効果を期待
されていたのかを，当時の目標管理導入の手引書から窺い知ることができる。
幸田（1966）による目標管理導入の手引書では，目標管理の導入によって期待
される効果は，①年功序列的温情主義から能力主義，②官僚主義につながる規
則・規程主義から業績・成果での評価，③権威主義・縄張り主義から協力によ
る個々の総和以上の力の発揮，④売込み主義・三ズ主義（休まず，遅れず，働
かず）から，真の能力評価の方法へ，といった内容が挙げられている。当時は，
従来の日本企業の特質と考えられるものを乗り越える手段として目標管理が注
目され，能力主義への移行が盛んに考えられるようになっていた。こうした背
景を受けて，日経連（一般社団法人日本経済団体連合会）などで能力主義導入の
手法が解説されるようになってきた。

時代の流れのなかで

上の①から④を見ても，この時代に能力主義への移行が強調されていたことが窺われる。しかし，この頃までに導入された目標管理は人事制度全体の根幹をなすものではなかった。これらの①から③までは，21世紀に入り，急速に進められた成果主義導入期にいわれていたことと全く同じである。なぜ，上の①から③までが現代の成果主義や成果主義的人事制度と結びついた目標管理の導入の目的と同じであるにもかかわらず，以前のことが忘れ去られてしまったのだろうか。同じことが繰り返されているにも関わらず，そのことに触れる人が少ないのであろうか。

その理由は，おそらく，目標管理の日本への最初の紹介から現在の成果主義導入に至るまでの期間が，1人の人間が企業に入社してから定年で退職し，あるいは役員を経て引退するまでのサイクルをわずかに上回るということにもあると考えられる。名称が成果主義に変わっているが，基本的に目指す内容は30年以上前に流行した目標管理と同じである。しかし，当時の目標管理や能力主義への移行実務を担当した人は，すでに企業の現場にはいなくなり，伝承が途絶えてしまっていると考えられる。人が入れ替わる度に，伝承が途絶え，同じ議論が同じ企業の中で，まったく別の人たちによって繰り返されることは頻繁に目撃される現象である。人は流れ去り，記憶は失われる。産業・組織にかかわる問題とその解決は実際の現場のなかにあり，人の異動や退職などの入れ替わりで，蓄積された知恵が流され失われてしまうことが多い。組織としての学習や記憶の問題であり，その能力の高い組織は競争力が高いことが多い。

ただし，上の④については，平成・令和に入ってからはあまり触れられることはない。④については，当時のその時代特有の文化的背景の影響を強く受けていると考えられる。この④はクレージーキャッツというグループの植木等が主演し，映画化された"無責任男"シリーズ（古澤・安達・渡辺，1962; 古澤・安達・森田，1962）での戯画化されたサラリーマン像を彷彿とさせる。その後，"モーレツ（猛烈）社員"という言葉が流行し，平成の後半からは社員の働きすぎが問題になった。令和に入る頃からは働き方改革が提唱され，法的にも時間外労働が規制され休暇取得が奨励されるなど，働き過ぎ是正の措置がとられるようになった。

4．目標管理の運用の背景と理論

　1970年代には新たにドラッカー（Drucker, 1971）によって当事の米国企業の問題点が指摘されるとともに，日本企業の特殊性が好意的に評価されることとなる。コンセンサスに基づく集団での意思決定，終身雇用・年功序列による高生産性，大学の先輩後輩のつながりによる教育と円滑な意思疎通などが，日本企業の成長の要因として見直されることになる。続いて，アベグレン（Abegglen, 1973）によって年功賃金，終身雇用，企業別組合などが評価される。

　津田（1976）は，これまで日本企業の後進性として扱われることの多かった日本的経営の特質を，戦前の経営家族主義とは別のものであるとして再評価した。オイルショック後に続いた経済の低成長期という新たな環境下において占部（1978）は，終身雇用，年功昇進，年功賃金という制度は不変ではなく，雇用調整や能力主義，職務給の導入などで環境変化に適応していくものであると位置づけている。日本的経営が肯定的に評価されるとともに年功的な人事制度の運用が再評価される。

実際の運用と理論

　このような時代背景のなかで，ともすれば目標管理の現場での運用はゆるやかになることもあった。自分がコミット（commit）し，立案した目標であれば達成へのモチベーションが高まるという目標設定理論（Locke, 1968, 1991）にしたがって，目標は自らが立てることになっている。しかし企業全体の目標を分割してその一部を個人が担う以上，部署や個人の目標は，実質的には組織として決まっている。個人が主体的に目標を立てることを強調しすぎると，個人は達成しやすく，評価を得やすい目標をたてがちになる。人事評価を下げたくなければ，ふつうは結果が目標未達成にならないように工夫をする。あらかじめ目標水準を下げて提示することを行い，達成できそうな保守的な低い見込みを前提に目標を設定する。または，抽象的で評価が困難な目標を上司に提示して，最終的に目標未達成という評価が下されることを防ごうとする。結局，経営目標から割りあてられた目標が上から示され，その達成が求められることになる。

　このような目標設定の問題を防ぐために，社内や社外の研修で，第3章でも触れたマクレランドの達成動機説（McClelland, 1965）について研修会社が紹介

することも多かった。

　景気が悪化し企業業績に陰りが生じるたびに，人事部などの事務局にも，経営者から，社員のモチベーション向上への有効な施策の実施が求められ，このような研修が行われるようになる。その内容は，達成動機の高い人は業務能力の伸長が大きく，業績も高い，という前提のもと，達成動機の高い人は成功確率が5分5分である難易度の目標を好むということを教育する内容である。その際にアトキンソンらの輪投げの実験（Atkinson & Litwin, 1960）の例が挙げられることも多かった。しかし，人生に直結する人事評価とは関連のない，また，重大な利害の得失が生じることのない，実験室での単純な輪投げとでは，そもそもの前提が異なる。

　2000年頃までは成果主義という言葉は十分に定着しておらず，能力主義または，能力・成果主義，能力・実績主義など，さまざまな呼称で呼ばれていた。呼称は様々であっても，その背景には，それ以前から導入が試みられていた目標管理がある。目標管理では目標を設定し，その達成度に応じて評価を行うという一連の手続きの実施が基本的な前提になっている。この頃の目標管理を支える理論的な根拠は達成動機理論や，自らがコミットした目標に対してはそれを達成する意欲が向上するという目標設定理論であるといえる。

5．成果主義

　1990年代に入ると，バブル経済が崩壊し，失われた10年と呼ばれる時代になり，日本経済は低迷する。日本経済を支える企業の業績も低迷，あるいは破綻し，またはそうした事態を避けるためにリストラや成果主義の導入により，存続を図る企業が増加する。従来の年功的な処遇を是正し，社員が発揮した能力や実際にあげた業績に応じて報酬を決める必要性が高まっていった。こうして，高度成長期の終身雇用が崩れるとともに，それまでの年功的な人事制度を理論的に支えてきたマズローの欲求五段階説による説明が現実にそぐわないものになっていった。こうしたなか，再び目標管理が成果主義という新たな枠組みのなかで，日本企業のなかに浸透していく。

成果主義についての議論

　成果主義という言葉自体が曖昧な言葉であり，従来の年功序列的な人事制度

と比較した場合に用いられることの多い言葉である。また，成果主義に正確に対応する外国語を探すことは難しい。たとえば，performance-based systemやresult-oriented systemなどと表現される。また，同じ成果主義という言葉を用いていても，企業による違いが大きく，理論的には1年ごとに処遇を見直す完全な年俸制から，年功序列に多少差をつけた程度の緩やかなものまで存在するが，歴史のある大企業の場合には，人事制度の連続性を維持する必要があるため，極端な成果主義が用いられることは比較的少ない。そのような定義上の曖昧さを残したまま，21世紀への世紀の切れ目の前後で，日本企業で成果主義が盛んに導入されるようになる。成果主義とは，従業員が出した仕事上の結果を直接，処遇に反映させようとする考え方や，そうした考え方を給与体系や昇進・昇格の仕組みに組みこんだ制度のことをいう。

　高橋（1999）によれば，成果主義の目的は，成果貢献によって給与を決めることであるが，単に給与コントロールの問題だけでなく，会社のビジョンに合った成果志向の強い行動を引き出すことが本来最も重要な目的であるという。吉田（2002）は，オイルショックや円高不況などで経済が危機的な状況になるたびに能力主義が叫ばれながらも，1980年代までを，結果的に年功序列型の人事だったと総括し，1990年代半ばから21世紀に至る過程で，成果主義の時代に突入したと評価している。笹島（2002）は，成果主義については，さまざまな理解があると考えられるとしながらも，最も一般的な理解は「企業活動への貢献度に比例して処遇する制度」ということではないかと整理している。

　その成果主義は様々な議論を呼ぶこととなった（たとえば，高橋，2004；城，2004；溝上，2004；斎藤・東京管理職ユニオン，2005など）。成果主義という社会的問題が引き起こした心の病についての視点もみられる（たとえば，天笠，2007）ようになる。成果を出すための長時間労働が問題になり，2019年4月から「働き方改革関連法」の適用が開始されはじめた。不況や経済危機，疾病の世界的な流行などの社会的問題は，いうまでもなく人の心にさまざまな影響をもたらす。日本社会が高度成長を終え，さらにバブル経済が崩壊し，令和になってからも恒常的な低成長が続いたことにともない，人の心も変化し，従来の集団主義的な心理や行動が変化した。在宅勤務も行われるこうした時代状況のなかで，成果主義は人々の協力よりも個人の業績が優先するようになったといわれる。

　目標管理は成果主義的な施策を円滑に運用するための道具として，人事制度

全体のなかに組みこまれることが多い。目標管理は，従業員と企業（直接のやり取りが行われるのは部下と上司）との間で，1年間または半年間で何をどこまでやればどれだけ評価されるのかを最初に決め，それを評価する仕組みである。企業の決算期間に合わせて1年間で成果を評価することが多いが，企業によっては環境変化に対応するために半年ごとに目標を立ててそれを評価していく場合もある。目標管理自体は，前述のように成果主義という言葉が使われるようになる以前から用いられてきたが，人事評価や昇進に直接反映される傾向が増えている。個人と企業が何をどこまでやったらどういう処遇をするのかを約束する仕組みが目標管理であるので，それぞれの従業員が自分自身の目標達成に意識を集中するために，他人を助けることや他人のために協力することが少なくなり，社内の個人主義を助長する原因になるという批判がある。また，上司・部下間でも，上司自体が自分自身の個人目標の達成に追われてプレーイング・マネジャー化しており，部下への協力にまで手が回らないという背景もある。目標の体系が構築されていれば，上司からの部下への下方支援は増加する。幸田・楡木（2003）は，成果主義的人事制度の導入に際して，メンバーが十分議論しながら企業の目標管理の体系を整理することによって社内の相互協力が増大した事例を提示している。

成果主義の機能と社内の協力

　成果主義の導入により，上司から部下への支援のあり方が大きく変化していることが考えられる。成果主義に関する過去の研究を振り返ってみると，成果主義の導入が社内の協力関係を阻害する可能性があることを指摘できる（幸田，2011）。しかし，成果主義に関する議論で抜け落ちてしまいがちな視点として，「成功した成果主義について語っているものなのか，あるいは失敗した成果主義について語っているものなのか」を混同しないことが必要である（幸田，2013a）。

　目標管理を発展させた成果主義を論じる際に，個人が掲げる目標とその管理だけに注目するのではなく，目標管理の体系の効果的な構築についても考慮する必要がある。

　成果主義に関する議論では，賃金・処遇制度としての成果主義に焦点が当てられることが多い（たとえば前述の，高橋，2004；城，2004；溝上，2004；斎藤・東京管理職ユニオン，2005；天笠，2007など）。多くの場合，企業が行ってきた成果

主義導入の本質は，属人的職務評価から職務そのものの評価への転換である。与えられた職務の到達度を測定する装置としての目標管理を，人事制度のなかに体系的に組みこみ，本格的に活用することであった。

　成果主義には2つの側面があり，1つは賃金・処遇制度としての成果主義であり，もう1つは企業内の目標体系を整え，組織目標にそって個人目標を適切に設定していくプロセスとしての側面である。幸田（2011, 2013a, 2013b）は，成果主義を"賃金・処遇制度としての側面"と"組織内の目標体系構築の側面"に分けて，2011年と2013年とでそれぞれ全く異なるサンプルを対象に異なる手法を用いた調査を行った。目標を組織内で体系的に整えるという側面と，結果を報酬に反映するという側面を分解して調査をした。このようにして，成果主義と上司・部下間の協力について分析をすると，いずれの調査の場合にも，"組織内の目標体系構築の側面"が，上司と部下がお互いに問題に向き合い，上司・部下間の相互の協力を増加させる傾向がみられた。しかし，"賃金・処遇制度としての側面"に関してはそのような有意な傾向はみられなかった。

　賃金・処遇制度としての成果主義は，企業内の世代間の不公平や，多くの企業で増加しつつある中途入社者への処遇の公平性をある程度解決できることから，背景となるモチベーション理論としては公平理論（Adams, 1963）に親和性が高いといえる。

今後の仕事の変化と人事制度

　企業社会は少子高齢化や世界的競争の熾烈化にさらされている。またICTの発展も社会を大きく変えてきている。一方で，異常気象による自然災害やウィルスの世界的な蔓延といった予期せぬできごとも世界経済に大きなインパクトをあたえている。人材の採用や働き方も影響をうけている。1つの企業の内部の力だけではこうした変化に対応できなくなってきている。これまでは，大企業は，国内の新卒採用のなかからできるだけ優秀な学生を採用し，内部で長期的な競争をさせながら人材の質に磨きをかけてきた。しかし，少子化やICTの活用で社外の資源や組織へのアクセスが可能になったことから，狭い範囲からの人材の採用や社内の人材の育成だけでは競争や変化に対応できなくなった。海外とも容易にやりとりができるようになったことから，社内だけに目を向けるのではなく，世界中から最適な資源を調達し，国内外の組織と共同しながら仕事を進める方がよりよい結果を出せるようになってきた。社内と社

外の垣根が低くなり，転職も以前より容易になった。また，事業環境の変動が予測しにくいため，企業を分社化し，別会社として扱い売却できるようにしたり，これまで競合していた企業とのあいだで事業を合弁することも増えた。人件費の安い発展途上国の工場から原料や部品を購入することや，インターネットなどを通じて広く調達先を求めることが容易になった。若手社員の人数が従来のようには増えず，社外の業者や協働者などの力を借りて，ともに仕事をする機会もますます増えていく。

　そうした状況のなかでは年功的な人事制度はうまく作用しない。転職が少ないなかでの終身雇用に適した制度だからである。成果主義的な制度で短期的に結果を反映した処遇を行う方が納得感が得られやすい。しかし，第5章でみてきたように，集団主義的な企業文化が従来の日本企業の高業績を支えてきた要素の1つであった。転職が少なく安定的な人間関係のなかで協力的な環境をつくる下地になっていたのが年功的な人事制度でもあった。業績に対する報酬やポストの配分に限りがあれば，どうしても完全な絶対評価を実施することは難しい。実際には相対的な比較による配分が行われる場合が多い。そうすると，社内でのライバルを出し抜いてでも自分の成果を出した方が自分自身の評価があがることになる。自分個人の業績数値を犠牲にして，社内の同僚に協力し，自分の時間を他人のために捧げたために，その相手の評価が自分よりも高くなってしまう場合には人は不快を感じるし不公平だと感じる。第4章で，組織のなかでの自己評価の傾向について触れたように，大抵の人は他人と比べた場合の自己評価を維持しようとする心理的傾向をもつ。外的条件としての仕事の進め方についても，上述したように社内のライバルと協力するよりも，社外の下請業者や協働者と密接に連携して仕事をするようになってきた。そうした意味からも年功制よりも成果主義的な評価が今後，広がっていくものと考えられる。

人事制度とモチベーション理論

　この章でみてきたように，年功的な人事制度は社内での仲間意識をつよめ，集団的な協力を維持するのに役立ってきた。またそれは日本的な企業文化にも合致するものであった。モチベーション理論としてのマズローの欲求五段階説による説明があてはまる制度であった。この制度は賃金の後払い的な性質をもつので，賃金の低い年齢での転職が不利になり，自らが望む適職への移動がはばまれやすい。そのために，無理にでも現職にとどまるという圧力として作用

しやすい。

　しかし，より業績中心の管理が必要になった。心理学的な学習理論（行動主義的理論）からは，ねらいとする目的に向かう行動を強化するためには，目標を具体化し，それを分割して，小分けした目標に対してすぐに報奨した方が効果が高い。そうしたことから，社員の行動をより短期的に焦点づけられたものにするために，多くの企業で目標管理が導入された。それはこれまでみてきたように，年功的な処遇への疑問に応えるための手段でもあった。背景になるモチベーション理論は，目標設定理論や期待理論，達成動機理論であった。

　さらに世界的な世の中の変化に対応しようとすると，社外との協力体制が求められるとともに，社内での関係が，より契約的になり，1人ひとりの職務で出すべき結果をより明確にせざるをえなくなる。人材の流動化がすすむと，短期的な貢献と評価をより透明化して，時代に合った公平感を確保する必要が生じる。そうすると，このような制度を支えるモチベーション理論は，公平理論になる。しかし，ふつうは自己評価は他者評価よりも高いので，組織から下される他者評価に満足できる人は少なくなる。人事制度とモチベーション理論との関係は，現実の業務のなかでは決してひとすじ縄ではなく，微妙な前提が崩れれば，支えとなる理論は意図どおりには作用しなくなる。

　デシ（Deci, 1975）は主体的（内発的）なモチベーションを重視した。今でこそ，デシが主張したような内発的動機づけは当然のこととして語られるようになったが，20世紀前半までは外的な刺激から従業員に期待どおりの行動をさせることが効果的であると考えられていた。仕組みや制度などは，もともと外的な刺激として個人の内面に作用する。人間の歴史をみると長期的には第1章の図1-1の左側の原始的な暴力や恐怖による支配から，右側のような主体性を重んじる組織や管理への移行がすすんできている。しかし，ごく最近の競争や技術の変化は短期的で即効性のある外的刺激による管理を必要としており，個人の幸せな主体性と生活のバランスを満たしていこうとする動きとのせめぎ合いは当分，続きそうである。

第 8 章　人事制度の仕組みと運用

公認心理師対応カリキュラムで含むべきキーワード
人事・ヒューマンリソースマネジメント　募集と採用，人事評価・処遇，福利厚生，
　働く人の多様性（ダイバーシティ）
キャリア形成　能力開発
組織成員の心理と行動　コミットメント

1．採用

　日本企業の多くは，社内の人間によって生み出される見えざる資産が，他社からうかがい知ることの難しい持続的競争優位の源泉になっていると考えられている。そのために一時期，日本企業の組織文化が注目を浴びたのは第5章でみてきた通りである。従来，日本の大企業では，社員を採用するにあたって新卒一括採用という方法を用いており，さらに，期間の定めのない労働契約による定年までの終身雇用が一般的であった。そうすることによって，自社特有の教育を新卒者に一括して施し，社員はそのまま定年まで転職せずに集団で仲間として過ごすことが一般的であった。この場合の教育は，新入社員教育だけでなく，OJT（on the job training：座学ではなく実際の仕事を行いながら上司や先輩から指導を受けるという教育手法）により，いわゆる，その会社独自の人材として育てられていくことが多かった。そのために，従業員の採用においては，学業成績だけでなく，仲間としてやっていくのに十分なコミュニケーション能力や指向性，それぞれの会社に特有の手法を身につけるための能力などが吟味されることになる。

採用管理

　組織として仕事を進めるためには，必要な人材を必要な数，必要な場所に配置する必要がある。そのために，不足分の人数をまかなう必要がある。採用は長期的な計画に基づいて行う。しかし，すぐに人手が欲しいという時には，次

年度の採用予定人数を増やす。また，即戦力としてすぐに使える人材をまかなうために，必要な業務の経験者を中途採用という方法で採用することもある。また，終身雇用を重視する企業では，退職者が何年後かに一時期に大量に発生しないように，今，どんなに必要でも，将来を見越して一時的に大量に採用しない，などのコントロールをしたり中途入社で補充することもある。しかし，長期的な視点からの人員管理が難しいのは，①現在所属している業界の長期的動向が読めない，②自社が将来どのような分野に進出する可能性があり，そこで成功するかどうかも分からない，③自社の業績が分からないので人件費の支払原資の長期的見通しが立ちにくい，などの理由による。

　長期的な景気動向を見極めて自社の事業計画を考えなければならないので，人材の採用人数の変動は，年度ごとの景気のうごきよりも遅れることが多い。また，自社の収益が悪化し従業員への賃金の支払いに支障をきたすことが考えられるような場合には，採用を控えて，次年度の新卒採用をあきらめたり，いったん決めた内定を取り消すことさえあり得る。その場合，賠償金の支払いによる解決もあり得るが，内定を取り消された学生側にとっては大きな問題になることがある。1997年に経営破綻した山一證券という会社のように，会社自体が消滅してしまい，当然，内定も取り消しになったなどの例もある。また，2020年の新型コロナウィルスの蔓延で，急激な業績悪化がおこり，内定を取り消した企業も多数あった。

採用の種類

　ある組織で働くということについて，組織と労働者とは労働契約を結ぶ。その際に，期間の定めのない労働契約（無期労働契約）と期間の定めのある労働契約（有期労働契約）がある。無期労働契約を結んでいる社員は通常，正社員と呼ばれる。有期労働契約を結んでいる人には契約社員やパートタイム社員，派遣労働者などがあり，これらの形態で就業する人たちを非正規雇用社員と呼ぶこともある。

　かつては，主に大企業の事務系の正社員には総合職採用と一般職採用という区分がある場合もあった。総合職採用は主に，高等学校や高等専門学校卒，大学卒，または大学院卒などの男性社員で転勤などの異動についても会社の指示に無条件で従うことが期待され，特に大卒，大学院卒は幹部候補生という位置づけであった。一方，一般職は中学や高校，または短期大学，大学卒業の女性

社員で，異動などが限定され，仕事の内容も総合職の補助職的な場合が多く，賃金も総合職とは格差があった。大企業の採用にあたってはこのような男女差別が存在していた。また，事務系の総合職は制服を着る必要がなく，一般職女性は制服の着用が義務づけられることも多かった。しかし，1986年に男女雇用機会均等法が施行されて以降，女性の総合職が少しずつ増加し，それに伴い，かつての一般職は非正規雇用社員で補う傾向が強くなり，現在では，正社員について総合職と一般職という区分を無くしている企業も多い。1996年および1999年の改正労働者派遣法で，派遣できる職種が大幅に広がり，かつて一般職が行っていた業務を派遣労働者で補う企業が増えた。アルバイトやパート社員など，多様なかたちで非正規雇用を行う場合もあり，さまざまな雇用形態の社員がともに働くようになってきている。

　なお，2013年からは，有期労働契約が繰り返し更新されて通算5年を超えたときは，労働者の申込みにより，無期労働契約に転換できることになり，5年後の2018年4月からその対象者が発生している。しかし，そうした転換が起こらないよう，5年を超える労働契約の更新を行わない企業も多く，実際に無期労働契約に転換していく非正社員は多くはいない。

雇用や勤務の多様化とダイバーシティ

　雇用形態の多様化は，**働く人の多様性（ダイバーシティ**，diversity）を職場にもたらす。なお，ダイバーシティは，雇用形態だけでなく，社員の性別，国籍や心身の障害の有無などのさまざまな面での多様な社員の活用によりもたらされる。さまざまな視点をもつ多様な人たちによる意思決定は第4章でみてきた集団意思決定の際の単一の視点からの集団浅慮や偏った視点からの決定を防ぐことができると考えられる。また，第5章でみてきた組織文化や規範が，その企業が対象とする市場や世間や世界の常識と異なっていることを防ぐことが期待される。また，多様な働き方を推進するために，勤務形態においても裁量労働制やフレックスタイムを導入している組織もある。さらに，男性の育児休暇や介護休暇を積極的に推奨しようとする姿勢の企業もある。こうした施策は社員の働き過ぎを防ぎ，仕事以外の生活とのバランス（ワークライフバランス）をとるためにも導入されている。

人材の募集と採用

　さて，期間の定めのない労働契約を結んだ正社員の**募集と採用**については以下のような歴史的な経緯がある。

　第二次世界大戦後の高度成長期には，社会的には，中学校の新規卒業者を金の卵と呼ぶほど尊重して採用していた企業が多かった。また，国鉄（現・JR）や電電公社（現・NTT）などの巨大企業では，高校や専門学校から大量に入社した社員を選抜し，社内施設などで教育を施し，より高度な専門技術を学ばせることもあった。この時期の高校や専門学校の新規卒業者や大学卒業者は，入社前に在籍している学校の学内選抜を経て採用されることも多かった。また，技術系の大学卒業者や大学院卒業者に対しては，企業の人事担当者が募集のために学校を訪問することも多かった。高校や専門学校新卒者や技術系の大学学部・大学院新卒者については，実質的に学校側の推薦による就職が引き続き行われている。特に，技術系の大学学部・大学院新卒者については，企業と大学の研究室との結びつきもみられる。

　文科系の大学学部卒業者については，ほとんどの大企業では新規卒業者のみを募集している。なお，新卒3年目までを第2新卒として採用する企業もある。平成や令和になってからは，学校推薦を必要とするところは減っており，また，転職者も増加し，それまでは敬遠されてきた文科系の大学院卒業者も従来よりも日本の大企業に入りやすくなった。大企業が有名大学の文科系新卒者を採用する際には，一般的にリクルーターと呼ばれるその大学を卒業した社員が自身の大学のゼミナールなどを訪問したり先生に相談したり，直接，学生から連絡を受けて非公式な一次面接を行い，正式な面接に繋げていくという方法が採られることもあった。より一般的には，求人票を職業安定所（現　ハローワーク）に提出し，紹介を求めたり，学内に掲示してもらうことも多かった。しかし，大学卒業者は職業安定所を利用することはほとんど無かった。

　昭和の後期になると，株式会社日本リクルートセンター（現・株式会社リクルートホールディングス）などの人材仲介業者が，企業の紹介記事の載った冊子を，大学の学生名簿をもとに大学4年生に送付し，学生はその冊子に折り込まれた応募はがきを各企業に送付し，それをもとに，企業が学生に企業説明会の日時を通知したり，面接日時を指定したりするという方法も取られるようになった。平成の半ばになると，インターネットの発達から，リクルート社のみならず，株式会社マイナビなどの人材仲介会社が人材採用のプラットフォーム

を作成し，そこに何万社もの新卒社員募集情報を一括して掲載し，応募する学生がエントリー・シートと呼ばれる履歴及び志望動機や自己紹介を電子的に送ることにより，企業がその情報をスクリーニングし，自社の条件に合いそうな学生に対して説明会の登録を可能とし，そこから面接や筆記試験につなげるような流れが主流になった。しかし，その方法だと企業に学生の応募が殺到し，収拾がつかない，事務作業の量が多くなるわりには本気で入社を希望せず，希望する企業に落ちた場合のすべり止めのつもりの学生が大量に応募してくる，などの理由から，この方法を見直す企業も多い。

　通常は，文科系大学新卒者に対して，途中に，集団面接や筆記テストを挟み，何回か面接を行いながら選抜していき，採用予定者に内定を通知する。また，内定を企業が出しても，応募者が他社に就職してしまうこともあるので，その人数をあらかじめ見込んで採用数を決定したり，足りない人数を再募集することもある。面接は1回で終わることは少なく，何度か面接を行って自社にとって採用したい学生をふるい分けることが普通である。企業はできるだけ早く優秀な学生を確保したいが，大学はできるだけ学生を学業に専念させたいという意向がある。

　インターン・シップといって，社会人経験のない大学生に企業の職場で体験学習をさせる試みもある。受け入れ企業への就職選考とは関連のない試みであるとされることが多いが，学生からは，実質的に予備的な採用試験であるとの認識が強い。実質的に，そこで採用内定を出す場合も多い。

　また公表はしないが，企業は採用計画のなかでどの大学から何人，あるいは，その企業が同等と考える大学群のなかからは何人などの目安を決めて採用していくこともある。多くの場合，企業説明会に参加した学生の中から選考を行うことが一般的であり，前述したように大学卒業生のリクルーターなどと事前に面接をする場合にも，応募させたい学生は「必ず説明会に参加してください」と言われることが多い。学生にとって一般消費財に比べ，産業財はなじみが薄いため，産業財のメーカーなどは人材募集を意識したテレビコマーシャルを放送することもある。

　いずれにせよ，学生は企業と接触するよりもずっと以前から，自己分析や業界・企業研究をする必要があり，準備不足の状態でエントリー・シートを作成・提出したり企業説明会に出席した場合には，次のステップに進めないことが多い。第10章でみていくように，職業生活はその後，継続していくので，最

初の就職先を慎重に選ぶ必要があり，具体的な就職活動を始めるよりもよほど前々から準備を進める必要がある。

2．配属

　採用した人には当然のことながら，働いてもらわなければならない。そのために，まず，入社時に新人研修を行う企業もある。座学の研修を受けさせたり，いくつかの部署を短期間に異動させたり見学させる場合もある。研修期間は1日や2日間という短いものや，1〜2週間，1か月間や，5月の大型連休明けまでであったりする。半年間や1年間を入社時研修とする場合もある。特に製造業では事務系採用の新入社員研修として，たとえば，2か月間ずつ3工場を現場研修して回り，合計6か月間，製造ラインで研修を続けるなどの例もある。また，社内の実際の配置先の部署に配属させた後も，働きながらしばらくは現場研修期間中であるとの位置づけになる場合もある。そうした期間中は試用期間中であるという位置づけになる場合もある。このようにして，採用した側は，①その会社特有の仕事の進め方や基本的な動作，コミュニケーションなどを身に着けさせようとし，また，②正式な配属までの観察を行ったりする。入社時研修が終われば，社内の部署に正式に配属される。入社時研修が無いという会社もある。

　それぞれの部署に配属された後は仕事を進めることになり，それぞれの社員に対する**人事評価・処遇**が行われる。人事評価の結果は，金銭的な報酬や配属先からの異動・昇格や昇任などの処遇に反映される。また，能力開発にも用いられる。

入社後の能力開発

　職場内で行う**能力開発**には先にふれた日常のOJTや，仕事をはなれて集団的に行う入社時研修や階層別研修，職種別研修，特定の技能など（製造技術やリーダーシップなど）を向上するための集合研修がある。また，職場を離れて外部研修に社員を派遣することもあるし，会社が選抜したり指定した社員に対して海外派遣（海外の大学院のMBA（management of business administration）コースへの留学など）をさせることもある。業務に必要な資格を取得させるために研修を行ったり，学習のための補助金を出す企業もある。

3．職能と昇給・昇進

　社員の評価については，次の第9章でくわしく考えていく。ここではまず，評価のもとになる職務能力（職能）について考えよう。まず，年功序列的な制度で主に用いられてきた職能等級制度についてみてみよう。企業は社員の職能を管理するために職能等級を設定することがある。職能は働いている人，1人ひとりの中にあると考えられる。また職能は成長したり変化することが可能である。日本企業では，それぞれの従業員が持つ職能を評価し，適切な配置や昇進，昇給などに活用する側面が大きい。表8-1は，職能等級によって昇給や昇格を管理する職能資格制を敷いていることを想定した架空の企業の基本給の賃金テーブルである。実際には，多くの場合，職能で給与が変わるだけでなく，それに加えて役職手当や住宅手当，家族手当などの手当を付加したり，業績給を加算したりする。ただし，家族手当など業務に関連のない手当を廃止する企業が増えている。

　表8-1では，たとえば，中学卒業の新卒者は，J1等級という職務等級（表の一番左側）の1号俸（表の一番下）から月額基本給が設定される。この会社の場合，社員がB評価を得た場合に3号俸あがるというルールであるとする。そうすると，1年後にB評価をされると，3段階上がって4号俸の給与（168,600円）を受け取ることができる。さらに翌年もB評価，翌々年もB評価だと，3年後には10号俸になり，毎月の基本給は175,800円になる。その年に中学では同学年であった高校の新卒が7号俸で入ってくる。通常はそのようにして，新入社員の号俸は必ずしもいちばん下からではなく，学歴を加味する。その場合，同学年であれば社内での経歴が長い方が号俸が上に来るように設計するのが普通である。そうしないと，同じ年数を費やした社内での経験の価値が学校で学ぶことの価値よりも低いことになってしまい，モチベーション管理上，好ましくない。

　賃金テーブルを上に移動するだけでなく，次の職能基準を満たしていると判断される場合には，賃金テーブルを右に移動することになる。J1等級だった者がJ2等級に昇格する。このようにして，一定の基準を満たしていけば，賃金テーブルの右の等級に昇格していくことになり，号俸を上がっていく途中で職能資格が上がり，次の職能の1号俸からスタートすることになる（等級が上

表 8 - 1　職能資格制度の場合の基本給賃金テーブルの例（月額，枠内の数字の単位は円）

	J1	J2	S1	S2	S3	L1	L2	L3	D1	D2
16号俸	183,000	201,800	222,750	243,650	264,850	307,850	351,050	391,550	481,550	616,550
15号俸	181,800	200,800	221,750	242,650	263,850	305,850	348,350	390,050	476,550	608,550
14号俸	180,600	199,800	220,550	241,650	262,850	303,850	345,650	388,550	471,550	600,550
13号俸	179,400	198,600	219,350	240,300	261,650	301,850	342,950	387,050	466,550	592,550
12号俸	178,200	197,400	218,000	238,950	260,450	299,850	340,250	385,050	461,550	584,550
11号俸	177,000	196,200	216,650	237,600	259,050	297,850	337,550	383,050	456,550	576,550
10号俸	175,800	195,000	215,300	236,250	257,650	295,350	334,850	380,550	451,550	568,550
9号俸	174,600	193,800	213,950	234,900	256,250	292,850	332,150	378,050	446,550	560,550
8号俸	173,400	192,600	212,600	233,550	254,850	290,350	329,450	375,050	441,550	552,550
7号俸	172,200	191,400	211,250	232,200	253,450	287,850	326,750	372,050	436,550	544,550
6号俸	171,000	190,200	209,900	230,850	252,050	285,350	324,050	369,050	431,550	536,550
5号俸	169,800	189,000	208,550	229,500	250,650	282,850	321,350	366,050	426,550	528,550
4号俸	168,600	187,800	207,200	228,150	249,250	280,350	318,650	363,050	421,550	520,550
3号俸	167,400	186,600	205,850	226,800	247,850	277,850	315,950	360,050	416,550	512,550
2号俸	166,200	185,400	204,500	225,450	246,450	275,350	313,250	357,050	411,550	504,550
1号俸	165,000	184,200	203,150	224,100	245,050	272,850	310,550	354,050	406,550	496,550

がると右へスライドし，号俸はそのままの企業もある）。

　同じ職能資格に滞在し続けると，月給の上がり方が小さくなる場合もある。昇格するような査定の結果を受けられずに同じ職能資格に留まっている場合には，評価が低いということになり，評価が低いにも関わらず月給が伸び続けることは処遇上，公平を欠くことになる，という理由からである。

　いずれにせよ，賃金テーブルでの右への移動は職務能力の上昇を意味し，縦にあがることは同じ職能資格のなかでの賃金の上昇を意味する。たとえば，表8−1の場合にはＪ1，Ｊ2は，育成途上の新しい社員としての職能資格を2つの階層に二分していることを表わし，それより上の職能のＳ1からＳ3までは，中堅社員としての職能資格を三分割していることを表わしている。

経済環境の変化などによる賃金アップの方法

　昇給率を変える（賃金上昇額を上にいくほど大きく変える）と号俸が上がるごとに上昇額が大きく加算されていくことになるので，賃金を支払う企業への負担が大きく，通常，"昇給率"で基準を変えることはなかなか行えない。そのために，賃金テーブル全体の金額を一律の金額で上積みすることが多い。"昇給率"ではなく"昇給額"が基準になる。このような方法は，賃金テーブル全体のベースを上げることになるので，"ベースアップ"と呼ばれる。ベースアップ1000円であれば，すべての賃金が以前に比べて毎月1000円多くなることになる（1年は12か月あるので，年間12000円基本給が上がることになり，基本給と連動して計算される賞与の金額も上がることになる。たとえば，賞与が基本給の2.5か月分であれば，年間の賞与は2500円上昇する。また，退職金の算定基準として基本給を用いている場合，退職金の額も上がることになる）。

　毎年のベースアップが続くと経営上の負担が大きくなるので，特に不況時には，経営者にとって，労働組合のベースアップ要求に応じることは難しい。また，いちど基本給を上げてしまうと再び下げることは難しい。就業規則に昇給は規定しているが降給の規定はない企業が多い。降給についての記載がないまま降給してしまい，それに従業員が同意しない場合には従業員に対する一方的な不利益変更とみなされる可能性が生じる。そのために就業規則に降給の規定を記載する必要が生じる場合がある。しかし従業員や労働組合はそうした変更には反対することが多い（なお，就業規則の変更自体には従業員を代表する者の意見聴取が必要ではあるが必ずしも同意が必須ではない。この場合，就業規則の変更

そのものが問題になるのではなく，労働契約の当事者としての従業員の同意のない不利益変更を行うことが問題になる可能性が生じる）。経営者は従業員側からの基本給のベースアップの要求に対して，ベースアップは行わずに一時金（賞与など）の増額を回答する場合が多い。そうでないと，たとえば世界的なウィルスの蔓延の影響で企業環境が悪化した場合にも，その後の基本給を下げることが難しくなってしまうからである。賞与などの一時金であれば，（もともと“一時金”なので）翌年から元に戻しやすい。

管理職への評価

　L1からL3は，リーダーとして求められる職能を三分割している。L1以上の職能資格が管理職としての資格要件になると，S3からL1に昇格する際に管理職としての責任が重くなるのに応じて，給与がこれまでとは格段に上がることになる場合が多い。また，管理職になる前と管理職になってからとでは，残業料や休日出勤の扱いが違う場合がある。それは，管理監督者になるまでは，労働者であるが，労働基準法上の管理監督者には法律上は残業料を支払う必要はないからである（ただし，社内で“管理職”という肩書を与えても，実質上は法的な意味での“管理監督者”に該当しない場合があり，その場合には社内名称としての管理職であっても労働基準法の適用を受け，企業は残業料などの時間外賃金を支払う義務がある。また，義務ではないが，管理監督者に対して時間外賃金を支払う企業もある）。

　いずれにせよ，表8-1の場合には，L1からL3までが課長級の職能資格，D1からD2までが部長級の職能資格だとすると，ある程度の幅をもって職務上の地位を異動できるようにし，会社側の都合で職務上の地位が変わっても職能資格の等級が同じであれば，基本給が上下してしまわないように工夫する。たとえば，本人の能力が小規模な課の課長相当だと認められ，L1に昇格したとしても，たまたま社内に課長の職務に空きがなければ課長には就けない。そのために，主管などの職名だったり，大規模な課の副課長に就くが，基本給は小規模な課の課長と同等のままであるなど，工夫をする。つまり，会社都合で役職が上下しても，本人の給与は会社都合に左右されずに，能力に応じた賃金が支払われることになる。したがって企業はある個人の給与を変えずに一定の幅のなかで異なる役職に配置することができる。個人にとってはたまたまふさわしい高さのポストの空きがなくても自分の職能の高さを基準として今のポス

トのままでも昇格でき，給与があがることになる。最適な仕様の人材を外部から直接調達するための中途入社や中途退職が一般的ではない企業であっても職務配置の自由度が高い仕組みである。こうしたことから職能資格制度は終身雇用に合致したシステムであるといえる。

4．職能主義から職務主義への転換

　職能中心に人材配置を行うとどのような問題が生じるであろうか。実際の職能は個人内の能力なので，今までＡさんがやっていた仕事をＢさんがやると，能力が異なるので，できる仕事の範囲が変わってしまう。例えば，Ａさんが異動して出ていった際に，新しく来たＢさんが前からいたＣさんと一緒に仕事をすることになる。この場合に，ＢさんとＣさんとの仕事の接続がうまくいかなくなることがある。新しく来たＢさんの能力が出ていったＡさんとは異なるからである。逆にＣさんが仕事の上で新しい状況に遭遇して対応が困難になった場合には，ＢさんがＡさんにはできなかった仕事の隙間を埋めて補完してくれるかも知れない。それぞれの個人が持つ実際の職能に応じて仕事内容の大きさや範囲が伸び縮みするのが職能主義的な人事制度である。こうした難しさを解決するためには，社員のお互いがそれぞれの仕事の領域を理解し，あ・うんの呼吸で互いに補完し合いながらチームワークで仕事を進める必要がある。そのためには，新卒で採用されてから定年まで終身雇用で過ごし，お互いが過剰にライバル関係にならないように短期的な業績で処遇に差をつけない，という工夫が必要になる。つまり，職能主義的な制度は，従来の日本企業の制度全体に整合していた仕組みだといえる。

職務主義と人材配置・賃金管理

　職能等級は個人の能力を等級として格づけするものであった。それに対して役割等級制度という仕事での役割を中心とした格づけの手法を導入している企業もある。役割等級制度というのは，以下に説明する職務給中心の職務主義型賃金を運用する際に，職能資格と同様の異動や処遇の柔軟性を確保するために用いられるものである。人事制度が職能主義的であるのか職務主義的であるのかによって社員の仕事に対する**コミットメント**（commitment）の対象も違ってくる。コミットメントとは，責任をもって関与すること，または，深い関与，

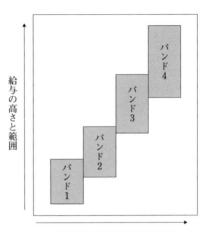

図8-1　バンド型賃金

献身やその約束を意味する言葉である。職能主義的な評価がされるのであれば，社員は自身の能力を提供すべく組織にコミットメントし，職務主義的な評価がされるのであれば，その職務にコミットすることになる。すなわち，組織全体に対するコミットメントなのか，それともその職務に対するコミットメントなのかが違ってくる。

　職務等級制度では，職務そのもので賃金が決まる。ある程度同等の職務価値を持つ業務をまとめて1つのバンドとしてくくり，そのバンドの中で，賃金が上下する（図8-1）。この場合には，賃金の決定の出発点は職能ではなく，実際の職務そのものであり，その職務をどれだけやったかによって賃金の方が上下する，という発想が出発点になる。米国企業でしばしばみられる職務主義は，職能主義とは賃金決定の出発点が全く異なる。職務主義では，まず，会社にどの仕事とどの仕事が必要であり，その職務を行う人間にはどのような能力がどの程度要求され，それはどのような学歴や実務上のどんな経験がどのくらい必要なのかが細かく詳述される。それに対して，応募者の個人の仕様を同様に洗い出し，職場に必要とされる能力にどこまで一致するのかがチェックされる。したがって，あるポジションで働いてもらう人が必要になった場合には，最初に職務内容を詳細に記載した図8-2のような職務記述書を作成し，その条件に合った者をその職務に採用することになる。

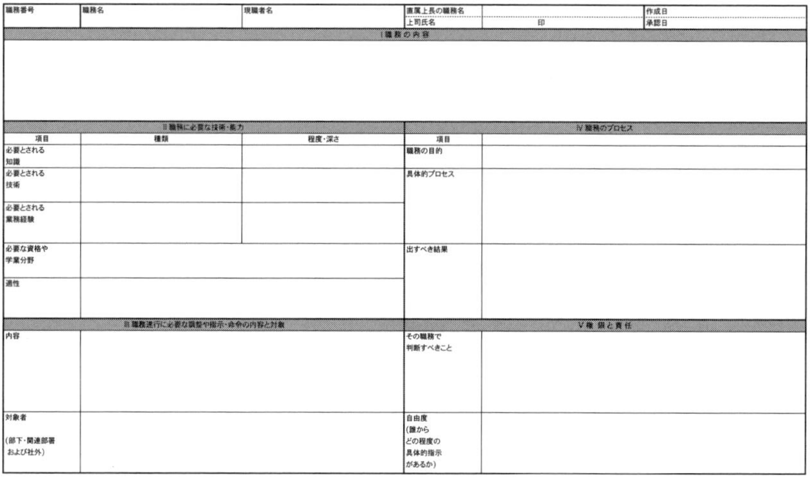

職務番号	職務名	現職者名	直属上長の職務名 上司氏名　　　　　　印	作成日 承認日
			I 職務の内容	

II 職務に必要な技術・能力			IV 職務のプロセス	
項目	種類	程度・深さ	項目	
必要とされる知識			職務の目的	
必要とされる技術			具体的プロセス	
必要とされる業務経験				
必要な資格や学業分野			出すべき結果	
適性				

III 職務遂行に必要な調整や指示・命令の内容と対象		V 権限と責任	
内容		その職務で判断すべきこと	
対象者 (部下・関連部署および社外)		自由度 (誰からどの程度の具体的指示があるか)	

図8-2　職務記述書の例

　図8-2は架空の会社の職務記述書である。実際には，もっと詳細に記載できるようにこのような書式に基づく記載が4～5ページかそれ以上におよぶことが標準になっている企業もある。職務記述書通りに職務を遂行すれば，その職務に応じた規定の賃金が支払われることになる。ただし，その職務で期待以上の結果を出したのか，期待に満たなかったのかによって賃金は上下することがある。求められる仕事ができない場合には，社内の関連する部署や会社の利益に影響が出るので，特に，期待に満たない場合には他の人に入れ替えることが行われることが多くなる。

5．賞与などの処遇

　職能等級制度を用いている企業も，職務等級制度を用いている企業も，ともに賞与を社員に与えることがある。賞与（ボーナス）は，多くの場合，夏と冬の年2回，月給とは別に支給される。年1回の場合もあるし，年3回か，まれに4回支給されるということもある。年2回支給の場合には，夏と冬を同額かあるいは，冬の方を若干多めに支給するという原則の企業が多い。3回以上支給する場合には，それ以外の時期の支給額は夏や冬よりも少なくするのが普通

である。

　職能資格制度を用いている企業では，多くの場合，賞与は基本給をもとに，4.5か月分とか5か月分，または6か月分などという算定のしかたをすることが多い（たとえば，経営者と労働組合とで年間の賞与額を4.5か月分と決めた場合，夏の賞与で2か月分が支払われ，冬の賞与で残りの2.5か月分が支払われるなどである。ただし，企業によって，またその時々のその企業の業績や業界動向によって何か月分が支払われるのかは異なる）。職能資格制度における賞与の場合，それぞれの企業が独自に設定したルールに基づいて，一時金として基本給から算定した金額を支払う。それに加えて業績を反映した加算をすることも多い。

　年度ごとに年間支給額を契約し直す年俸制などの成果主義的な制度のもとでは，年間支給額を決め，それを，たとえば17等分して，12か月間，毎月，年俸額の17分の1を支給し，残りの5か月分のうち，2か月分を夏に，3か月分を冬に賞与として支給するなどの配分をする場合もある。また，単純に年俸額を12等分して賞与は支給しない，という企業もある。賞与にどれだけ配分するかを自分で決められるという企業もある。これらの場合には，性質としては一時金ではなく，通常の賃金の支払をそのように配分しているという位置づけになる。

評価と処遇の組みあわせ

　実際にはさまざまな制度の側面をそなえた折衷的な人事制度をもちいる企業も多く，"賞与などの一時金の査定には，仕事の成果の比重を大きくする" "昇給の評価は，能力評価と仕事の成果の評価の複合で行う" "昇格については，すべてを合わせた総合評価で行う" などというように，どんな要素を，何に反映させるのかを整理して考える企業が増えてきた。また，多くの場合，一般社員の場合には職能資格制度を用い，管理職になってからは職務資格で評価する，という企業もある。

6. 人事異動

　人材配置は，一度行ってしまえば終わりということではない。入社後，職務能力（職能）の伸びに応じて，新たな職務に配属されることもある。また，職務能力を伸ばすための人材育成を目的として再配置を行う場合もある。さらに

は，そのようにして再配置を行った結果，玉突き的にどこかのポストが空いてしまうことがあり，そこに誰かが穴埋め的に配置されることもある。その場合には，本人の職務能力の高さに比べて職務の困難度が低くなる場合も生じる。

　職務能力の高い者が，より困難度の低い仕事に配置されたときに，仕事内容相応に給料などの処遇が下がってしまうと本人は収入面で困ることになるし不公平感も生じる。そこで，多くの企業の場合には，職能資格制度を維持したまま運用するか，あるいは職務給的な給与体系を用いる場合には図8-1のような職務バンドの横幅を広く設定し，その職務バンドの横幅の中で個人の異動を行うという方法を採る企業もある。このようにすれば同一の職務バンド内の仕事であれば基準となる賃金を変えずに異動させることができる。理屈の上では，バンドの横幅を超えた異動には，新しく就く職務の仕様にふさわしい業務を遂行できる能力が期待される。本人の仕事上の仕様の向上や変化が求められる。そのために，バンドの横移動には査定が必要になる。

　社員の誰をどこに異動させるかについての調整は自部門内であればその部門長の意向が大きく反映される場合があるが，地域や事業部門をまたぐような異動の調整は，人事部などの人事部門が仲介して行う場合が多い。人事部門が調整を行う場合，各部門から補充も含めて必要な職務能力や人数を人事部門に要求することが一般的であるが，必ずしも要求通りの人数が配分されるとは限らないし，要求を満たす職務能力を持つ人員が配置されるとも限らない。そこで，場合によっては，人事部門などの調整部門に要求を出す前に，部門同士で話をつけて，すでに，出す側と受け入れる側の部門長の合意を作り，人事部門に対して，もう話はついているからといって要求する場合もある。

社内の能力の再配置

　巨大化した企業で異動管理を適切に行うためには，細分化された部門内での人材異動ではなく，全社的な視野で適材適所を探し当てることができるように全社の人事を一括して管理する権限を人事部に与える必要が生じる。部門内だけで個々に異動管理を行おうとすると，空きポストへの人材の供給元がその部門内に限られてしまい，最適な運用ができなくなるからである。社内人材の能力を評価し把握することは難しいので，定期異動という名目で，2～5年程度で配置変えを行い，それぞれの入社年次に相応な職務を次々と経験させて，能力を評価していく必要がある。しかし，異動の候補になる社員が顧客に気に入

られていて，そこから動かせないなど，現場の事情が優先されたり，適切な次のポストが見つからないなどの理由から，なかなか異動できない社員も発生することになる。特に，入社年次がまだ浅い場合には，仕事そのものに慣れたり，自分なりの強みを作る必要があるので，10年近く異動させないこともある。また，極めて優秀な社員を現場の責任者が手放そうとせずに，人事部が介入しようとすることに抵抗する場合もある。いずれにせよ，このように社内から必要なポストに人材を再配置する手法を，社内労働市場を利用するという。

社外も視野にいれた再配置

　人材が持つ能力の最大化を根本的にはかるためには，社内での似たような入社年次の人材の比較だけではなく，配置が必要な社内の職務の内容を客観的に分析し，それに適した能力を持つ人材を，社外からも探し，配置させていくほうが有効である。その場合，個人の能力と職務に必要な能力とのマッチングが問題になるので，個人の能力と職務に必要な能力が合わなくなってきた場合には，再調整が必要になる。その場合の再調整は，必要な職務能力をよく分かっている各部門の現場が主体となって行う方が合理的である。そのため，全社的な人事部門ではなく，個々の事業部門が必要な人材を独自に調達することになる。各部門は，場合によっては人材を社外から調達することも自由にできる方が人材の調達が手っ取り早くできることになる。そうすると，全社的な人事部門は，部門を超えた異動を全社的な能力配置や育成の視点から管理・調整することが困難になる。社外から人材を調達したりそれに応募することを，社外労働市場の活用という。

　個々の人材の能力や社内の職務に必要な能力をある程度熟知した上で行われる閉じられた社内労働市場の活用に比べて，社外労働市場の活用はオープンではあるが，異動が発生するごとに，人材の能力と職務に必要な能力を個々に吟味し，評価してマッチングを行わなければならず，そのすり合わせのための効率は下がる。そのために従来の日本の大企業に多くみられた社内労働市場に依存してきた企業が社外労働市場を利用しようとすると，手間もかかるし，精度も落ちる。応募者が自身の能力を故意に大きく売り込んだり，または自らの能力を客観的に評価できずに実際とは異なってしまい，結果として仕様が異なるまま採用されてしまったり，職務を提供する側がその職務に必要な能力を見誤ったりして起こるアンマッチングは頻繁に発生する。

　ある歴史の古い日本企業が，経営環境の変化にあわせて転職者を多く採用するようになった。しかし，現場からは，来る人来る人，みんなろくに仕事ができない年配者ばかりで，プライドが高くて，逆に若手にとって負担になってしまって困る。この分野のプロだという触れ込みだったのに，仕事をいちから教えなければならないし，何度，言っても覚えない，などという苦情が発生するようになった。こうした事態を回避するためには，アンマッチが発生したら，すぐに解雇したり個人の側が転職しても不利にならないような流動的で人間関係に関してドライな労働市場が必要になる。たとえば米国に多くみられるように，そういった社外労働市場中心の社会では，多くの企業が長期雇用を前提としたメリットを社員に提供することを避けるようになる。すなわち，全社的な人事部門による調整なしに各部門が社外からも人材を募集し，アンマッチングが生じたらすぐに雇用関係を解消できるような状態にする必要がある。また，個人の側はそのような社会では賃金の後払いを嫌う。

　若いうちは個人にとって収支がマイナスになり，勤続を続けることで給与が上がり続ける年功的賃金制度や勤続年数に応じて厚みを増すような企業年金を提供すると，雇用関係の短期的な解消が難しくなる。また，労働法の上で，期間の定めのない雇用契約を結んだ労働者に対する保護が厚いために，社外労働市場を用いた場合に，雇用主側からのアンマッチングの解消が極めて困難であることも，日本企業が社外労働市場を用いにくい原因になっている。いずれにせよ，社外労働市場の活用を前提にした人事制度は，社内労働市場を前提とした人事制度に比べて，マズロー（Maslow, 1954）のいう安全の欲求は低下すると考えられるし，愛社精神や社員相互の一体感や協力も低下するであろう。協力の低下をもたらさないための装置として，社内での個人レベルまでの目標の統合が必要になる（幸田，2011，2013a，2013b）。

7．福利厚生と退職管理

　企業や公共団体が行う**福利厚生**施策には様々なものがあるが，健康保険や厚生年金などの年金積立，といった社会保険の会社負担分がある。企業によっては，その会社独自で，自社の退職金や企業年金，医療保険の補助などを行っている場合もある。また，かつては，多くの企業が保養所といって，観光地などで社員専用の宿泊施設を運営していたことも多かった。現在では，アスレティ

ック・クラブなどの会費の補助を行っている企業も多い。第 3 章でみてきたように，ハーズバーグ（Herzberg, 1966）の示した衛生要因に敏感な従業員は福利厚生によって不満の解消がされやすい。

退職管理

　退職者数のコントロールは，企業にとって要員数の管理の上で重要な課題である。企業によっては，それぞれの業務や部署に必要な人数を何人分であるのか計算し，それを積み上げて総員数を決定している。新入社員の配属や人事異動によって，できるだけ計算上必要とされる人数に合致するように各部署に人を配置する。予期せぬ退職者が発生した場合には欠員が生じ，その部署で員数の不足が生じる。中途入社で補うことができなければ別の部署から異動させてくることになるが，そうすると異動もとの部署での欠員が生じることになる。そこでどこかの部署には次年度に採用される新入社員を充てることになるが，それまでの間はその部署で欠員が生じる。また，事業の拡張などで新たな部署を設置したり，増員要求があった場合にも必要とされる員数を急に満たすことができずに欠員が生じることがあり，場合によっては恒常的に欠員が解消できない場合もある。その場合，労働者の時間外労働が法で定められた時間を超過しないように，足りない労働力を管理監督者による時間外労働で補うなどの負担が生じることになる。

　それを避けるためには，あらかじめ余裕のある従業員数を確保する必要があるが，そのようなことをすると予期せぬ急な景気変動などで事業の成長が予測に反して停滞したり，事業規模の縮小を余儀なくされた場合に事業が立ちいかなくなる。特に，為替の変動は企業の業績に大きく影響する。リーマンショックのような急な海外の経済状況の変動や予期せぬ他国の戦争による石油価格の高騰や国際的な緊張の高まり，対日敵視政策や反日世論の高まりなどによる日本製品の不買運動，海外での急な訴訟，ウィルスの世界的蔓延などが起こることを予測することは難しい。これらの予期せぬ出来事によって，自社の事業が影響を受け，要員数が過大になってしまうと人件費負担が重荷になり，場合によっては給料を支払うことが難しくなったり人員整理の必要が生じるなどの危機に直面する可能性すらある。採用数をコントロールするのと同様に退職者数をコントロールして適正な要員数を維持することが重要である。企業業績が悪化した場合，企業の側がリストラクチャリング（restructuring：リストラ，本来

は事業再構築の意味）と称して人員整理を行う場合がある。その場合には，よほど業績が悪化しない限り正規雇用の社員を解雇することが法的に難しいので，希望退職者を募ることになる。多くの場合には，人件費の高い社員層に辞めてほしいので，ある一定年齢以上などの条件を付けて希望退職者を募ることが多い。しかし，年齢が高いと転職も難しいので，希望退職を申し出る社員は少ない。そこで，退職金を上積みして，退職しやすくする。しかし，企業が見込んだ退職者数に対して実際の早期退職の希望者の数が満たない場合には，従業員はさらに退職金の金額が上積みされて条件が上がることを期待する。そうした期待に応じていては企業はほんとうに潰れてしまいかねないので，第一次募集で退職者が予定した人数に満たない場合には，二次募集時には退職金を一次募集時よりも低くし，三次募集ではさらに低くする。このような方法をあらかじめ公表することで，辞めるのであれば早めに辞めた方が有利なように条件を設定し，提示する。

　また，なかなか辞めようとしない従業員に対し，肩たたきといって退職の意思をうながすことが行われる。該当する年齢の全員に面接を行うが，人事部門や事業部門で辞めてほしい対象者を密かにランク付けし，リストラ対象者本人には，それとなく，将来この会社に勤めていても本人の未来は保証できないなどのほのめかしを行い，退職の意思を促す。大企業の場合には弁護士による講習を受け，机の上に灰皿など投げつけられるものを置かない，申し訳ないなどと謝ってしまうと会社側の落ち度によって会社を辞めざるを得ないということになってしまうので，絶対に謝罪してはいけない，などを教育された管理者が面接を行う。しかし，気の弱い管理者であれば，または誠実な管理者であれば，どうしても対象者に対して謝罪してしまうという。こうした悲劇的な事態が生じないように，健全な企業運営を続けていく責任と義務が経営者にはある。

退職金

　従業員が定年を迎えるなどで退職した場合には，公的年金の他に，企業が独自の制度として，辞めていく従業員に対して一括して退職金を支払う場合と企業年金のようなかたちで何年かにわたって退職金の給付を行う場合とがある。また，一括退職金と年金とを併用している企業もある。このような施策を制度として持っている組織の場合，その支払いは賃金の後払いであるという解釈も成り立つ。一定の年数以上勤務した者が円満に退職をした場合にのみ，こうし

た企業独自の制度の対象になる場合も多い。給付額は，退職時の基本給に一定割合の比率を掛けた金額など何らかのかたちで算定基礎額を決め，その金額に勤続年数を掛けるなどして，長期勤続者に有利なように設計する場合が多い。退職事由によっては退職金が支払われなかったり，金額が少なくなったりすることがある。また，30年間勤続など一定の長さ以上の勤続年数の場合に有利になるように段階を設ける場合もある。

　企業の年齢構成が変わったり，企業業績が当初想定していたよりも悪化したり，また退職金のもとになる基金の積立金の運用益が予想を下回っているなどの理由から制度を変更することもある。確定給付型から確定拠出型に切り替えたり，在職期間中の業績に応じてポイントを加算していき，その総ポイント数を金額に換算するポイント制を導入する企業もある。

第 9 章　能力や仕事の評価

公認心理師対応カリキュラムで含むべきキーワード
産業・組織分野における心理学的アセスメント　人事のアセスメント
組織成員の心理と行動　能力とパフォーマンス（業績）

1．人事のアセスメント

　ある人が適職についているかどうかは，その人の職務へのモチベーションと職務満足に密接に関連する。その人のパーソナリティと職務内容の適合度を評価することは重要である。アセスメント（assessment）は，評価・査定，特に事前評価などを意味する言葉である。**人事のアセスメント**では，仕事ぶりや能力，パーソナリティを査定して，本人にふさわしい業務や役職につけるための資料が集められる。アセスメントの結果は人事上の処遇や能力開発にも活かされる。筆記試験として作文や知能テスト，性格テストなどを行う場合もあるが，実際には上司から部下への日常の行動や業績の査定が重視される場合が多い。

採用時のアセスメント

　新規に人を採用する際には，そのプロセスのなかで対象者が自社内で円滑なコミュニケーションを行えるかどうか，一緒に仕事をやっていけるかどうか，また，能力を発揮して自社に貢献してくれるかどうかが重要な課題になる。これらを見きわめるために社員による面接が重視される。特に日本企業の組織内では，第 5 章でみてきたようなコミュニケーションが重視されるため，それに合ったパーソナリティが求められる。

　また，心理テストが用いられることもある。中井（1970）は人材の採用・配置に際して，適性を判断する材料として面接や体験による観察・試験の他に心理検査の活用を挙げている。具体的検査として，キャッテル C-F 検査，矢田部ギルフォード検査（Y-G 検査），クレペリン精神作業素質検査の組み合わせ

を例示している。佐野・槙田・関本（1970）は，人材採用時に sentence completion test（SCT：文章完成法テスト）を実施し，それを元に面接を行うことの効果を主張している。しかし，彼らは同時に，能力発見のために心理テストを用いる場合の問題点として，トータル・パーソナリティの把握ができないことを挙げている。

2．多面的なアセスメントの手法

　すでに第2章の図2-1の「パーソナリティの氷山モデル」に示したように，能力や適性は外部から直接にはみえない。そのためにアセスメントによって能力や職務上の適性を見きわめる必要が生じる。図では水面下の深いところにある性質ほど変えることが困難になっている。行動特性や能力には，比較的容易に変えられる面，変えるのにある程度の努力を必要とする面，変えるのに相当の努力を要する面，ほとんど変えることのできない面がある。

　ひとりの人からの視点だけでは能力を観察することは難しい。そこで上司だけではなく様々な立場から評価をおこなう手法がある。360度評価ともいう多面観察による評価手法である。通常の人事評価は上司からの評価のみであるが，多面観察では，同僚や場合によっては部下からも人事評価をさせる。その際に，評価者が被評価者をよく知らない，ライバル関係にあり客観的な評価が期待できない，などの理由から，被評価者が上司以外の評価者を，決められた人数だけ選べるという方法もある。しかし，そのような方法では，お互いに取引をして，評価を高くつけあうなどの行動が生じやすい。そのために，企業によっては多面観察を試みたがやめてしまう場合もある。

　能力を査定するアセスメントをできるだけ公平にするために，被評価者にロール・プレイングを行わせることもある。たとえば，ある状況での困難な顧客への接客場面を設定し，複数の被評価者の接客の様子を何人かで観察して比較し，評価する，などである。その際に，テストをする側の1人の同じ人間が顧客役をすることで，公平性を保つことも行われる。管理職への昇任を決定する際には，同じ部下役の人がそれぞれの被評価者に対してできるだけ同じ態度で接し，同様にそれを観察して評価する。もちろん評価者は通常，複数である。このような手法をとる場合には，評価の軸がぶれてしまわないように，あらかじめ評価項目を設定し，評価者間ですり合わせておいた評価基準で評価を行う

ことになる。当然，設定した場面やロール・プレイングの相手役（顧客役，部下役など）は，その評価項目を観察しやすいような設定や対応を行う。顧客役，部下役は交代したり複数の試験室で同時に行うのではなく，同一の相手役がすべての被評価者に対応することが好ましい。

　アセスメントは絶対にこの手法がよいという決定的な方法がないために，複数のテストを組み合わせて実施するテスト・バッテリー（test battery）を組む場合がある。

海外企業での取り組み

　企業にとって優秀な管理者を早期に発見・選抜し必要な育成を行うことが重要であることから，米国のスタンダード石油社（Standard Oil Company）によるさまざまな項目でのテストを利用した early identification of management potential（EIMP）research project という継続的な試みがある。6種類のテストの他に管理者態度調査，絵画テスト，面接などが用いられたという。テストの総合得点が上位1％に属するグループは，そのうちの95％までが「高い成功を修めた管理者」であり，「あまり成功を修めない管理者」は1人も入っていない（佐野・槙田・関本，1970）。さらに，米国のゼネラル・エレクトリック社（General Electric Company：GE社）では管理能力の重要な要素を3つ（意思決定の準備の因子，最終行動の因子，体系的組織化の因子）に分類し，その3つの能力を把握するためにインバスケット・テスト（in-basket test）を活用していたことを紹介している。GE社では「その後，若手の幹部候補生にこのテスト・バッテリーを適用して，個々の従業員についての潜在能力を測定し，それに応じた活用と育成を実施している」ことが紹介されている。（佐野・槙田・関本，1987）

　能力の発掘や育成の方法としては，勤務経験のない国で勤務経験のない業務を担当することを繰り返しながら育成を行う方法もある。実際に，エクソンモービル社（Exxon Mobil Corporation：旧・スタンダード石油の流れをくむ企業）に勤務していた筆者の知人も30代のなかばで選抜され，勤務経験のない国で勤務経験のない業務を担当することを繰り返しながら選抜されていき，最終的には2人いる日本の責任者の1人になった。これまでに対応したことのない新たな状況で業績をあげることが証明されれば，まったく新たな次の課題が与えられ，昇進していく。このようにして能力の高い人材を見きわめながら選抜を繰返し

ていくという方法もある。

　また，外資系の巨大な製薬会社の日本法人社長になった人は，社長選任にいたる前には，海外での部門責任者を経験したあと，日本法人の取締役に就任した。その後，米国本社の取締役会で日本法人社長の候補者として選ばれ，1年間の猶予が与えられた。すぐに社外のアセッサー（assessor：評価者）が社内の人々にインタビューを行い，本人のすぐれた点と改善すべき点について分厚い報告書を作成し，社長候補者は期限までに改善を求められた。さらに，アセッサーが社長候補者本人のさまざまな場面に同行し，行動や発言に対して改善のフィードバックを行った。これらの結果から最終的に日本法人の社長として選任されたという。

3．コンピテンシー

　現時点では実際にあらわれていない潜在能力をパーソナリティ・テストを用いて推測するのではなく，これまでに業績をあげた際の実際の行動のプロセスを評価することで，他の状況でどのような行動をするのかを推測するというアセスメント手法もある。**能力とパフォーマンス（業績）**のつながりに注目したアセスメント手法である。その代表的なものとしてコンピテンシー（competency）評価がある。それぞれの個人の行動特性やパーソナリティを査定し，能力開発や適正配置を行うための手法である。個々のコンピテンシーがどんな場面でどんな高さで発揮されるのかを，インタビューによりアセッサーが拾い出していく。職務の内容によって必要とされるコンピテンシーの種類や組み合わせは異なる。

　スペンサーとスペンサー（Spencer & Spencer, 1993）によると，コンピテンシーとは，ある職務または状況に対し，基準に照らして効果的，あるいは卓越した業績を生む原因として関わっている個人の根源的特性，と定義される。コンピテンシーは人材に備わる根源的な特性であり，「さまざまな状況を超えて，かなり長期間にわたり，一貫性をもって示される行動や思考の方法」である。なお，日本語では，一律にコンピテンシーという用語になってしまうが，コンピテンシーというのはこれらの内容をまとまりにした複数（英語での複数形：competencies）の場合も，全体をかたちづくる要素である個々の特性（英語での単数形：competency）の場合もある。

　ある職務で高い業績を上げるために必要なコンピテンシーの組み合わせをコンピテンシー・モデル（competency model）という。いくつかの職務や職位に必要なコンピテンシー・モデルを集めたものをコンピテンシー・ディクショナリー（competency dictionary）という。コンピテンシー・ディクショナリーを用いて，これまでに調査されてきた基本的なコンピテンシーをそのまま用いたり，新たに高業績者とそうでない者との両方の違いを比較するために用いる。

　コンピテンシー評価をアセスメントに用いる背景には，実績の評価は業績そのもので行うべきだという考え方が広まってきたということが大きい。実績を出せる行動とはどのような行動なのか，という関心である。また，年功的ではなく，職能という捉えにくいものでもなく，能力というものを実際の行動から明確に測定し，個人が所有する能力を細かい仕様として査定し，職務への配置に役立てようとする動きが盛んになってきたことも大きい。第8章でみてきた職務給制度での個人の仕様を査定するためにも用いられる。

コンピテンシーの特徴と背景

　コンピテンシーは，「動因」「特性」「自己イメージ」「知識」「スキル」の5つのタイプの内容から構成されている。「知識」と「スキル」は目に見えやすく，比較的表層に位置する。「自己イメージ」「特性」「動因」は，目に見えず，より深いところに位置し，人格の中核に位置している（Spencer & Spencer, 1993）。組織は中核に近い動因や特性をみきわめて選考を行ない，そのあとに具体的に職務をこなすために必要とされる知識とスキルを訓練する考え方が有効である。この場合の中核というのは，第2章でのパーソナリティの議論のなかでは，図2-1の下の方にある“パーソナリティの深層”（ここでいう「動因」や「特性」をかたちづくるもの）であり，それに対して，比較的，訓練しやすいのは図の水面の上にある“具体的行動”を直接的に制約するもとになる「知識」や「スキル」である。

　コンピテンシーという考え方を生み出すきっかけとなったのは，マクレランド（McClelland, 1973）の研究であり，それは，「ある職務の卓越したパフォーマーの特徴についての質的研究」であった。その後，一般適性テストや一般的背景知識テストの得点は，仕事で優秀な成績をあげるかどうかにはほとんど相関がないことが発見された。そこで，「卓越した外交官と平均的な外交官のそれぞれが，その職務でぶつかった，きわめて重大な状況で各人が取った行動を，

逐一，きわめて詳細に説明してもらい，卓越した外交官と平均的な外交官の差異をしらべるということが行われた。1989年からは，ひきつづき，さまざまなコンピテンシーがさまざまな職種から収集された。また，各コンピテンシーには3つから6つのインディケーター（indicator：指標）が併記され，分類された。収集，分類された286種類のコンピテンシーのうち，21種類のコンピテンシーに含まれる360種類のインディケーターが全体の行動の80〜90％を説明し，残りの400のインディケーターは除かれた。技術者／専門家，人的サービス，起業家，セールス／マーケティング／トレーディング，管理職としてそれぞれ高い成果をあげている人がもつコンピテンシーの組み合わせを“コンピテンシー・モデル”として設定した」（Spencer & Spencer, 1993）。

コンピテンシーの適用上の特徴

　コンピテンシーは上にみてきたように，パーソナリティの深層から比較的変化しやすい行動まで，行動と背景の深度を深いところから浅いところまですくい取って，具体的な職務上の成果との結びつきを確認しようとするものである。マクレランド（McClelland, 1993）によれば，コンピテンシーをみいだすためのインタビュー手法は，フラナガン（Flanagan, 1954）の提唱したクリティカル・インシデント法（critical incident technique）と課題統覚テスト（TAT）を組み合わせた方法だという。

　クリティカル・インシデント法というのは，なんらかの目的や意図を成し遂げることに効果があったと考えられる活動を調べることによって，今後の能力を開発したり，問題解決に役立てようとするための手法である。コンピテンシーの発見や活用の際には，インタビューによって対象者が遭遇した事例を行動結果面接（behavioral event interview：BEI）によってクリティカル・インシデントを発見する。その際に，行動の意図や，そのときの状況，そのことに対する一連の対応，最終的な結果などを明らかにしようとする。コンピテンシーに関わるインタビューでは，TAT の考え方に基づき，インタビュイーの発言内容から，心の深層にある動機や行動特性を拾い出し，コード化（coding：発言内容を分類し，ラベルづけを行って整理）する。

モチベーションやパーソナリティ理論との関係

　インタビューの発言内容を TAT テストでの被験者の発言を解釈するように

解釈して用いるということになるが，これは，基本的な動機（モチベーション）が仕事の成果に重要な役割をはたすであろうというマクレランドの考え方を反映していると考えられる。

　コンピテンシーという考えかたは，あらゆる人をいずれかのパーソナリティの類型にあてはめたり，その人の特徴をさまざまな特性の組み合わせとして表現するものではない。第2章でみてきたような意味でのパーソナリティの全体像を把握するための分類は行わない。あくまでも，ある特定の職務で成果をあげる人とそうでない人との特徴を区別するものであり，成果をまだあげていない人に対しては，どのような行動特性を身につければ成果をあげる可能性が高くなるのかを見つけて能力開発に活用するものである。したがって，コンピテンシーの視点は，人を起点として，その人がどのような特徴を持つのかをみるものではなく，職務を起点として，その人が特定の職務で高い成果をあげられるのかどうか，また，あげるためにはどのような行動特性が必要であるのかをみるものである。つまり，特定の職務に対して最も成果をあげやすいパーソナリティと行動特性のセットはどのようなものであるのかを最初に決め，そこに人をあてはめたり能力を開発していく，というものである。

　このことはどのような問題を生むであろうか。第3章でみてきたようなマズロー（Maslow, 1954）の欲求五段階説の最終段階である，自分がなりうるものにならなければならないし，自分自身の本性に忠実でなければならないという“自己実現の欲求”を満たしていこうという発想ではない。つまり，個人の内的な欲求から能力を発揮していくというよりは，職務上必要とされる要件を満たすパーソナリティや行動を持つ人を発見したり必要な行動特性を開発していこうという発想である。第7章でみてきたように，第二次世界大戦後の日本企業の一般的な人事システムは欲求五段階説にそって発展してきたと考えられる。コンピテンシーの考え方には欲求五段階説のような発想はない。目標管理を支える理論的な根拠としての達成動機理論を開発したマクレランドは，このコンピテンシーの開発を先導したマクレランドと同一人物である。

　このような特徴をもつため，コンピテンシーは特定の職務のどのような状況でどんなタイミングでどんなコンピテンシーを発揮したのかが重要になる。そのために，従来の職能基準を評価するようなかたちでの総合的な能力評価には向いていない。特定のコンピテンシーを発揮する場面とは完全に切り離して，その人が持っている全体的な能力の得点として評価したり，さまざまなコンピ

テンシーの総合得点や最低点を算出して人の能力全体を評価する，といった人
事管理には本来，なじまない。第12章でみていく工場の作業員の作業研究をホ
ワイトカラーに応用し，ある職務を効率的に遂行するのに必要な要素をあぶり
出した，という方が近い。その人が，総合的にすぐれているかどうかではなく，
この具体的な職務にはこのような作業手順を用いれば作業効率が高くなる，と
いう考え方である。それをホワイトカラーの複雑な業務に，心理学的・行動科
学的に置き換えた応用である。

　さて，これまでみてきたように，コンピテンシーは，特定の職務で成果をあ
げるような一連の特徴ではあるが，この職務で成果をあげるためにはこのコン
ピテンシーが一様に最適である，とは一概にいえない。特に，第8章でみてき
たように，職能主義の仕事の進め方では，同じ職務にかんして，さまざまな仕
事のやり方がある。職務に割り当てられた個人がもつ能力（職務能力）によっ
て具体的な仕事のしかたが変わってくる。つまり，特定の職務というものを起
点にして，それに最適なコンピテンシーを探そうとしても，職能主義のもとで
は，単一のコンピテンシーに絞りきれない場合が生じる。たとえば，経理の職
務で成果をあげる仕事の進め方は，綿密な思考力とミスのない作業で基本的な
原価計画を立案し，購買部門や工程管理の上での現場からの安易な要求に屈せ
ずに，計画どおりの業務遂行を現場に求め続ける，という仕事の進め方なのか
も知れない。しかし，もしかしたら，同じ経理の職務で原価管理をするにして
も，現場の話をよく聞き，現場からの提案を次々と取り入れて，計画に柔軟性
をもたせて，より効率的な原価管理を現場の主体性を活かしながら進めていく
ことによって高い成果をあげられるかも知れない。

　そもそも，さまざまな要素が複合的に組み合わさって1つの職務ができてお
り，その職務の内容じたいが職能主義の場合にはゆれ動くために，これがその
職務にとっての最良のコンピテンシーであると決めることはできない可能性が
ある。そのために，それぞれの会社で，たとえば経理に求められる行動は，厳
格な管理なのか，現場とともに新しいやり方を開発していくことなのか，どち
らが重要なのかを定め，それぞれの会社独自のコンピテンシー・モデルを作成
することになる。しかし，上述のように職能主義のような考え方のもとでは，
職務の内容が個人の職務能力や周囲の能力，人間関係によってゆれ動くので，
求められるコンピテンシー自体もゆれ動く。また，第5章でみてきたように，
日本企業の強さの源泉とみられてきた集団での協力の文化は，職務主義とは異

なる文化であり，職務主義による組織・制度の管理と，それに合わせたコンピテンシーによるアセスメントの組み合わせが必ずしも企業や従業員にとって最良のものであるとは限らない。

4．実務上の人材評価

　アセスメントのためのパーソナリティ・テストでも知能テストでも，測定できる能力は限られている。人工的な環境のなかで安定して取りだせる能力しか測定できないし，測定手法特有の性質に限定されたわずかな側面を評価できるだけである。また，学業成績は必ずしも入社後の業績に結びつかない。そのために，採用では，実際に，社員や管理職，社長などが直接に面接した結果が重視されやすい。面接以外にも文章完成法やロールシャッハテストなどの投影法の心理テスト，標準的な知能テストを用いる場合もあるが，手間もかかり，将来の業務上の成績の予測が必ずしも保証されるわけではない。

　そのために，人材採用のための面接以外のテストとして，企業としては負担のかからない外部業者による標準的なパッケージテストを用いる場合も多い。たとえば，リクルート社のSynthetic Personality Inventory（SPI）と呼ばれる，知能テストとパーソナリティ・テストを複合したようなテストを実施する場合もある。必ずしもどのような使い方をすると決まっているわけではないが，一定水準以上の能力や，性格上の極端な偏りがない方が好まれることが多い。また，会場に応募者を集めて筆記試験を行う企業だけではなく，自宅のパソコンやスマートフォンを用いたオンラインでやらせる企業も多い。

直属の上司による部下への考課

　入社後の人事評価はどうだろうか。この場合も人工的な設定で行われるテストの結果だけが重視されるわけではない。入社してからその会社の経営者になるまでの昇任の過程でいちども筆記試験のようなものがない企業も多い。管理職としてふさわしい知識を持っているかどうか，主任や管理職などへの昇任の節目で筆記試験を行う企業もある。しかし，こうした場合にも，試験を受ける前提として上司による推薦が必要な場合も多い。形式上，上司による昇任試験受験の推薦が必要ない場合でも，一定の職能資格に達していないと昇任試験を受けられないことがほとんどである。完全な年功制でもないかぎり，職能資格

の昇格は上司による査定の結果であるため，実質的には上司の推薦により受験資格があたえられる。多くの場合，主任や管理職への就任が可能な職能資格に昇格する頃には，すでに同期入社のなかで，標準よりも1〜2年早い者や遅い者が出始めている会社が多い。

　実質的な人事アセスメントとして上司からの評価が重んじられるのは，上司が普段から部下に接し，部下の仕事ぶりを評価しているからである。また，第6章でみてきたように，フレンチとレイヴン（French & Raven, 1959）による報酬によるパワー（Reward Power）を上司が発揮することで，部下が円満に指示に従い，組織運営を行いやすくなるという側面もある。なお，上司または部下の側の定期異動には，評価者と被評価者が固定化してしまい，第2章でふれた，経験則（ヒューリスティック，heuristic）に組み込まれた，先入観や偏見（prejudice）が，部下を評価する際に影響してしまうことを緩和する役割もある。長期的にみれば，上司と部下の関係が何度も変わるので，複数の眼で同一の部下を評価するということになり，ある程度バランスのとれた公平な評価を確保することができる。

　組織が業務の効率をあげるために，管理部門の人員を縮小してきたのと並行して，管理者が管理だけに専念するのではなく，自身が現場の一線で具体的な業務を遂行しながら部下の管理も行うようなプレーイング・マネジャーと呼ばれる立場が従来よりも増えた。そのために，部課長レベルの管理職は，自分自身の仕事をそつなく充分にこなしながら，部下の行動や仕事の成果を曇りない目で把握することが求められる。部下に対する人事考課も，上司にとって重要な仕事であるが，ていねいにそれを行う余裕がないのも実情である。

現場での人事考課の問題点

　人事考課をするにあたって，どうしても部下のマイナス面に注意が向いてしまいがちになる。「ああ，そういえば，あいつは，あの時，こんな無駄な動きをしていた」とか，「時々，仕事に集中しないで暇そうにしていたことがあった」とか，「営業活動と称して外出ばかりしているが，特に高い実績があがってきているわけでもない。これでは評価をマイナスにしなければ，机に向かって頑張っている様子の他の部下とのバランスがよくない」などと考えてしまうことがある。

　部下への評価を伝えることも難しい。人事考課に際しては，評価基準をはじ

めに明示し，自分から部下に示した基準でプラスの側面を加算していくつもり
で評価をしていくことが求められる。少子高齢化の中で現代の若者は昭和世代
の人たちよりも子供のころから大切にされて育ってきている。幼少期に大切に
されているため，小学校で厳しく躾けられるとショックを受けてしまう。それ
は中学校から高校，大学にまで及ぶ。そして社会に出てきても大切にされ続け
てきている。

　よほどのことがない限り，部下のマイナス面と人事考課を直接結びつけるよ
うな発言はしないようにすることが肝要である。たとえパワーハラスメントと
言われるほどでなくても，マイナス面を指摘された方は，「他の人もやってい
るのに，たまたま上司から見られたから損をした」とか，「他の人のもっと悪
い側面があるのに，それはマイナス評価の対象になっていない。自分のちょっ
とした行動がマイナスに評価されてしまい，不公平だ」などと思ってしまうこ
とが多い。自己評価よりも上司からの評価が低い場合には，第3章でみてきた
モチベーションの公平理論からみたモチベーションが崩れてしまう。「評価を
下げるぞ」という発言をちらつかせることで，簡単に部下のモチベーションは
失われていくしハラスメントとして告発される恐れもある。

5．上司からの日常の評価

　それでは上司は部下のどのような側面を評価するのだろうか。人事考課で測
定し，"評価"に反映させるものは，大きく分けると次の4つになる。

部下の意欲や姿勢

　部下がどれだけ積極的な姿勢で仕事に取り組んでいるかなどの意欲や姿勢を
考えて評価する。意欲や姿勢の評価を情意評価という。ただし，上司の立場か
らすると，取組み姿勢に表裏がある部下の情意評価は困難になる。上司の前で
だけやる気を見せて，あとは手を抜いているというような要領のよい部下を高
く評価してしまうと，他の部下はそれを不公平だと感じて，やる気を失ってし
まう。やる気が失われると，ますます"意欲や姿勢"の評価が下がることにな
るので，評価を下げられた部下は，さらに，評価が下がり続けることになりが
ちになる。多くの部下がこのような状態になると組織が腐っていく。ただし，
部下が上司の前でだけ，やる気を見せる原因は，上司のリーダーシップにある

場合もある。フレンチとレイヴン（French & Raven, 1959）による報酬による
パワー（Reward Power）や強制パワー（Coercive Power）ばかり用いている場
合には，上司が見ているときにだけ従う。逆に，部下が準拠パワー（Referent
Power）を感じている場合には，上司が見ていなくても上司の意図に沿おうと
する。成果主義的な制度や気風が強い企業では，1 年目の新人や入社 2〜3 年
目の若手社員以外には，この“意欲や姿勢”はほとんど評価しないという会社
が多くなってきている。意欲や姿勢は“成果”そのものではないからである。
ベテランになるほど能力や実績で評価していく場合が多い。

部下が持っている能力

　これまでは，職能資格制度のもとで，多くの企業では“能力”というものが
大きく評価されるような仕組みになっていた。社員の能力の側面を評価するこ
とを能力評価という。能力というものは具体的に目に見えないので，上司の主
観ではなく，できるだけ公平に評価しようとすると，どうしても経験や年齢で
推測することになりやすい。その反省からバブル経済崩壊後は，業績評価をよ
り大きく取り入れて，従来よりも成果主義的な給与体系に変更する企業が多か
った。

　最近では，能力を年功的に推測するのではなく，行動として表われた特徴だ
けをみて，そこから能力を推測するコンピテンシーを導入する企業もある。上
司が直感で部下を評価するのではなく，会社のマニュアルどおりに評価の手順
を進めていくことになる。

部下の仕事の成果

　今までみてきた“意欲や姿勢”，“能力”などという目にみえないものではな
く，実際に部下があげた仕事の成果を評価することを重視する企業が増えてき
た。このような評価を業績評価という。販売部員など，もともと，実績が問わ
れるような職種の人たちは，この“仕事の成果”で評価されることが多かった。
営業部門などでは，従来にも増して売上高や利益額などの目標とする業績を達
成したかどうかを評価することがより重視されるようになり，昇給や昇進によ
り強く結びつけられるようになった。また，21世紀になってからは，事務部門
などの結果が見えにくい部門でも業務改善などを目標として，それを実際に達
成したかどうかで評価される場合が増えてきた。しかし，たとえ販売部門であ

っても，担当する販売エリアの特徴や，顧客特性によって，どうしても評価に
有利・不利が生じてしまう。新規顧客の開拓と既存顧客との継続取引の評価バ
ランスをどうつければいいのかも，絶えず問題になる。

　それでも，販売などの数値がはっきり出る部門はまだよいが，事務や技術開
発など，結果がはっきりと数字に表われない仕事もある。これらのことを解決
するために，仕事の成果とあらかじめ立てた目標とを比較する目標管理が広く
行われている。"やるべきこととして期の初めに決めた目標"と，"結果として
実際にやったことの内容や量"とを比較する。そうすることによって仕事の
"成果"を測定する。すなわち"目標"と"結果"の比較を行うということに
なる。この場合でも，もともとの目標が甘い場合と，高く厳しい場合とを，一
律に並べて，目標を達成した，とか，していない，ということだけで評価する
と，不公平なものになってしまう。かといって，目標を達成したあとで，「実
は，あなたの目標は，他の人と比べて低い目標だったので，評価も低くせざる
をえない」などといわれると，いわれた人はがっかりする。評価の時点で評価
基準を決めるのではなく，最初に目標を決める時点で，「この目標をどれだけ
達成したら，どのくらいの評価がつくのか」ということを，明確に部下に伝え
ておくことが理想である。

　ただし，目標を立ててからさまざまな事情が変化して，高いと思われた目標
が簡単に達成できてしまったり，逆に簡単そうにみえた目標の達成がものすご
く困難になってしまうということもある。こういうときのルールも，あらかじ
め決めておくことが大切になる。しかし，実際には，事前に評価の詳細な内容
や基準を完全に約束しておくことは困難である。なぜなら，将来のことはよく
分からず，何が起こるかを予測することは困難であり，予測しにくいことに時
間をかけて様々な状況をあらかじめ想定しておくことは無駄になることが多い
からである。また，普通，上司の評価基準と部下が評価してほしいと考える評
価基準の内容や困難度の水準は異なり，調整が難しいからである。

　いちばん問題なのは，上司が部下の仕事の内容を把握していないために，部
下のいってきた目標がどのくらい簡単なものなのか，それともどのくらい困難
なものなのかが分からないことである。また，この業績評価は，職位があがれ
ばあがるほど重視される基準になる傾向があり，社長や役員の評価における業
績評価部分は大きなものになる。言い換えると，職位が高いほど結果がすべて
になる傾向が大きくなる。

部下の仕事のプロセス

部下の仕事が，"会社にとってどれだけ役に立っているのか"に応じて部下の評価を決める場合には，上にみてきたように，"部下の仕事の成果"を評価することがいちばん公平なようにみえる。しかし，実際にやってみると，もともとの目標自体がどれだけ会社にとって役立つものなのかを判定することや，目標の困難度を結果に反映させることが，非常に難しい。そこで，充分な結果が出なかったとしても，どう結果に向けて頑張ったのかを知り，それを評価するために，"仕事のプロセスを評価しよう"という企業も多い。このように，仕事のプロセスを評価することをプロセス評価という。これを評価するためには，上司は日ごろから，部下が，どのように仕事を進めているのかを知っている必要がある。期末の評価の時点になってはじめて，部下がどう仕事を進めているのかというプロセスを知ろうと思っても，もう遅い。

客観性確保のための詳細な項目設定

これまで人事考課で評価すべき要素をみてきた。上司としては，それぞれの要素の何を評価しなければならないのかを理解しておくことが大切になる。大企業では通常，評価基準や注意点がマニュアル化されており，できるだけ公平に評価を行えるように工夫されている。より細かい視点を定めて，職能等級ごとにそれぞれの職能の高さで求められる「思考力」「行動力」「管理・指導能力」「対人関係能力」「業務知識」「熟練度」「業務経験」「基本的な知識・学力」などの高さを評価する企業も多い。しかし，このような能力は測定が難しい，そこで，「熟練度」や「業務経験」を入社年数で代用することになりやすい。能力に差をつけることが難しいこともその理由である。また，「基本的な知識・学力」を学歴で代用することもある。この場合，実際の卒業年次と社内での経験を加味して1〜2年の差をつけることが一般的である。また，「業務知識」を在職年数とは別に筆記テストなどで評価する場合もある。

部下の出来・不出来を評価するのは一般的に難しく，評価が給与や昇進に反映される場合，後で，低く評価した部下から恨まれる可能性もあり，評価の内容を公開しなかったり，二次評価，三次評価を設定しているため，直属の上司による一次評価の判定がくつがえることもある。二次評価や三次評価を行うのは，直属の上司ではなく，その上の階層の上司や人事部門である。この二次評価や三次評価には，より全体的な視点からみた公平な評価に補正するという役

割がある。また，同じ階層の職位の評価者が集まって集団で評価レベルのすり合わせをすることがある。しかし，そうした場合にも第4章でみてきた集団力学が働き，強く主張をする者の意見にひっぱられるなどして結果が不公正なものになってしまうこともある。

　社内が競争的でない企業の場合には，入社年次が浅い期間の評価では，ほとんどの部下をB評価にするのが一般的であり，あまり社員間に差をつけないという企業もある。特に，管理職になる前までは，業績評価よりも情意評価（仕事への熱意や勤務態度）に重点が置かれることが多いので，差をつけにくい。そのために，職務能力を評価する場合に，ほぼ一律にB評価をつけ，1人か2人の部下にA評価をつけるということも生じる。そのような企業では，たとえば，表7-1の場合S評価やD評価はよほどの理由がないとつけられないということもある。C評価の場合も傷病休暇などで長期休暇をした場合にしかつけられないことが暗黙の前提になっているという場合さえある。ちなみに，もし部下の多くをSやA評価にしてしまうと，理由を問われ，二次評価や三次評価で，結局調整されてしまうし，そのような部下評価を行う上司はその後，人事評価について信用されなくなってしまう。

人事異動により評価者が変わることによる評価の公平の担保

　個人的感情や上司からの視点の偏り，評価される側の運・不運が現場でのアセスメントに大きく混入してしまう。社内労働市場のなかで人材の再配置を行うことが中心になっている企業では，そのためにも定期異動という名目で，2〜5年程度で個人の配置変えを行い，長期的にみれば，異なる環境や異なる上司の下での評価を行い，多角的に人材そのものの能力を評価していくことが重要になる。一方，米国などで社外労働市場の活用を中心に行っている企業では，短期間の間に人が他社に再就職をする可能性もあるので，短期的な視点からその時点，その時点で公平な評価を行うことが好まれ，1年間などの一定期間での業績評価を重視する傾向がある。

6．上司による考課での注意点と理論的背景

　ロス（Ross, 1977）は，人間が状況要因よりも個人的属性に原因を帰属させがちであることを，根本的な帰属の誤り（fundamental attribution error）と命

名している。ジョーンズとニスベット（Jones & Nisbett, 1972）が示した行為者・観察者の違い（actor-observer bias）は，行為者が状況的要因に原因帰属をしがちなのに対して，観察者は行為者の個人特性に原因帰属をしがちであることを示している。それを踏まえて考えると，観察者である上司は行為者である部下を評価する際に，部下個人のせいであると原因を帰属しがちであることになる。このように人間の態度は，根本的な帰属の誤りに左右される。誤りを排除して公平な判断を心がけるのであれば，原因帰属は，ケリー（Kelley, 1967）が提示したような原因についての分散を分析することが合理的である（ANOVA モデル，analysis of variance model）。

　上司から部下への評価を例にとれば，①時期や状況が異なれば，高く評価できる結果だったりそうでない時もある，というように上司からの評価がそのときどきで異なるのであれば，上司が考えるその評価の原因はその時・その場に特有な状況に帰属される。②高い評価をしたくなるような結果をこの部下だけが出しており，他の部下の出した結果を同様に評価することが難しいと感じるのであれば，高く評価したいと思った原因は，部下の能力や努力などその人そのものやその人が持つ特有の属性に帰属される。③誰がやっても，いつでも同じ結果が得られていると上司が考えているのであれば，その上司は，部下に与えた仕事そのものの内容の難易度によってこのような結果が出たのだというように原因を推測する。

　さて，原因を推測するもとになる観察結果はほんとうに客観的なのだろうか。実は，上司が観察し認知する結果自体が客観的な事実とは限らず，観察結果には，上司によるあらかじめの経験則や先入観，偏見が混入している場合もある。つまり，結果の評価がもし偏っていれば，そこから推測する原因も偏ってしまう。ここで，何か問題が発生した原因は部下にあると考えたとしよう。この場合には，上の②の例のようにある部下だけがよい結果を出したのではなく，逆にその部下だけが悪い結果を出したのだとする。それでは，上司は部下の自助努力を求めるだろうか。それとも援助を行うだろうか。一般的には，特定の個人が問題発生の原因であるかどうかだけでなく，本人がその問題を解決することが可能かどうかによって，上司が援助を行う責任が生じる場合がある。つまり，問題解決の責任は，解決資源の有無にもよる。（Brickman et al., 1982）

表9-1　人事考課で気をつけること（幸田, 2005, p. 97）

考課期間	考課すべき対象になっている期間はいつからいつまでかを意識し，それ以前やそれ以降のことについては評価しないようにする。
私的なことを混入しない	評価項目に関係のない私的な事柄を，人事考課の評定に持ち込まない。
具体的な根拠をもとに評価する	"印象"で評価をしようとすると，自分で評価をつけているうちに，知らず知らずのうちに基準が変わってきてしまっていたり，被評価者によって評価基準が，ぶれてしまったりする。必ず評価をつける際には，具体的なことがらを根拠にして評価をおこなう。
集中して評価をつけるようにする	日数をかけて評価をすると，初めのほうと後のほうとで基準がずれてしまいがちなので，あまり期間を置かないで評価をつけるようにする。また，必ず，全体の見直しをおこなう。
ハロー効果	部下が何かすぐれたものを持っているために，他の評価項目の印象まで良く見えてしまう。
寛大化傾向	どうしても評価を甘くつけてしまう。
厳格化傾向	逆に，評価を厳しくつけてしまう。
中心化傾向	自信がなかったり部下を見ていなかったりするために，評価を無難な点数にまとめようとしてしまう。
極端化傾向	逆に，評価の高い低いのめりはりをつけすぎてしまう。
論理的誤差	評価者が頭の中で推測をしたり，思い込みがあったりするために，関連のないことを評価項目に関連づけてしまい，誤った評価をしてしまう。
対比誤差	自分を基準に被評価者を比べてしまうために，自分が得意なことについては辛く，自分が苦手なことについては高く評価をつけてしまう。
期末効果	時間が経ってしまっていることの印象が薄くなり，評価をつける直前の出来事の印象を中心に，評価をつけてしまう。

上司による人事考課の具体的な注意点

　人事考課は人間が行う作業なので，完璧に公平な考課を行うことは不可能であるが，当然のことながらできるだけ公平な評価を心がけるべきである。特にパーソナリティの相性や，部下本人に対してだけでなく周囲との関係で知らず知らずのうちに第4章でみてきたような認知的不協和（Festinger, 1957）や，人間関係がもたらす認知均衡（Heider, 1958）の影響を受けて好悪の感情が混入してしまう可能性がある。これらの影響を完全には排除できないので，結果として，「このぐらいなら，なんとか納得できる，そこそこ公平な考課になっているかな」とか，「まあ，評価の際の視点が，偏ってしまったり，多少，ばらつきが生じてしまっているかも知れないけれど，自分としてはできるだけ客観

的につけたので，このぐらいであれば，仕方がないだろう」というレベルで我慢するしかない。人事評価において，元々，理想的な公平さということは達成できない夢であるので，理想ではなく最善を目指すべきである。

　部下の行動や部下が出した結果のすべてを完璧に把握することはもともと不可能である。ただ，はじめから，「人事考課は偏っていて当然」とか，「評価は上司が勝手に印象でつけてもいいものだ」などと思っていると，実際に自分が考える以上の偏りがでてしまうので，評価を行う際には，できるだけ自分としてはぎりぎり公平な評価をするように心がけるべきである。そのためには，表9-1のような注意点を銘記することが必要になる。

7．人事考課にかかわる日々の活動

　ここまで，人事考課を行う上で気をつけるべきことを考えてきた。部下を評価するためには，いざ評価しようというその時点で部下の業績や行動を考えはじめても，遅い。実際に部下が行動しているときに，何も言わずにいて，いざ評価をする時点になってから，「実は，あなたは，これとこれができていなかった」とか，「こういうところを，もう少し工夫できていたらよかったのに」などと言っても遅い。それを部下がやっているときに適切なアドバイスをする必要がある。部下が自分で仕事を工夫してうまく進められるように，その時その時の環境を整えてあげることの方が大切である。それでは，日常，部下と接するなかで，どんな工夫をしたら良いのだろうか。

部下の目標を意識し，それが達成できるように支援する

　日常，部下と接する際に，最終的な部下への評価がどうしたらあがるのかを上司が考えながら接することも重要である。上司が，部下の目標を常に意識して行動し，アドバイスをする。そして，部下が目標を達成できやすいような環境を整える。もちろん部下の業務上の目標は，部下を評価するためだけに立てられているのではない。本来は，実際の業務の実績をあげるために目標がある。したがって，評価をする時点になってはじめてするのではなく，日常の問題として，上司は部下の目標について考え続けなければならない。

　部下の目標は，1年単位であったり，半期ごとの単位であることが多い。部下が日々，行動している日常の視点で考えると，年間目標のような長期的な目

標は，漠然と感じられてしまったり，まだまだ先延ばしできると思われがちになる。上司としては，部下の目標を日常に考えられるレベルにまで落とし込む必要がある。長期的な目標は，短期の目標に小分けする。そして，小さく分解した個々の目標を達成していくと，最終的には年間の目標が達成できるようにする。

　部下の目標を小分けして，部下が仕事に取り組みやすいようにするとともに，それが実際にできているのかどうか，進捗状況を管理する必要がある。一年間経ったあとで，「さあ，あなたの実績を見てみましょう。おや，全然，できていませんね」などと批評家的なことを言うようではよい管理職とはいえない。

　たとえば，年間目標を月間目標に落とし込んだとしたら，毎月，月間目標が達成できたのかできなかったのかの進捗を管理していく必要がある。目標はできるだけ具体的な記述にしておく必要もある。そして，それを小刻みに測定する。

部下のモチベーションをあげる

　それぞれの部下は，第2章のパーソナリティや第3章のモチベーションの章でみてきたように，それぞれ，どんなときにモチベーションが喚起されるのか，微妙に異なっている。ある人は，誉められ，上司から承認されると，とてもやる気が出る。別の人は，自分が困難なことをやり遂げたという満足感が得られそうだと思うと，困難なことにチャレンジしてみようとする。また，ある人は，自由に自分なりのやり方で仕事を進めることができる状態に置かれると，やる気が出る。あまり予想外の展開にならないで，きちんと計画どおりにものごとを進められるとモチベーションが維持できるという人もいる。それぞれのパーソナリティによって欲求やモチベーションのきっかけが異なる部分もあり，共通する部分もある。

　上司としては，部下の目標を小分けして，その目標がどのくらい進んだかを測定し，その測定した結果を，それぞれの部下のモチベーションがあがるようなかたちでフィードバックしてやる必要がある。また，個々の部下のタイプにあわせたために，部下から指導が不公平だと思われないようにすることも重要である。

　いずれにせよ，徹底した指導というものは，そう何人をも対象にできるものではない。したがって，徹底した指導の対象人数を絞らざるを得ない。また，

何人かの部下に対する指導については，自分の補佐役に分担をさせるというやり方もある。管理職は日常，さまざまな活動を行っている。部下指導だけでなく，自分が上から与えられた直接の役割を果たすことも重要である。一方で，部下の人事考課を行うことも上司として重要な活動である。日常の部下指導こそが本来の重要な活動である。現場での上司による日常のアセスメントは，事後的な評価ではなく，日々の業務遂行をともに行う際の指導・観察のなかにある。必然的に能力開発にきわめて深く結びついたものである。

第10章　職業上のキャリアについての心理的問題

公認心理師対応カリキュラムで含むべきキーワード
人事・ヒューマンリソースマネジメント　職業適性
キャリア形成　職業選択理論，キャリア発達
産業・組織分野における心理学的アセスメント　職業適性のアセスメント
産業・組織分野における心理学的援助　キャリア支援，キャリアカウンセリング
組織成員の心理と行動　職場適応

1. キャリアに対する視点

　キャリア（career）という言葉は日常でも様々な意味で使われている。たとえば，国家公務員の上級職をキャリア職あるいはキャリア組と呼んだり，人がうらやむような仕事を経験した人に対して「すばらしいキャリアですね」と言うこともある。日常では，それぞれの人が経験してきた仕事のことをキャリアと呼ぶようである。中途入社の面接などで「あなたのキャリアを教えてください」という場合には，これまで経験してきた仕事の数々を集合的にキャリアという言葉で表現している。それでは，産業・組織心理学のなかで，キャリアという言葉はどのような意味で使われるのだろうか。

　シャイン（Schein, 1985a）は，内面的なキャリアとして，「仕事生活が時とともにどのように発達してきたのか，また本人がそれをどの程度自覚しているのかといったことまで含む」概念であるとし，それに対して外見上のキャリアを，「あるひとが，ある職種につき，昇進していく過程で，その職種または組織から要請される具体的な段階」を指すという。文部科学省（2004）による「キャリア教育の推進に関する総合的調査研究協力者会議報告」によると，キャリアとは，個々人が生涯にわたって遂行するさまざまな立場や役割の連鎖およびその過程における自己と働くこととの関係付けや価値付けの累積である。この定義が，日本におけるキャリアの一般的なイメージに近いと考えられる。

キャリアに対する３つの方向からのアプローチ

　キャリアに対するアプローチはおおまかに次の３つに分類できる。「パーソナリティ」からのアプローチと、「発達」からのアプローチ、「学習」からのアプローチである。それぞれの立場を代表する理論家としてとりあげる人たちは、当然のことながら、他のアプローチも併用している。すべての理論的前提に、パーソナリティ、発達、学習が含まれている。それぞれの違いは、その３つのなかでどこに重点を置くかの違いでしかない。また、それぞれの理論家はキャリア・カウンセリングについても述べており、カウンセリングを行う際には、パーソナリティ、発達、学習の視点を総合的に活用する必要がある。

２．パーソナリティからのアプローチ

　キャリアの考え方の１つの方向として、**職業適性**を探し、検討する職業選択理論がある。職業適性は、職業の特徴に個人特性やその職業への興味の高さが合致すれば高くなる。**職業選択理論**の立場では、それぞれの個人に合った職業を選択するために必要な情報を、主にアセスメントによって提供しようとする。キャリア意思決定や職業選択において、パーソナリティの類型や特性と、選択する職業の特徴との合致を検討しようとする。日本でも用いられている VPI（vocational preference inventory）職業興味検査がその典型である。その理論的根拠になっているのはホランド（Holland, 1997）の考え方であり、パーソナリティの類型や特性と、選択する職業の特徴との合致を重視している。

　職業選択理論では、一般的に、"個人特性 対 職業特性"の適合を問題として扱うが、ホランドの場合、個人の興味の類型と、職業群の類型との合致度を問題として扱い、"類型 対 類型"で組み合わせを考える。特性を細かく分類してしまうと組み合わせの数が圧倒的に多くなってしまい、分類が困難になってしまうからである。

ホランドによる６つのタイプ

　以下にホランド（Holland, 1997）の考え方をみていこう。ホランドは、パーソナリティ・タイプと環境のタイプをそれぞれ、「現実的」「研究的」「芸術的」「社会的」「企業的」「慣習的」の６タイプに分類している。パーソナリティ・タイプと環境のタイプが一致していれば、以下の傾向がみられる。

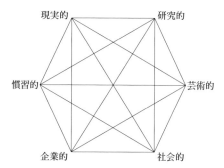

図10-1　パーソナリティ・タイプ間の相互関係（Holland, 1997, 邦訳書, p. 56）

1．パーソナリティ・タイプと一致した環境にいる時，人の職業選択の方向性は安定しており，維持されている。反対に，パーソナリティ・タイプが環境と一致しない場合には，職業選択の方向性は変更される傾向がある。
2．職業選択の「水準」は，パーソナリティ・タイプと環境が一致している場合に安定する。反対に，環境と不一致の場合には，職業への要求水準が変化する傾向がある。
3．職業的達成の「水準」は，人と環境が一致している場合に高まる。
4．職業的満足は，人と環境が一致している場合に高まる。

　それぞれのタイプ相互の関係は，図10-1のようになる。6つのタイプは，それぞれのタイプ間の距離が短いほど類似性が高く，それぞれのタイプ間の距離が長いほど，異なっている。たとえば，現実的タイプは，慣習的タイプとの類似性は高いが，社会的タイプとの距離は遠い。
　ホランドによると，それぞれのパーソナリティタイプの特徴は以下のようになる。

　《現実的タイプ》伝統的な価値観を大切にする。決められた規則のもとで働くことを好む。自由を信じる。大志とか自己統制を重要な価値と位置づけ，大目にみるという考えには反対する。実利志向であることに価値を置く。
　《研究的タイプ》科学的，学究的な活動や業績に価値を置く。自己決定できること，および知的で論理的，野心的という個人特性に価値を置く。

　《芸術的タイプ》審美的な経験や業績に価値を置く。自己表現に価値を置き，また，想像的で勇敢という個性を大切にするが，従順とか論理的，あるいは責任には価値を置かない。

　《社会的タイプ》社会的，倫理的な活動や課題に価値を置く。医療支援，教育機関での活動，互恵的相互関係のような文脈の中で，他者のために役立ちたいと願う。

　《企業的タイプ》伝統的価値観を持つ。他者をコントロールすること，他者からのコントロールを受けないこと，大志を抱くことに価値を置く。ビジネスでも地域社会でもリーダーになりたいと願う。

　《慣習的タイプ》ビジネスおよび経済上の業績に価値を置く。財務および商取引での具体性を求め，快適な生活と，多くの仕事があることを目標とすることを信念としている。構造化された組織や機関の中で働くことを好む。

　ホランドは，パーソナリティや環境がこれら6つにきれいに分類されるわけではなく，パーソナリティや環境のそれぞれに対して2文字や3文字のコードを与えてもよいとしている。主なパーソナリティの頭文字で表されるのが第1のコードであり，それより弱い特徴の頭文字を第2，第3のコードとして表現するといった分類方法を用いてもよいということである。第1のコードと隣接するタイプが第2，第3のコードになっていれば，一貫性が高いと考えられ，6角形上の対角線との組み合わせが総合的な2文字や3文字のコードに含まれていれば，逆に一貫性は低いといえる。また，キャリアや人生の途上で，パーソナリティと環境は相互作用をもつ。転職はパーソナリティの開放性と関連しており，芸術的タイプと研究的タイプに関連がある。この6角形のモデルは仕事以外の人生にも影響する。退職後の生活にうまく対応しやすいのは，研究的タイプと芸術的タイプであるが，その理由は，この2つのタイプが開放的で，独立心があり，年をとっても興味のあることを追求しようとするからである。

　以上がパーソナリティからのアプローチを代表するホランドの考えかたの概略である。キャリアの上で職業適性を重視する立場からは，パーソナリティと環境との一致度は，**職場適応**の程度に強い影響を及ぼす。

3．発達からのアプローチ

　その一方で，過去から将来にわたるキャリアの全体像を発達の視点から捉える考え方もある。**キャリア発達**の視点である。一時点のキャリアの適合を考えるのではなく，キャリアを時間的な連続として捉え，その発達を考えていく立場である。発達論的な立場にたてば，第2章で考えてきたパーソナリティの発達と同様に，発達段階と発達課題が問題になる（図2-3参照）。

自己概念の発達とキャリア

　こうした発達による時間経過の視点からのアプローチとして，スーパー（Super, 1963）の理論が挙げられる。個人が主観的に形成した自己についての概念と他者からの客観的概念が，経験と統合されていくことが自己概念であり，その自己概念のキャリアに関する側面がキャリア自己概念である。キャリア自己概念はキャリア発達を通して形成されていく。このようにして，スーパーは，職業的発達を，発達段階とそれぞれの段階にともなう発達課題の連鎖として捉えている（他に Super, 1957; Super & Bachrach, 1957; Super, 1981; Bell, Super & Dunn, 1988; Super, 1990）。スーパーは自己概念の視点を職業行動の解釈に応用しようとしたのだと理解される（Blustein & Noumair, 1996）。スーパーの研究は発達論的な立場から，個人のパーソナリティと職業的環境との適合について扱ったものであると分類され得る。

　なお，スーパーはライフ・キャリア・レインボー（Life-Career Rainbow）という考え方を提唱している（Super, 1976, 1980）。そのなかでスーパーは，キャリアについて「人生の時間的な推移のなかで人が占める地位の連続」（Super, 1957）というこれまで用いてきた時間的視点（ライフ・スパン（life span）という）の他に，「人生のキャリアの推移のなかで限定された時点（空間：space）でのキャリアの上での地位と果たしている役割の個人的かつ社会的な決定的な要素」というワークライフバランスの考え方を導入している（Super, 1980）。スーパーはこれを，ライフ・スペース（life space）と呼んだ。

　ライフ・スペースの要素として，子ども，生徒，遊んでいる状態（既存の単語があてはまらない leisurite：余暇時間の活動や仕事がない状態の人），市民，仕事をしている人（正式に雇用されていない場合やなんらかの役割を果たしている非労

働者も含む），配偶者，主婦，親，年金生活者がある。他に兄弟，信者，恋人，改革家，犯罪者などの役割があり，そのなかのいくつかの役割を同時に果たしている。

シャインによる発達段階と組織内の発達

　シャイン（Schein, 1978）もキャリア・サイクルの段階と課題を，生物社会的ライフサイクルや家族の状態とともに考えている。表10-1は，シャインによるキャリア・サイクルの段階と一般的問題である（それぞれの段階での特定の課題は省略）。

　もし，ある人が，1つの組織に留まるのであれば，その人は図10-2における円錐形の3つの次元の組み合わせによる変化を受けることになる（Schein, 1978）。垂直軸が階層を表わし，階層上昇の動きはキャリア成長とみなすことができる。また，仕事を変えることによる職能ないし技術次元の変化は円周上の移動になる。職業ないし組織の内円あるいは核へ向かう動きは，学習量が増え，信頼されるようになり，責任を引き受けるにつれて，その個人が組織に部内者化されていくプロセスを表わす。この中心への動きは，階層上昇の動きと関連しあうことが多い。

キャリア・アンカー

　また，シャイン（Schein, 1978）の研究は，個人のパーソナリティだけでなく，キャリア・アンカー（career anchor）と呼ばれるキャリアや職業における自己概念を想定している。シャイン（Schein, 1985a）によると，キャリア・アンカーには以下の8種類がある。①専門・職能別コンピタンス（Technical/Functional Competence），②全般管理コンピタンス（General Managerial Competence），③自律・独立（Autonomy/Stability），④保障・安定（Security/Stability），⑤起業家的創造性（Entrepreneurial Creativity），⑥奉仕・社会貢献（Service/Dedication to a Cause），⑦純粋な挑戦（Pure Challenge），⑧生活様式（Lifestyle）の8種類がある。キャリア・アンカーは，環境との相互作用により発達していくと考えられている。

　シャインによれば，人は次第に自己認識を獲得し，より明白な職業上の自己イメージを開発して自らのキャリア・アンカーを構成する。この自己イメージには3つの成分がある。①自覚された才能と能力，②自覚された動機と欲求，

表10-1　シャインによるキャリア・サイクルの段階と課題（段階と直面する一般的問題だけを抜粋。Schein, 1978, 邦訳書, pp. 43-47）

段　階	直面する一般問題
1. 成長, 空想, 探求 （0～21歳） （役割：学生, 大志を抱く人, 求職者）	1. 現実的な職業選択のための基準を開発する 2. 職業についての初期の空想を実行可能な現実（的考え）に変える 3. 社会経済的水準および他の家庭環境による現実の諸制約を評価する 4. 適切な教育ないし訓練を受ける 5. 仕事の世界に必要な基本的習慣・技術を開発する
〈組織ないし職業への参入〉	
2. 仕事の世界へのエントリー （16～25歳） （役割：スカウトされた新人, 新入者）	1. 労働市場に入る —— キャリアの基礎となりうる初めての仕事に就く 2. 実行できる正式かつ心理的な契約を, 自己の欲求と雇用者のそれが確実に満たされるように協定する 3. 組織ないし職業のメンバーになる —— 主要な最初の部内者化境界線を通過する
3. 基本訓練 （16～25歳） （役割：被訓練者, 初心者）	1. 仕事およびメンバーシップの現実を知って受けるショックに対処する 2. できるだけ早く効果的なメンバーになる 3. 仕事の日課に適応する 4. 正規の貢献メンバーとして認められるようになる ——次の部内者化境界線を通過する
4. キャリア初期の正社員資格 （17～30歳） （役割：新しいが正式のメンバー）	1. 責任を引き受け, 最初の正式な任務に伴う義務を首尾よく果たす 2. 昇進あるいは他分野への横断的キャリア成長の土台を築くため, 特殊技術と専門知識を開発し示す 3. 独立を求める自己の欲求と, 従属・依存期間の間の組織の制約・要求とを調和させる 4. 当該組織ないし職業に残るか, それとも自己の欲求と組織の制約・機会との間のよりよい調和を求めるか, 決める
5. 正社員資格, キャリア中期 （25歳以降） （役割：正社員, 在職権を得たメンバー, 終身メンバー, 監督者, 管理者） （この段階に留まるひともいよう）	1. 専門を選び, それにどれだけ関わるようになるかを決める, あるいは, ジェネラリストおよび／または管理者となる方に向かう 2. 技術的に有能であり続け, 自分の選択した専門分野（あるいは管理）において学び続ける 3. 組織のなかで明確なアイデンティティーを確立し, 目立つようになる 4. 自分自身の仕事の責任だけでなく, 他者のそれも含むより高度の責任を引き受ける 5. 当該職業において生産的な人間になる

	6. 抱負，求めている前進の型，進度を測定するための目標などによって，自分の長期のキャリア計画を開発する
6. キャリア中期の危機 （35〜45歳）	1. 自分の抱負に照らして自分の歩みの主要な再評価を行ない，現状維持か，キャリアを変えるか，あるいは新しいより高度な手応えのある仕事に進むかを決める 2. 自分のキャリアの抱負を，中年の転機のより一般的な諸側面と対比させて評価する ── 自己の夢・希望対現実 3. 自分の生活全体において，仕事および自分のキャリアがどれほど重要であるべきかを決める 4. 他者の助言者になりたいという，自分自身の欲求を満たす
7. A. 非指導者役にあるキャリア後期 （40歳から引退まで） （役割：重要メンバー，個人的貢献者あるいは経営メンバー，よい貢献者あるいは役立たず） （多くの人びとはこの段階に留まる）	1. 助言者になる，つまり，他者を動かし，導き，指図し，また，彼らに対して責任を負うようになる 2. 経験にもとづく技術および関心を広げる 3. 技術ないし職能のキャリアを追求すると決めれば，技術を深める 4. 全般管理者の役割を追求すると決めれば，より広範な責任を引き受ける 5. 現状を維持し，キャリアないし仕事以外での成長を求めると決めれば，影響力と手応えの減少を受け入れる

────────〈部内者化境界線と階層境界線の通過〉────────

7. B. 指導者役にあるキャリア後期 （若くして指導者役につく者もいようが，指導者役は依然，キャリア「後期」と考えられるだろう） （役割：全般管理者，幹部，上級パートナー，社内起業家，上級スタッフ）	1. 組織の長期的繁栄に自分の技術と才能を役立てる 2. 日々の意思決定を行うとか，あるいは綿密に監督するより，むしろ他者の努力を統合し，広く影響を及ぼすようになる 3. 主要部下を選抜し開発する 4. 幅広い展望，長期の視界を開発し，社会における当該組織の役割の現実的評価を行なっていく 5. 個人的貢献者あるいは社内企業家の役割にある場合は，アイディアの売り方を学ぶ
8. 衰えおよび離脱 （40歳から引退まで：衰えの始まる年齢は人により異なる）	1. 権力，責任および中心性の水準低下を受け入れるようになる 2. 能力とモチベーションの減退にもとづく新しい役割を受け入れ，開発するようになる 3. 仕事が主ではない生活を送れるようになる

────────〈組織ないし職業からの退出〉────────

9. 引退	1. ライフスタイル，役割，生活水準におけるより劇的な変化に適応する 2. 蓄積した自分の経験と知恵をさまざまな上級の役割にある他者のために使う

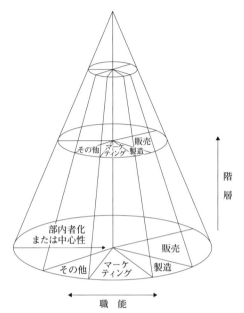

図10-2　組織の3次元モデル（Schein, 1978, 邦訳書, p. 41）

③自覚された態度と価値，である。

キャリア・アンカーと発達や職業上の満足

　スーパーやシャインの理論では，キャリアに関する個人の意識は環境との相
互作用のなかで形成されるという側面も強調されている。シャインの場合にも，
環境との相互作用によって職業的自己概念が発達していくと考えられており，
個人が自身のキャリア・アンカーを確認するためには，自分自身の才能と能力，
動機と欲求，大切にしたい意味と価値，について自問することを勧めている
（Schein, 1985a, 1985b）。キャリアの開発または育成という視点である（英語では
キャリア開発もキャリア育成も，同様に career development という表記になる）。
また，キャリア・アンカーに合致した仕事は職務満足をもたらす。

４．学習からのアプローチ

　学習（または行動主義）の立場では，経験からの学習を重視する。そのため

に適性は変化すると考える。「キャリアの選択に関する最大の迷信は，この世のどこかに，自分にぴったりの仕事が存在するという考え」（Krumboltz & Levin, 2004）である，ということになる。キャリアの開発または育成を考える場合には，キャリアはもともとの個人的な特性で決まるだけではなく，変えることができるという前提になる。

クルンボルツと偶発的な出来事による学習

　クルンボルツ（Krumboltz, 1979）は学習の視点からキャリアをみている。特に，バンデューラ（Bandura, 1971, 1977a, 1979）の社会的学習理論や，社会的学習の先行条件としての自己効力感（Bandura, 1977b; Bandura, 1986）に基づき，キャリア選択はさまざまな学習経験の結果であることを強調している。環境を学習の機会として扱い，学習の機会を増やすためには，自信がなくても積極的に新たなことにチャレンジをすることを奨励する。現状の個人のパーソナリティと職業的環境との適合に目を向けるだけでなく，キャリアの未決定の状態を重視し，新しい学習が促進されるような偶発的な出来事がキャリアの機会に結びつくことを事例により示している（Krumboltz & Levin, 2004）。彼らは「キャリアは前もって計画できる，あるいは計画すべきであるという考え方は非現実的」であるとして，間違えることは有益でもあり，間違いから学ぶことこそが成功につながるということを強調する。

5．キャリア予測の難しさと理論的な問題

　国内の研究では，第一にキャリア選択や決定そのものが問題として取り上げられることが多く，第二にキャリアの選択・決定を説明する際に自己効力感のような内的要因により説明を行う研究が多く，第三に環境からの影響を扱う場合にも，内的要因によって重視する環境要因が異なるということについて調査した研究が多い。また，成果主義型の人事制度とキャリアの関係についての研究も多く，外的な要因とキャリア発達との相互作用や，成果主義型の人事制度の導入にともなう自律型キャリア支援策の導入とキャリア意識の向上についてなどの多様な研究がある。

　女性に関する調査も増えてきており，女性一般職についての研究から，女性経営者の持つ価値観や働いている理由，経営者のタイプ（創業型か継承型か）

などの調査まで多様である。看護職のキャリアについても多く，キャリアの発達や自身の職業やその環境についてのイメージの認知なども研究されている。育児能力と，仕事の能力との関係についての調査も存在する。幸田・名尾（2015），幸田（2017）は，インタビューにより，女性が育児で身につけることのできる能力と，職業生活のなかで仕事をうまく進めることに役立つ能力との関係を調べている。

　このように，職業やキャリア選択などの具体的な意思決定に関しては，さまざまな理論的な立場や視点が並立し得る。職業の数は膨大であり，同じ職業でもその内容は企業によっても異なるし，ICTや国際化，競争環境の変化などで，常に仕事の内容は変化しつづけている。第7章でみてきたように，特に，日本企業では異動するたびに人にあわせて仕事の内容が変化する傾向が大きい。理論的にキャリアの連続を予測しようとしても，現実には企業の事業縮小や倒産によって，突然，職を失うこともある。それによって次の展開も異なっていく。証券会社が倒産したために鍼灸師の資格をとろうと専門学校に通い，その専門学校の先生になった人もいる。個人を制約する条件も，遺伝的な要因や経済的な要因から影響をうける。子どものころに何を志向し何を学習しようとするのかということ自体，基盤になる家庭環境によって異なる。また個人が持つことのできる職業選択に役立つ情報も人によって異なる。

　家族が大病をして入院したのをきっかけに，医師を志す人もいるし，父親が不当な解雇をされたことをきっかけに弁護士をめざす人もいる。父親が鉄工所を経営しており，そのあとを継ごうとする人もいるし，金策に苦労しているのを身近に見て銀行員をめざす人もいる。個別の環境がそれぞれの強さで個人のキャリアに影響する。医師をめざすのであれば，国家資格が必要であり，そのためには一定の知能や努力して勉学をすることへの耐性も必要である。しかし，それらが満たされていても国家資格に必要な6年間の大学に通うための学費が必要になり，その学費が支払えるだけの家庭的な経済的環境がこの進路に影響する。経済的な制約をうける人も多いが，そうでない場合もある。学業成績がまれにみるほど極めて高い場合には，自治体などがさまざまな条件をつけて学費を貸与する場合もあり，制約にはならないこともある。そもそも，家庭からの期待から医師を志す場合もあるし，家庭や親族からそのような期待はまったくなく，あまり考えずに職業選択を行う場合もある。キャリアに影響する要素にはさまざまなものがあり，個人によっても異なる。

　このように，対象の個別性が大きく，さまざまな要因が多層的に重なっている状態で，個人のキャリアについて予測することは難しい。そのために，さまざまな視点から総合的にキャリアに対してアプローチしていく他はない。詳細で正確な予測を行うことが困難なこうした状況のなかで，幸田（2006）は，キャリアの展開の類型的なパターンとそのパターンのなかで成功する要因を整理することを提唱している。代表的な類型のパターンと個人的に特有な条件のずれを考慮して個別の予測を行うということが現実的であろう。

6．キャリアを財産として考えること

　キャリアをパーソナリティに合わせて選択するにしろ，発達的にキャリアを変化させていくにしろ，あるいは，積極的に職業的な学習を進めていくにしろ，誰が，あるいはどのような"力"が自分のキャリアを積極的に変えていくのかということは重要な問題である。特に，キャリアに関する環境からの制約条件が大きければ，外的なキャリアが変化していくのに合わせて個人は内的に適応していかなければならないし，逆に自らが積極的に外的なキャリアを選択し，変えていくものだと考えるのであれば，個人の内的な状況に合わせて職業や仕事を自ら選択し，変えていくことになる。どちらにせよキャリアの選択・決定を行う以前に，いかなる選択肢があるのかについての明確なイメージを形成できなければ，キャリアの選択・決定は容易ではないし，合理的な選択・決定は行い得ない。

現代のキャリアの所有権

　筆者が2010年頃に行ったヒアリングでは，大企業に所属する50歳代以上の人はおおむね，社員個人のキャリアが組織に所有されている，と回答していた。ところが，大企業に所属する30歳代から40歳代の人の多くは，個人のキャリアが組織の所有物であるのか，個人の所有物であるのかは微妙であると答えていた。このことは，それぞれの人が組織に所属している時代を反映していたと考えられる。おそらく，30年以上前の大企業においては，組織は個人のキャリアをあたかも組織の所有物であるかのように扱っていたのではないかと考えられ，そうしたシステムが維持できなくなり，組織がその所有権を手放し，所有権の帰属が曖昧になってきているのが現状であると考えられる。個人を雇っている

組織の側も，雇われている個人の側も，どちらも個人のキャリアに責任を感じていないし，そのために個人のキャリアが有効活用されない宙ぶらりんの状態になっている場合さえある。外資系企業に買収された，古い体質の日本的な風土を持った企業に対して行った企業風土調査では，多くの社員が自由記述欄に「自分のキャリアを会社はどうしてくれるのかを明確にしてほしい」という趣旨の記述が多かった。その企業では，個人の能力の有効活用を目的の1つとして成果主義的な人事制度への変更を検討していた。また，所属する組織の性質の違いにより，回答に違いがある。大企業では前述の通りであるが，大学教員や経営コンサルタントのような職種では，キャリアを自分自身が所有していると答える場合が圧倒的に多かった。

所有権を考える枠組み

　ここで一般的な"所有権"の問題について考えてみよう。限られた情報しか得られないために合理的な判断が制約されてしまうことを"限定合理性"という。限定合理性の下で，組織や個人が最大の効果を得ようとする行動について分析を行う枠組みとして，所有権理論と呼ばれる枠組みがある。ここではコース（Coase, 1960）により提唱された所有権理論の枠組みを応用することによって，環境によるキャリア明確化の違いを整理してみたい。

　所有権理論の枠組みを応用する理由は，日本の組織では，誰が個人のキャリアを所有しているのかが曖昧になりつつあると考えられるからである。都留・阿部・久保（2005）が指摘するように成果主義賃金制度のもとでの雇用リスクの負担の増加や「キャリアの自己責任化（城，2005）」により，従来の年功序列型組織では曖昧に職務に帰属していた将来のキャリアを，個人が明確に意識し，自らがその所有主として，自らに対して帰属させなければならなくなったと考えられるからである。つまり，誰がほんとうにキャリアの所有権を持っているのかが重要になっているからである。所有権理論の枠組みを応用することによって，個人や組織にとって重要な資産であるキャリアというものについて考えることができる。

　所有権理論の中でも，特に，デムゼッツ（Demsetz, 1967）は，資源を効率的に利用するにあたって所有権を明確にし所有権の外部性を内部化することが重要であることを示している（他に Alchian & Demsetz, 1972; Demsetz, 1988, 1995; Demsetz & Lehn, 1985）。デムゼッツらの議論は主に組織や資産の所有権が明確

な場合にその効率的な利用が行われ得ることについて分析したものである。デムゼッツの議論では，たとえば組織のような無形なものであっても，その組織を所有し，それを利用する人がいる以上，それは誰かに所有されている財産である。さまざまな有形・無形の事象を資産として考えるデムゼッツらの議論が普遍性を持っているとするならば，個人の将来のキャリアを財産と考えることもできるはずである。そうした場合，その所有権を組織と個人が曖昧に共有するのではなく，当事者本人に明確に帰属させ，個人そのものに内部化した場合には，所有権を与えられた個人は将来のキャリアを自分自身のものとして効率的に利用しようとするために，明確なキャリア目標を持とうとするであろう。

年功制と成果主義でのキャリアの所有者

　菊澤（1997）は，上述の所有権理論に基づき，一般的な所有権の問題として，①財産の所有権の帰属先——帰属が個人であるか職務地位であるか，②財産の所有権の内容——明確であるか曖昧であるか，③財産の所有権の保持期間——長期であるか短期であるか，④財産の所有権の正当性——配分が公的であるか私的であるか，という4軸から所有権構造の分類を行っている。組織のなかの個人のキャリアを有効に活用するためには，所有権構造の4つの要素のうち，誰がどのような所有権を持っており，それを活用できるのかについて考える必要がある。第7章でみてきたように，日本でも年功的な制度から，より成果を重視した制度への移行が進んでいる。そうしたなかで，キャリアはどのような影響を受けるであろうか。

　個人のキャリアというものを資産として考え，上述の菊澤（1997）の分類を用いると，表10-2のようになる。所有権の保持期間以外は，すべて成果主義的環境下での方が当事者本人への所有権の内部化が大きく，そのために個人が明確なキャリア目標を持とうとすることになると考えられる。

大学生と社会人におけるキャリア目標の明確さ

　国内のキャリアの研究は学生を対象にしたものも多い。学生と社会人のキャリアの所有権の帰属の違いを，この所有権理論の枠組みを用いて比較すると，表10-3のように所有権の明確さの違いが大きくなる。キャリアの所有権の帰属先以外は，すべて社会人の方が当事者本人への所有権の内部化が大きく，そのために個人が明確なキャリア目標を持とうとするインセンティブは大きいと

表10-2　年功序列的環境と成果主義的環境での個人の将来キャリアの所有権

所有権構造	年功序列的環境	成果主義的環境
将来のキャリアの帰属先	組織と共有	個人に帰属する部分が大きい
将来のキャリアの内容	あいまいな内容	比較的明確
将来のキャリアの保持期間	近年は判断が困難	判断が困難
将来のキャリアの正当性	曖昧な保証	具体的職務と結びつき高い

考えられる。特に，将来のキャリアの内容が曖昧であるか明確であるかが，他の条件に対して先行条件として働き，内容が明確になってこそはじめて所有権の帰属先も，保持期間も，正当性も配分され得る。そのことから，“キャリアの内容”こそが，他の条件に比して，圧倒的に大きくキャリア目標の明確さに対して関連している。

属性によるキャリア目標の明確さの違いとキャリア支援

　幸田（2010a, 2010b）による調査結果では，年功序列に比して成果主義的な環境下での方が，自身のキャリアを自分のものと考え，キャリア目標が明確になる場合が多かった。もし，キャリア支援（キャリア開発のためのサポート）として役立つ資源が豊富であるならば，よりキャリア目標を明確に持つことができるという傾向がみられた。成果主義的環境下においては，年功序列的環境下に比べて，キャリア目標明確化に役立つ資源が乏しいか豊富であるかの違いが，キャリア目標の明確さの違いに対して影響しているという傾向である。それに対して，年功序列的環境下では，キャリア目標明確化に資する環境要因が乏しい場合にも豊富な場合にも，キャリア目標明確化への結びつきが，成果主義的環境下に比して少なかった。キャリアの所有権が組織の側にあると，個人は自分のキャリアを自分自身で左右できずに，キャリア目標を明確に持ちにくくなる。

　なお，**キャリア支援**（キャリア開発のためのサポート）として役立つ資源には，上司からの仕事のサポートやキャリアカウンセリングの実施，研修への参加だけでなく，仕事の能力や技術を身につける機会を実際に提供することや，本人のキャリアにとって模範になるような人の存在やキャリアの相談に乗ってくれる人の存在などがある。

表10-3　大学生と社会人における個人の将来キャリアの所有権

所有権構造	大学生	社会人
将来のキャリアの帰属先	個人に帰属	組織と共有する部分が大きい
将来のキャリアの内容	あいまいな内容 （圧倒的に重要）	比較的明確 （圧倒的に重要）
将来のキャリアの保持期間	短期間で変わる可能性	長期
将来のキャリアの正当性	低い	より具体的で高い

　大学生は，まだ学生であるという時点でキャリアの内容そのものが無に等しいものであったとしても，自分自身のキャリアを自分で何とかしなければならない状態に置かれている。しかし，大学生のキャリアがまだ不明確であることが多く，"キャリア"という言葉そのものの意味が大学生と社会人とで異なる。社会人では，キャリアをより具体的にイメージし，目標化することができるのに比べて，大学生では，キャリアの目標そのものが，より漠然と広がったものである。大学生の場合には，長期的なキャリアが曖昧であるために，自分自身のキャリアの模範や，自らが求めるサポート，相談などが抽象的であったり短期的なものにならざるを得ない。

7．キャリアカウンセリング

　キャリアカウンセリングは，第1章のパーソンズ（Persons, 1909）が行った職業紹介のように，米国に移民が移住したのにともなって，適切な職業を紹介するために発展した。それは職業ガイダンス（vocational guidance）を起源とし，ウィリアムソン（Williamson, 1947）によって始められた大学生の就職のための**職業適性のアセスメント**として発展した。

　VPI職業興味検査などのテストを用いて職業適性のアセスメントを行う目的は，単にパーソナリティ・タイプに合致した環境タイプの職業に就労させるというだけでなく，それぞれの仕事に適した能力の開発にも役立てようとすることである。特性や行動に焦点を当て，行動特性を分解して，行動改善にも役立てようとする考え方である。こうしたアセスメントの方法としては，コンピテンシーによる人事アセスメントを職務や職業の適性の検討に用いる方法が挙げられる（たとえばSpencer & Spencer, 1993）。特定の職務を遂行するために必要

な特性と，そこに将来配属しようとする労働者の現状での行動特性とのミスマッチを予測できれば，どのような教育訓練を行えば将来その職務に配属することができるのか検討できる。そのためには変わりにくい行動特性と教育訓練で変えられる行動特性とを見極める必要がある。

　現時点での行動特性を査定し，その結果を，将来のキャリアを設計するための資料として活用する手法は，職業選択や昇進・昇格における選別への活用が可能であるために，企業でアセスメント結果が参考資料に用いられることが多い。個々の能力を特性のレベルに分解し，分解されたそれぞれの能力特性を活用しようとする視点である。

　職業適性のアセスメントは，キャリアカウンセリングのなかで活用されることもある。**キャリアカウンセリング**には，就労経験のない学生などに対するキャリア・ガイダンスや，就労経験がすでにある転職者などに対する転職支援などがある。「パーソナリティ」からのアプローチと，「発達」からのアプローチ，「学習」からのアプローチのいずれのアプローチもキャリアカウンセリングに必要な視点である。カウンセリングを行うにあたって，アセスメントは重要である。ホランドのアセスメント理論は，「（a）キャリア発達およびパーソナリティの発達を促進すること，（b）キャリア発達が順調に進んでいない人を援助すること，および，（c）キャリア上の困難を解消すること」を目的として，発達や学習の視点も含んでいると自ら主張している（Holland, 1997）。

　発達的な視点からは，クライエントが現在，抱えていながら本人も気づいていない解決すべき発達課題が明らかになる。筆者はキャリアカウンセリングを行う際に，表10-1を手もとに置き，検討を行っていた。発達課題は，本人が自ら意識したり言及することの難しい問題であり，自分だけで改善への行動に向かいにくい問題である。

　さらに，学習理論からは，クライエントが今から何をすべきかの視点が得られる。たとえば，①行動を起こす準備，②行動の障害を乗り越える，③行動を起こすⅠ：キャリアの悩みをあらゆる種類の人に相談する，④行動を起こすⅡ：学び続ける，⑤行動を起こすⅢ：新しいことにトライする，⑥行動を起こすⅣ：プロジェクトに参加する，⑦行動を起こすⅤ：キャリアの幸運をつくりだす，（Krumboltz & Levin, 2004）などの，学習にむけた行動に焦点づけを行うことができる。

　しかし，今すぐに学習の機会に積極的に取り組ませることが必ずしもよいわ

けではない。心理的な疾病を抱えている人や理不尽な理由でリストラされたばかりの人に，今すぐ新たなチャレンジをするように責め立てることが必ずしも本人の成長に結びつくとは限らない。

第11章　消費者行動とマーケティング

公認心理師対応カリキュラムで含むべきキーワード ──────
消費者行動　消費者行動とマーケティング，消費者の購買意思決定過程，消費者行
　動の規定要因（個人差要因，状況要因，マスメディアの影響，消費者間相互作
　用），消費者問題と消費者保護，リスクコミュニケーション，企業活動

1．消費者行動

　消費者がものを買う際に，心のなかでどのようなことが起こっているのだろ
うか。**消費者の購買意思決定過程**について考えてみよう。じっくりいろいろな
情報を検討し，他の店やインターネットサイトなどを比較してから購入するよ
うな性質の商品を"買い回り品"という。一方で，そのような比較はあまり行
わずに近くの店やたまたま寄った店にあったものを買いたくなるような商品を
"最寄り品"という。買い回り品には，オーディオ・セットや釣り道具，自動
車や家具などがあり，最寄り品には，歯磨き粉やティッシュペーパー，メモを
とるためのノートやボールペンなどがある。一般的に買い回り品は高額で消費
者のこだわりが反映される種類の商品であり，最寄り品は低価格で日常使用す
る，さほどこだわりをもたれにくい商品である。

　商品を販売する側にとって，買い回り品は，消費者が慎重に品質やデザイン，
価格などを検討するので，商品そのものの設計や品質，それに見合った価格設
定が重要になるし，どこに行けばその商品が買えるのか，また，消費者が商品
を検討するために必要な比較を行えるのかどうかも重要になる。購入時に販売
員からのていねいな説明や推奨も重要である。また，消費者から，他の商品で
はなくこの商品を欲しい，と思われるような事前のイメージづくりを広告など
を通して行っておくことも販売につながる。一方の最寄り品の場合には，消費
者が商品ごとの違いをあまり意識しないことが多いので，価格が購入の重要な
判断材料になるし，手軽に買える近くの店に置いてあるかどうかが重要になる。

店内で消費者に"この商品"という個別性を認識させ，手にとったり，実際に購入する気にさせるためには，消費者に強烈な印象を残す必要があり，広告に工夫をこらしたり，目立つように陳列を工夫することが重要になる。

　テレビ CM などで，虫歯予防はトータルでケアしないと効果が薄いとか，この商品を使えば口内の雑菌を99.9％除去できるなど，安心や安全を求める消費者の心理にターゲットをあてて訴える手法もある。ただし，購買意欲は不快を感じる場合よりも楽しさを感じる場合の方が高まると考えられており，あまり消費者に不快感を抱かせるような押しつけがましい商品広告は逆効果になることが多い。その他の広告手法としては，極めて印象の強いタレントを起用し，商品名や商品の特徴を消費者に印象づけるという方法も用いられる。陳列による印象づけの工夫としては，歯ブラシに棚の1列や2列を使うだけでなく，同じブランドの商品をまとめて陳列して，消費者が歯ブラシだけでなく，同じブランドの歯磨き粉，口内洗浄液もいっしょに買いたくなるようにするなどの方法がある。また，このような統一ブランドや系列商品を設定できない場合に，単一の商品を買いたくなるように消費者心理を動かすために，たな置きではなく，列かごやバケツに山積みにし（ボリューム陳列），低価格をアピールするという手法もある。この場合には，設定した価格が低ければ，山積みにすることで大量に安く販売しているというイメージをつくることができ，消費者が買い求めやすくなる。

　メーカーとしてはできるだけ販売店にやらせたくないことではあるが，販売店が集客のために，チラシに原価割れの低価格で特定の商品を掲載することがある。チラシを見た消費者は，低価格に惹かれて販売店を訪問し，得をした気になり気前がよくなるので，店内でたまたま目についた他の商品も買いこむことになる。

店舗でのパソコンの購入

　このように，最寄り品については手っ取りばやく手に入ることが重要であり，また，何らかの印象に残っている商品が購入されやすい。それに対して，消費者は買い回り品を慎重に購入する。すなわちより心理的に複雑な段階を経て購買に至るということでもある。ある大学生のパソコンの購入を例に，買い回り品の購買プロセスについて考えてみよう。

購入前

　まず，第一に，何かの理由でパソコンを新たに購入したいと思う。この場合には，卒業論文を作成するために，文献やデータの検索，統計処理の機能が充実したパソコンが新たに必要になったとしよう。またできれば，これまでに撮った写真の整理や保存にも使いたい。さらに，仕事をしながら音楽をかけたり画像を見るといったこともできた方がよい。大学への通学の途中に電車のなかで使えた方が便利そうだ。こうしたことを考えて，次に，どんなパソコンを買うのかをだいたい決めることが多い。事前にインターネットや知人の意見，広告などをみて，自分が買うパソコンのイメージをもう少し明確にしようとする。

購入イメージと購入

　次に家電量販店に行き，そこに陳列してあるパソコンを比較する。その際に，陳列してある商品が事前にイメージづくりをしていた要件を満たしているかどうかを検討する。あらかじめのイメージとしては，たとえば，電車移動の際にも使用するので，バッテリーは最低でも何時間必要だとか，パソコンの重量が軽い方がいいとか，落としても壊れにくい方がいい，画面サイズは何インチ以上，また，処理速度や，基本的なソフトが装塡されているかどうか，Blu-rayドライブが付いているかどうか。データの保存容量は最低でもこのぐらい必要であるが，あまり値段が高くなるようであれば，それはSDカードなどで代替できる，などである。

　この例では，ある家電量販店に行き，陳列してあるパソコンを見ることにした。するとパソコンごとに，上述の期待する要件がそれぞれ異なっている。思いもしなかった聞いたことのないメーカーや外国のメーカーのものもあった。記憶容量がそれぞれ違ったり，ドライブもDVDディスク対応なのか，Blu-rayディスクにも対応しているのか，重量が特段に軽いものもあり，これなら持ち運びに便利そうだったが値段は比較したなかで一番高かった，などである。だいたい，自分の期待する要件をそなえていそうなパソコンはその店に6種類あった。この中からどう選ぶかを考えなければならないが，そのときにふと，かつて，通信販売のCMでもっと安くてもっとよさそうなパソコンを期間限定で宣伝していたようにも思えた。

買い回り

　もしかしたら，いまいる店のすぐ近くの他の家電量販店では，CM の価格に近い値段でパソコンを売っているかも知れない。あわててこの店舗でパソコンを買ってしまって，あとで調べて他の店の方が安かったら後悔してしまう。もともと，時間があったら見てみたいと思っていた店があと 2 軒ある。そうだ，もう 1 店舗だけ，比較のために行ってみよう。このように，途中から買い回りを決める場合もあるし，あらかじめ何店舗かを見て回ろうと決めて店舗を回る場合もある。他の店舗に行くと，そこにも 4 〜 5 種類，自分が期待する要件を備えたパソコンが陳列してあった。しかし，どの商品もそれぞれの要件が微妙に異なり，本当に分からくなってしまった。店員に相談すると，勧めてくれたパソコンは，ちょっと自分が考えている要件のバランスとは違うようだ。

意思決定

　こんどの店では，販売員が熱心で，しきりに「重量が軽い方がいい，他のパソコンに比べて値段が高いのですが，この価格でこの軽さというのは他のメーカーにはできない価格設定です」といって，一番軽いパソコンを推薦してきた。また，このパソコンは他のメーカーのものに比べて壊れにくいのだという。「さっき行った店の値段と，もう一度，比較してみたい」というと，「上司に大幅値引きの相談をしてきます」と言って，時間をかけ，戻って来たときに「特別に 1 万円，値引きします」とのことであった。結局，この 2 軒目の店のいちばん軽いパソコンを買った。

購入後

　家に帰って考えてみると，あらかじめ考えていた価格を超えてしまった。また，バッテリーの持続時間も少なめで，旅行などの長時間の移動には向かないかも知れない。それから，事前に考えてはいなかったが，USB メモリーの装着口が 2 つしかないのも少し不便かも知れない，ということに気づいた。1 か月経ち，使っているうちに不安も払拭され，なによりも重量が軽いので便利であり，常に持ち歩くようになった。この感想を SNS で公開したところ"いいね"のマークをつけてくれる人が多く，すこし嬉しくなった。

2．消費者心理

　それでは，ものを買う際に消費者の心の中ではどのようなことが起こっているのだろうか。個々の消費者はそれぞれがパーソナリティ特性をもった"人間"である。そのために，具体的な消費者"行動"の特徴も自身のパーソナリティ特性からの影響を受ける。たとえば，Big 5（Costa & McCrae, 1989）の神経症傾向（neuroticism）という特性が高ければ衝動買いのような消費者行動が多くなり，開放性（openness to experience）が高ければ新製品を試してみることが多くなる，などが考えられる。

　また，精神分析の発達への視点から消費者行動を解釈することもできる。発達上の肛門期は，幼少期に排便のコントロールを学ぶ時期であり，欲求を我慢することと，そこからの解放の快感を理解する時期である。躾けがきびしすぎてこの時期に心理的に固着してしまうと，糞便の代わりに金銭の使用を我慢し，金銭を貯めこむ傾向があるという。反対に躾けが徹底されていないと，金銭を貯めずに使う傾向が生じると考えられている。

　個人の基本的なモチベーションも消費者行動に影響する。消費者行動の説明に関しても，第3章でみてきたモチベーション理論が用いられる場合が多い。たとえば，マズロー（Maslow, 1954）の欲求五段階説である。ある人が基本的な生活用品を購入しようと思うのか，あるいは社会的な活動（友人たちと遊びに行って一緒に楽しみ，親睦を深めることなど）に関連するサービスを購入しようと思うのか。高級スーツを買って貫禄があるように見せたいと思うのか。あるいは理想的な自己をめざして資格や語学の講座に通いたいと思うのか。これらは，欲求のどの段階を満たしたいのかによって影響を受ける。親和動機が高ければ，バーベキュー用品やパーティー用品，友人を招いてのお茶会のためのコーヒーカップのセットを購買しようと欲するであろうし，パワー動機が高ければ，自身の地位を表したり高く見せるために，高級自動車や高価なコートを所有しようとするであろう。

　第2章では学習理論についてみたが，パーソナリティの形成にいたるほど大きなものではなくても，消費者にとっての学習は，日常的に行われている。ある商品が別の商品よりも使用感がよければ，または実用性が高ければ，その商品を次も買おうという条件づけがなされることになる。つまり，使用感のよさ

や実用性の高さがその消費者にとっての報酬（reward）となり，行動への正の強化（positive reinforcement）がなされる。商品への期待は以前の購買経験から形成されるが，その期待以上の結果が新たな購買経験から得られれば，消費者にとっては報酬と感じられ，その購買行動は強化される。そのために，企業は絶えず商品を改良したり，サービスを向上しようとする。

　また，広告や販売員にどうも騙されたような気がするなど，不快な結果が得られれば，それは心理的な罰（punishment）として作用する。そのために購買行動が消去されることもあれば，他社製品の購買による不快感の除去によって負の強化（negative reinforcement）が起こり，他社製品の継続的な購買につながることもありうる。学習は自らの経験だけでなく，観察学習（Bandura, 1965, 1968, 1969, 1985; Bandura & Walters, 1977）からも行われる。たとえば，あこがれる有名人がテレビCMの中で美味しそうにビールを飲み，「ほんとに，うまい！」と言っているのを観ると，自分自身も同じ喜びを感じたくなり，そのビールを購入したくなる。そのために，広告では有名人が購入の結果を楽しんでいる様子を提示することが多い。

　広告だけでなく，親しい友人や家族が購入を楽しんでいる様子を見ることで，自身も同様の行動をしたくなる。ソロモン（Solomon, 2013）によると，観察学習を生じさせるためには以下の条件が必要である。

　1．消費者の注意は，適切なモデル，つまり魅力，能力，地位，類似性などの理由から真似したくなるようなモデルに向けられなければならない。
　2．消費者はモデルの言動を覚えていなければならない。
　3．消費者はこの情報を行動に転換しなければならない。
　4．消費者はこれらの行動をとるように動機づけられなければならない。

消費者の知覚と注意，および広告の注視とスキップ

　広告は消費者に認知されてはじめて需要を喚起することに役立つ。そのために消費者に注目されたり記憶されるように工夫を凝らしたものになる。人は，刺激を選択的に知覚したり，選択的に記憶する。知覚や記憶にはそれぞれの閾値（threshold）があり，閾値以下の刺激は知覚されないし，記憶に残されない。また，関心や欲求，パーソナリティや感受性などによって，閾値には個人差がある。広告刺激が消費者の知覚や記憶の閾値を超えるように，自社の広告を際

だたせて刺激の強度をあげ，何度も刺激を与えることによって刺激の持続性をあげる必要がある。

　しかし，刺激が強すぎたり趣味が悪い，嫌悪感を惹起する，または提示回数が多すぎて煩わしさや邪魔であるなどと感じられる場合には，逆効果になることもある。または，見慣れてしまい刺激としてあまり有効でない状態になる（馴化してしまう）こともある。

　特に，テレビCMでは，放送時ではなく，ハードディスクなどにいったん落としたものを，後で視聴する場合も増えており，その際には広告は飛ばされてしまうこともある。こうしたことを避けるために，テレビCMに具体的な利害情報を込め（これだけお得です，など）たり，広告内容に連続したストーリーをつくって視聴者をひきつけようとする（CMの主人公の家族という設定の人物が出てきたり，主人公が結婚して家族がふえたりなど，そのCM自体がストーリー性をもって展開していく）などの工夫もみられる。

ニーズとウォンツ

　ニーズ（need）とは「基本的な生物学的必要」によるもので，ウォンツ（want）とは「社会がニーズを満足させるための方法として教えるもの」を表わす（Solomon, 2013）。たとえば，喉がかわくというニーズが生じた場合，そのニーズが購買行動に結びつくためには，缶コーヒーが喉のかわきを癒すという広告が示されたり，自らの経験に教えられた結果として，ニーズがウォンツとして意識される。

　消費者は商品やサービスの購買を決定するにあたって，図11-1のプロセスを経る（Kotler & Keller, 2006）。まず，問題を認識し，ウォンツやニーズを感じることになると，具体的なウォンツを検討するために情報探索がはじまる。その際に利用できる可能性のある情報源は，家族や友人などの個人的情報源，広告やウェブサイトなどの商業的情報源，新聞・雑誌の客観的な論評や消費者団体による評価などの公共的情報源，試用や試食，知人から借りて使うなどの経験的情報源がある。または，商品によっては，たとえば清涼飲料水のように，目の前の自動販売機がウォンツを惹起する，ということもある。もし可能であれば，単一の商品だけでなく，代替品の評価を行い，購買決定にいたる。さらには，購買後に満足を感じたり不満を感じたりした後，引き続き使用したり継続して購入するかどうか，また，商品使用の感想を知人に言うかどうかといっ

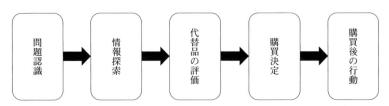

図11-1　購買決定プロセス（Kotler & Keller, 2006, 邦訳書, p. 239）

た，購買後の行動が続いていくことになる。

　アンダーソン（Anderson, 1973）によると，購買後の感想は，次のようになる。まず，客観的な品質に比べて購買前の期待が少しだけ高い場合には，あらかじめ持っていたその期待にあわせて主観的な事後の満足度の評価は高くなる。これは事前の期待と，事後の感想との認知的不協和の解消（Festinger, 1957）が起こっている状態である。しかし，購買前期待があまりにも高すぎる場合には，客観的な品質とのギャップが大きいことからがっかりしてしまい，購買後の満足度は下がってしまう。次に，客観的な品質に比べて購買前期待が少しだけ低いと，あらかじめ持っていたその期待の低さにあわせて主観的な事後の満足度の評価が下がってしまう。しかし，購買前期待があまりにも低すぎる場合には，客観的な品質が予測に反して高いと感じられ，事後評価が上がる。

3．消費者行動に心理的影響を与える要因

　さまざまな要因が**消費者行動の規定要因（個人差要因，状況要因，マスメディアの影響，消費者間相互作用）**となる。

個人差要因
　個人的な知覚の特性，たとえば，色彩に対して敏感かどうかや動体視力の高さは消費者行動に影響を及ぼす。広告の提示時間が短い場合や，動く列車から見た看板などに対する反応には個人差がある。また，美意識の違いは商品に対する好悪の感情の差を生みだす。知覚的な特徴だけでなく，家族や準拠集団，勤務先や仕事，これらの中での個人的な役割や位置づけ，年齢，個人のパーソナリティやこれまでに学習してきた事柄によっても商品に対する好みや消費者行動は影響を受ける。

状況要因

　消費者行動はパーソナリティだけでなく，外的要因からも影響を受ける。商品情報が豊富にあれば，購買意欲は刺激されるが，情報が少なければ購買意欲が喚起されるチャンスは少ない。また，そもそも商品情報にふれることがなければ，その商品そのものの存在すら認識できない。気候などの自然状況からの影響も受ける。冷夏であればエアコンの売上が下がり，酷暑にはエアコンがたくさん売れるようになる。天気予報で週末は大雪になりそうだとの警報がだされれば，除雪用のスコップや除雪剤が売り切れることになる。鳥インフルエンザや新型コロナウィルスの感染が流行すれば，マスクや消毒液が売り切れになる。また，政府などから外出自粛要請をされて自宅にこもる必要があるということで，トイレットペーパーなどの日用品まで売り切れになることがある。状況要因に対する消費者の感受性の大小や傾向は，前述の個人差要因によって左右される。

　店頭での併せ買い販促陳列と呼ばれる手法によって，購買者が特定のものを買いに行ってついで買いをしてしまうこともある。チーズを販売する棚にワインを置いたり，逆に酒の売り場につまみ類を置くこともある。また，なべ料理の素となるレトルト食品の棚の隣に野菜などの具材を陳列するなどである。消費者が夕食の内容を考えずにスーパーマーケットなどに入った場合には，そのような陳列を見て衝動買いをすることがある。スーパーマーケットなどでは，単価が低く，事前には買うことが思いつかないようなお菓子などをレジ近くに陳列し，レジ待ちの間に買いたくなるようにしむけることもある。

　衝動買いを喚起する手法は，コンビニエンス・ストアなどでもみられる。コンビニエンス・ストアには飲料を買う目的で入店する顧客が多いことから，飲料類を店舗の奥に陳列し，それを手に取った顧客がレジや出口に向かう経路にある棚の眼の高さにスナック菓子などを陳列し，衝動買いしやすい状況をつくることが多い（衝動購買に対して，顧客がもともと買うものを決めて行う購買活動を計画購買という）。商品の陳列は各店舗が主導して行うが，コンビニエンス・ストアのように販売を中央で管理し，どのような陳列がどの商品にどれだけの売上変化をもたらすのかを分析するような場合には，各店舗（フランチャイジー：franchisee）ではなく店舗運営のノウハウとブランドを集権的に管理する本社（フランチャイザー：franchisor）の側で陳列を決めることがある。陳列例を各店舗に画像で送り，その通りの陳列を指示することになる。また，各商品の

メーカーのセールスパーソン（salesperson）が，自社商品が目立つように，各店舗の責任者と相談して陳列を変えることもある。その場合には，ある会社のセールスパーソンが陳列棚の入れ替えを行って自社商品を前に出したり陳列スペースを増やした後，別のメーカーのセールスパーソンがまたその棚の陳列を入れ替えるということにもなる。

　標準的な顧客の動きを観察し，その歩く経路を想定し，購買意欲を喚起させたりスムーズな買い物を可能にする手法を，動線管理という（動線管理は販売場面だけでなく，物品の製造段階での作業員の効率的な移動のために行うこともある）。一般のスーパーマーケットなどでは，ほとんどの場合，客が商品の陳列場所に近づいて買物カゴに入れて買うので，その商品が買われるか否かは，まず，その付近を客が通るかどうかにかかっている。すなわち，店舗内で歩きまわる距離（動線距離，動線長）が長くなればなるほど，陳列商品の知覚機会が多くなる（濱，1996）。

マスメディアの影響

　不特定多数に対して効率的に商品情報を提供するために，テレビ，新聞，ラジオ，雑誌などのマスメディア（mass media：大衆媒体）が活用されることがある。販売側によるマスメディアの利用は，広い意味で状況要因への働きかけの1つであると考えられる。テレビによる広告（テレビ・コマーシャル：television commercial）は，到達する対象者の数が多いが，説得的な詳しい広告にはなじまない。それに対して，雑誌広告は，到達する対象者が絞られるが，説得的な詳しい広告を掲載することが可能である。特に，オーディオなどの趣味のための専門誌や対象読者の年齢やライフスタイルを絞り込んだファッション雑誌などでは，読者数はテレビなどに比べると格段に少なくなるが，特定の事柄について興味を持つ読者が購読する傾向が高いので，到達対象に無駄が少なく，詳細な情報を記載しても読者の関心が離れにくい。一般に，到達数が大きければ，詳細な情報の提供には不向きになり，到達数を絞り込めば，詳細な情報の提供が可能になる。また，テレビは圧倒的に広告料が高額であり，小規模な雑誌ほど広告料は安くなる。最近ではCATVなどで詳細な商品情報を24時間流し続けるテレビ・ショッピング専門チャンネルなどもある。

消費者間相互作用

　個々の消費者は孤立しているとは限らない。近所の主婦から勧められて衣類用の洗剤を買ったり，普段は行かないスーパーマーケットの野菜を買ってみたりする。買った感想は親しい友人や親せきなどに伝えることもある。好意的な感想もあれば，二度と買いたくないなどといった否定的な感想の場合もある。好意的な感想は，自分が好意をもつ人に強く商品を勧めることに結びつきやすい（第4章でみたハイダーの認知均衡理論を参照）。また，否定的な感想に怒りをともなう場合には，多くの人に言って回ることになり，商品提供者の側にはマイナスの広告効果が生じてしまう。また，広告は広告を出す側が自身のために出しているのに対して，消費者間の口コミには商品を売り込んで儲けてやろうという意図がない場合が多く，そのような意味で客観的な意見として受け取られやすく，広告よりも信頼度が高いと感じられる。最近では，SNS（social networking service）やインターネット（internet）を通して消費者の感想や意見が広く拡散するために，商品提供者の側も，これらの新しいメディアを商品モニターのようなかたちで活用し，好意を持ってもらい，さらにはその感想を拡散してもらおうと工夫しはじめている。

4．商品提供者の側の視点

　提供者は誰に向けて商品やサービスを提供しているのか。パソコンを使いそうもない人にむけて一生懸命に広告をしたり店頭で説得しても効果は薄いだろう。赤ちゃんにパソコンを買わせようとしても理解はしてくれない。その商品を買えるだけの収入があり，しかも，その商品を使いそうな相手の方が買ってくれる可能性は高い。

　買ってくれそうな相手の1つは既存顧客である。すでに商品を買ってくれている人であれば，古くなった商品を買い替えてくれるかも知れない。また，新しい機能が追加になった場合にも新しいものに買い替えてくれるかも知れない。すでにパソコンを使ったことのある学生であれば，次に買い替えるときにはどんな機能があれば便利か，どのくらいの値段なら買いたいと思うのか，すでにある程度のイメージを持って買いに来る。何度めかの買い替えであれば，どんな機能のどんな値段のものをどこで買うのかをだいたい分かっており，買った後でこんなはずではなかったという後悔も少ないであろう。

　販売する側としても，いつもその商品やサービスを購入し続けてくれている相手に提供を続けていれば，まったく自社商品を知らなかったり買ったことのない顧客を探して説得する手間が少なくなる。一般的に新規顧客開拓は既存顧客に対する販売の7〜8倍のコストがかかるといわれており，すでに自社の商品やサービスを熟知している顧客に売る方が効率がよい。特に，売上の上位20％の顧客から約80％の売上金額があがっている場合が多い（80対20の法則）といわれている。そこでお得意様をつなぎとめるためにさまざまな付加的なサービスを提供することがある。しかし，既存顧客だけを相手にしていたのでは，その顧客が購入をとりやめた場合に販売先が先細りになってしまう。そのために手間やコストがかかっても新規顧客の開拓を行い，その顧客がお得意様として定着することをめざして活動をすることが重要になる。

　だれが自社の商品やサービスをたくさん買ってくれそうか，ねらいを定めて販売活動や新規顧客開拓の活動を行っていく必要がある。買ってくれない相手に一生懸命働きかけても無駄な努力になる。買ってくれそうな人たちと，そうでない人たちを分類する必要が生じる。

消費者の分類

　それぞれの国や組織にはそれぞれ特有の文化がある（詳細は第5章）。ほとんどの人が強い香辛料を好む国や地域もあるし，辛いものがほとんど食べられない人が多い国や地域もある。お風呂に毎日入ることが常識であるとされる地域もあるし，シャワーを浴びることが主である国や地域もある。普段の交通手段は電車が主である地域や，自動車である地域，二輪車が主な交通手段になっている地域もある。髪の毛を隠すために女性が被るヒジャーブ（またはヘジャブ）は，国内にほどんどイスラム教徒のいない国や地域ではあまりみられない。国や地域が異なれば，生活スタイルも異なるし，何を食べ，どんなものに囲まれて生活しているのかも異なる。したがって，売買されるものも異なる。

　国や地域，年齢や性別，社会階層などによって消費者行動は異なる。

消費者行動を規定する要因

　人が物やサービスを消費する活動に影響を及ぼす事柄は，文化だけではない。年齢，性別，経済階層，居住地域，職業や学歴などの明確な人口統計学（デモグラフィクス，demographics）的な要因によって一般的な購買行動が異なる。

また，これらの要素が複合して典型的なライフスタイル（lifestyle）を構成する。飽戸（1985）はものを売る際に有効なライフスタイルをもつ対象として，新しいものに飛びつく「イノベーター」，特定の分野でその次ぐらいに新しいものを購入し，しかも常識もあり皆から信頼されている「オピニオン・リーダー」の重要性を指摘している。また，ライフスタイルそのものとして，「仕事・余暇パターン」，「流行意識と流行実態」に対する感度の高い人と低い人，「情報志向性」の高さ，情報への敏感さというだけでなく，より広く外界に対して積極的に反応していこうとするか自分を変えたがらないかという「センシティビティとリジティティ」，実際の所得水準や客観的階層とは別に，自己イメージとして考える「階層帰属意識」，をライフスタイルをかたちづくるものとして規定している。「センシティビティとリジティティ」は定義上，第2章でみてきた性格特性の分類法であるBig5の外向性（extroversion）という心理的特性が強く影響していると考えられる。

5．消費者への対応

　企業活動とは，世の中に便益を提供するための組織的活動である。当然，消費者に対しても便益を提供している。米国の百貨店であるノードストローム（Nordstrom）社は，ホームページで，「We have one goal: Make customers feel good.（私たちの目的は1つ：お客様によい気分になってもらうこと）」という言葉を掲げている。それでは，消費者は何を便益と感じるのだろうか。一般的に，生存に必要な水や食料から装飾品，それにレジャーまで，その時々に求めるより豊かな物質やサービスの提供を安価に，しかも欲するときに提供されれば，消費者は便益を感じることになる。

　第1章でみてきたように，20世紀以降は，交通網の発達や，いろいろなものの生産の材料，生産過程，作業手順が標準化され，大量生産が可能になり，消費者が便益を感じるような商品やサービスの提供を比較的即座に受けることが可能になった。また，大量生産にともなう価格の劇的な低下によってさまざまなものが社会にいきわたり，現代の生活の豊かさをもたらした（大量生産と価格低下については，第12章で検討する）。大量生産は大量消費が存在することによってはじめて可能になる。そのために，企業間競争の中で，大量に自社の製品を売る技術が発展した。それがマーケティング（Marketing）である。米

国・マーケティング協会（American Marketing Association, 2017）によるマーケティングの定義は，以下の通りである。

　　マーケティングとは，顧客や依頼人，そして一般の社会にとって価値をもつもの，すなわち提供すべきものを，創造し，コミュニケーションをして，届け，交換するための，一連の組織的な活動である。（筆者訳）

　特に，消費者に焦点をあわせて，**消費者行動とマーケティング**を結びつけ，何が消費者にとって価値を持つのか，また，いつどのように交換すべきかを理解するための活動が，マーケティングのための調査，マーケティング・リサーチ（marketing research）である。消費者行動を分析するための手法としては年齢，地域，職業などの視点から階層をつくり，それぞれの社会集団を分析する社会学的な手法と，個々の消費者の心理や行動を分析する心理学的な手法が活用される。心理学的な手法としては，質問法（個人面接，電話質問，郵送質問，質問紙を手渡して後日回収する留置法），観察，実験，動機調査（深層面接，集団面接，投影法の利用）がある（野口・塩田，1988）。最近では質問紙の代わりにweb 調査が主流になっている。

製品・価格・流通・広告

　価値を提供するために企業が活用すべき要素にはどんなものがあるだろうか。マッカーシー（McCarthy, 1960）の４Ｐとよばれる分類がよく活用されている。これらの４Ｐはすべて整合している必要があり，ブランドや商品イメージや購買への意思決定に影響する。

製品やサービス（Product）

　人々が対価を払い購入しようとする対象。機能，品質，ネーミング，デザイン，パッケージング，サイズも含む。たとえば，ディズニーランドの入園を商品として売り出す場合，１日券として売り出すか，夜間だけの入園券として売り出すか，乗り物つきか，入園だけか，などの商品設計があり得る。

価格（Price）

　製品・サービスの購入に必要となる金額。現金，カード，銀行振込などの支

払い方法や，割賦販売などの支払期限や融資などの支払条件。販売する地域，店舗，時間，量などによって割り引き料金になったり，割り増し料金になったりすることもある。また，現金かキャッシュレスかによって金額が異なる場合もある。典型的には，クレジットカードによる引き落とし日の設定や，ポイントの付与による実質的な割引，キャッシュレスの場合での現金還元などがある。

　価格設定には主に３つの方法がある（三浦，2011）。①コスト志向型価格設定（コストプラス法や損益分岐点法など），②需要志向型価格設定（需要マイナス法＝売れる価格を調べ，利益を引いて仕入れ値を決める方法や，各種差別価格，消費者心理を考慮した価格設定），③競争志向型価格設定（実勢価格への追随や入札）。また，新製品の場合には，①上澄み吸収価格戦略（はじめに高価格設定をしてできるだけはやく研究開発費などを回収するための価格設定），②市場浸透価格戦略（低価格で市場を開拓しておき，市場支配を達成してから十分な利益を回収するための価格設定）などがある。また，特殊なものとしては，レザーブレード（Razor Blade）商法といい，プリンターなどの本体価格を安く設定し，消耗品であるインクで利益を回収したり，かみそりなどの場合には替刃などで利益を回収する手法がある。

販売促進（Promotion）

　販売促進には，次の３つの目的がある。①製品・サービスの存在を知らせる，②製品・サービスの有用性，使用方法や他の類似物との違いなどの特徴を知らせる，③潜在購入者に対する情報を伝達することである。これらを行う手段として，製品をまさに押し込むためのプッシュ（push）戦略としての①販売促進（特売，クーポン，サンプル，実演販売など），②人的販売（セールスマン，営業など）。消費者を商品に向けてひっぱり込むためのプル（pull）戦略としての③広告（TV広告，新聞広告など），④パブリシティ（TV番組，新聞記事など）の４つがある。

場所や流通経路（Place）

　消費者の時間的・地理的な制約を短縮するための活動。消費者の購入への利便性を高めるための流通経路や販売場所の選択。たとえば，店頭販売か通信販売か訪問販売か，または自動販売機かインターネットによる販売かなどである。また，直販か，代理店経由か，問屋経由かなど。あるいは，自社で直送するか，

配送会社を活用するかなどの選択肢。また，商品特性にみあった販売場所で売ることも重要であり，高級ショッピング・センターで売るのか，一等地に単独の店舗を構えてそこで売るのか，または，百貨店で売るのか，大衆的な量販店で売るのか，またはコンビニエンス・ストアやドラッグ・ストアで売るのか，などである。自動車のようにメーカー専属の販売店で売る方法もある。

6．ブランドと消費者

　消費者が製品やサービスに対して満足すれば，次回の購入でも，再度，同じ商品を購入したいと考えるようになる。また，感想を他人に伝える。そのために顧客満足を維持し，向上することが重要になる。その際に，消費者が一度購入した商品と同一の商品であること，または，関連する商品であることがわかるようにしておく必要がある。そのために，商品に付与されるのがブランド（brand）である。ブランドとは，商品名や品質，パッケージ，広告や販売場所などを他社製品と区別するために際だたせようとして設定されたものである（Aaker, 1991）。また，ある商品分野でブランドが高く評価された場合には，関連商品にも同じブランドを設定して，高く評価される商品の威光（halo）効果を活用しようとすることがある。そのために，同一のブランドのもとに製品ラインを拡張してファミリー・ブランド（family brand）化し，商品名，ロゴマーク，パッケージなどを統一する場合がある。ただし，この場合には，同一ブランド内に低い評価しか得られない商品が混ざっていると，ブランドの価値は毀損されてしまい，全体のイメージが低下してしまうことになる。

ブランド・エクイティ

　ブランド・エクイティ（Brand Equity）とは，ブランドの資産と負債の集合である。ブランド・エクイティは，①ブランド・ロイヤルティ，②名前の認知，③知覚品質，④知覚品質に加えてブランドの連想，⑤知的所有権など，から構成される。（以下「知的所有権など」まで，Aaker, 1991, 1996）

ブランド・ロイヤルティ

　ブランド・ロイヤルティ（brand loyalty）とは，顧客がそのブランドに対して忠誠をつくすかのように大切にすることである。このような顧客からの製品

やサービスに対する意識は，製品を提供する企業やブランドそのものにとって重要な資産になる。

名前の認知

人々はよく知っているブランドだと安心して購入することが多い。

品質知覚

ブランドは特に品質に結びつくことが多く，特に金銭的な価値を連想させる。

連想の集合

ブランドは消費者にとってのさまざまなイメージに結びついており，ブランドを構成する個々の要素も結びつきをもっている。

知的所有権など

ブランドを構成する要素として，特許を保有している固有技術や，商標権をもっているロゴ・マークや商品名，また，特約店などの契約で関係が守られた販売経路・専用の販売店などもブランドを守るための重要な資産である。

ブランド・メッセージの解読と信頼性

平均以上のサービスを提供できる自信があれば，企業はブランドを設定して購買経験を商品そのものに関連づけようとする。高級な宝飾店やブランド・ショップでは，入口に警備員のようなドアマンを配置して，店そのものの高級感やそこで販売する商品の高級感を印象づけようとするが，それが必ずしも顧客に高級感を感じさせるものではなく，店への入りづらさや親しみのなさを感じさせるだけになってしまう場合もある。そのために，あまり威圧的にならないようにドアマンの容姿を慎重に選んで配置することになる。

企業がブランドというかたちで消費者から好意を得られるようなメッセージを発信しても，消費者の側がそのメッセージを発信した通りに受け取るとは限らない。一般的に，メッセージは送り手から，背景となる文脈や付加情報とともに受け手に送られる。その際に，受け手の側が送り手の持つ背景情報や文脈を理解できなかったり，また，受け手が異なる背景情報や文脈からメッセージを解読すると，送り手の意図どおりには正確に理解されない。また，メッセー

ジそのものが送り手の伝えたいことを十分に含んでいなかったり，余計な夾雑物（noise）が含まれている場合にも，メッセージは正確には伝わらない場合が多い。受け手は送り手からのメッセージを受け取ってからそれを自身の参照枠に照らして理解する。

ブランドの管理

　ブランドは顧客に対する約束であり，強いブランドは顧客に対して強い約束を期待させる。顧客がブランドに対する期待を裏切られたと考えれば，顧客は離れていき，期待どおりだったり期待を上回るものであると認知されれば，顧客のブランド・ロイヤルティは高まる。アーカーとヨアヒムスターラー（Aaker & Joachimsthaler, 2000）は，管理すべきブランドの要素として，①ロゴ，シンボル，②パッケージ，③ブランド・アイデンティティ，④ポジショニング，⑤広告テーマ，⑥広告の実践，⑦ウェブ戦略，⑧プロモーション，⑨価格戦略，⑩地域スポンサー活動，を挙げている。

伝道者とテロリスト

　消費者はそれぞれのブランドや商品，それらを提供する企業に対してどのような態度を示すのだろうか。ジョーンズとサッサー（Jonse & Sasser, 1995）は，顧客を伝道者，傭兵，人質，テロリストに分類している。伝道者は，ロイヤルティが高いだけでなく，それを他人に勧めるほど満足度が高いので，社外の宣伝員・営業員のような役割を果たしてくれる。傭兵は，満足度は高いのだが，たとえばもっと安いサービスが出てくると，心変わりする。人質は，不満たらたらだが，他に代替できるものが少ない，あるいは，ない。テロリストは，選択肢をたくさん持っており，どんどん変える。しかも，あらゆる機会を利用して，前に利用したサービスの不満を言い触らし，切り換えを進める（Heskett, Sasser, & Schlesinger, 1997）。

　それでは，顧客満足（customer satisfaction）はどのようにしたら上げることができるのだろうか。シュナイダーとボウエン（Schneider & Bowen, 1995）は，サティスファクション・ミラー（satisfaction mirror）という考え方を提示している。この考え方に基づけば，従業員の満足度は顧客満足度に強く影響する。不満をもっている従業員は積極的に顧客の役に立とうとはせず，企業や経営に満足している従業員は顧客を満足させようと積極的に努力する。顧客満足の向

上のためには，商品やサービスを提供する従業員のパーソナリティ，モチベーションと満足，自身が販売している商品や組織に対する感情といった販売側の心理的な要因も重要である。

7. 消費者をとりまく環境

　Amazon などのインターネット上のショッピング・サイトは国際的な展開をしており，それを通して海外の商品が手軽に手に入るだけでなく，商品使用の感想など，消費者が発信する意見も見ることができる。また，Facebook や Twitter，Instagram などの SNS を通してさまざまな国籍の人が自国にいながら海外の人たちと自由に意見を交換しあっている。個々の消費者が自由に商品情報を交換することも可能である。メッセージを消費者どうしで横展開できる。この状況を水平的革命（horizontal revolution）という（Solomon, 2013）。消費者の感想は，場合によっては瞬く間に世界中に伝わってしまう。

　また，スマートフォンなどのデジタル・メディアで音楽を画像とともにダウンロードし，持ち運び，視聴できるようになったために，音楽は単に聴くだけのものではなく，ダンスなどとともに視聴するものになった。また，それが街のレコード屋さんや CD ショップではなく，自宅などでダウンロードできるようになったために，品切れでレコードや CD が置いていないなどということもなく，従来に比べて格段に入手が楽になった。そのために，楽曲の普及は世界規模に広がりやすく，日本独特の音楽（たとえば J-pop）や韓国のアイドル・グループがアジア各地で熱狂的な人気を呼ぶようにもなったし，「NARUTO―ナルト」などの日本のテレビ・アニメーション番組は，アジアのみならず，ヨーロッパや中東などでも強く支持されている。

　こうしたことは，ICT の劇的な発展と普及によってもたらされた。ラジオが5000万人のリスナーを獲得するまでに38年かかった。テレビは5000万人の視聴者を獲得するのに13年かかった。インターネットは5000万人のユーザーを獲得するのに４年かかった。Facebook が１億人のユーザーを獲得するのには，９か月弱しかかからなかった。（Solomon, 2013）

　また，インターネットの閲覧情報では，AI（artificial intelligence：人工知能）を活用してその内容や頻度を分析することで，その個人に適したバナー（banner）広告を表示することなどが行われている。たとえば，インターネッ

ト販売で衣料用洗剤を購入すると，しばらくは洗剤や石鹸，歯磨き粉などの宣伝が表示されるようになる。しかし，必ずしも適切な表示ばかりではない。母親の米寿のお祝いに女性用のカツラをインターネットで購入してから，しばらくの間，インターネットを閲覧するたびに，カツラやヘア・ケア商品の広告が出るようになる，などである。

インターネット購買の消費者への影響

　インターネット画面からの商品購入には，"人 対 人"の対面でのやり取りが必要ない。また，インターネットに接続された情報端末さえあれば，わざわざどこかに出向くことなく購入が可能である。そうしたために，"わざわざ買いに行き，そこで人を相手に交渉をする"ことによる心理的な負荷がかかりにくい。こうしたことはテレビでの通信販売にも共通することである。しかし，テレビでの通信販売は，視聴している時間内に情報を提供しなければならず，それをもとに，販売先に電話をかけることが普通であるが，インターネット画面にはそれらの制約もない。そのために，消費者行動が，他の日常行動の中で明確に意識されにくく，気軽に購入ボタンをクリックしてしまいがちになる。また，それを助長するためにクレジット・カード情報などは一度登録してしまえば，あとは自動的に利用できるようになっている場合も多い。

消費者保護

　商品を作り，届けるのは企業の側であり，消費者は商品やサービスを手にするまでその長所・短所を評価することは難しい。また，食料品や自動車などの安全性は消費者の側が消費している間にも気づかないリスクを含んでいることがある。そのために，企業は消費者との間で，商品やサービスにどのような負の作用をもたらす可能性があるかについての**リスクコミュニケーション**を行うことも重要である。基本的に消費者は提供者側に対して手にできる情報量が少ない。また，社会的影響力も大企業と個人では圧倒的な差がある。そのために，部品の不具合や発がん性物質の混入，またはそういった問題を隠蔽して消費者に知らせないなどの問題が生じることがある。こうした**消費者問題と消費者保護**に対応するためには，公的な介入も必要になる。また，企業が活動を行うにあたって環境破壊などの影響がでる場合もあり，市民団体などが監視を行うようになってきている。ただし，市民団体の財源が特定の利害関係者からもたら

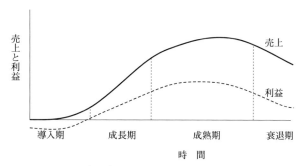

図11-2　プロダクト・ライフサイクル（筆者作成）

業種によっても異なるが，通常，利益は売上の1～5％など，少額になる。ここでは図を見やすくするために利益額を売上に対して大きくとっている。実際の売上と利益との差は，この図よりもずっと大きい。

されている場合もある。たとえば，発展途上国への発電施設の建設プロジェクトなどでは，国際的な競争がし烈であり，ライバル国のプロジェクトを潰すために現地や国際的な市民団体が利用されることもあり得る。

8．プロダクト・ライフサイクルと競争戦略

すべての製品にはライフサイクルがあるという考え方がある。プロダクト・ライフサイクル（product life cycle）は，1950年代からいわれていたとされる概念である。さまざまに利用されているが，この場合の"製品"は，たとえばレクサスという個別製品の具体的な型式を指すのか，あるいはそのブランドの製品群を指すのか，あるいは，RV（Recreational Vehicle）という乗用車の中の1つのカテゴリーを指すのか，または乗用車全体を指すのかは，この言葉を使う人と場合によって異なる。それぞれの段階は以下のようになる。（Kotler & Keller, 2006）

1．導入期——製品が市場に導入され，売上がゆっくりと成長する期間。この段階では，製品の導入に伴う費用が大きいため利益はない。
2．成長期——製品が急速に市場に受け入れられ，大幅に利益が向上する期間。

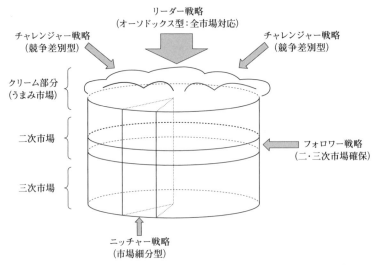

図11-3　嶋口による競争的位置づけ（嶋口，1984，p. 239を筆者改変）

3．成熟期──製品がすでに潜在的な買い手のほとんどに受け入れられてしまったため，売上の成長が減速する期間。利益は安定するか，競争の激化により減少する。

4．衰退期──売上が低下傾向を示し，利益も減少する期間。

競争戦略

　それぞれのライフサイクルで，企業がとるべき戦略は異なる。たとえば導入期には製品開発戦略が重要であり，成熟期には他社製品との差別化戦略が重要になる。同時に，それぞれの企業の製品の競争上の位置づけによっても，取るべき戦略は異なる。嶋口（1984）は，最も競争が激しい成熟期での典型的な競争上の位置づけを例に，企業ごとの市場戦略の違いを類型化している。最大シェアを持つ業界大手の「市場リーダー」，市場リーダーの地位をねらう2番手，3番手企業である「チャレンジャー」，リーダーやチャレンジャーの製品をより安く模倣することによって存続している「フォロワー」，市場内の特殊な位置づけの中だけで圧倒的な地位を築こうとする「ニッチャー」に分類している。

　図11-3に描かれた市場をケーキに見立てると，うまみの多い生クリームの部分全部をリーダー企業が狙い，そこにチャレンジャーが割って入ろうとする。

さらに，フォロワーがよりうまみの少ないスポンジ部分を狙い，ニッチャー企業は市場の限られた一部分を確保しようとする。このようにして，さまざまな企業がそれぞれの立場から市場＝消費者に受け入れられるための工夫をこらしている。

第12章 作業改善と産業の発展

公認心理師対応カリキュラムで含むべきキーワード
作業改善・安全衛生 作業能率, 作業研究, 安全文化, 人間工学

1. 産業の発展の中での作業改善

　第1章でみてきたように, 20世紀になり産業構造は大きく変わった。先進国といわれる国々では人々が豊かな生活を送ることができるようになった。身のまわりを見まわしてみよう。多くの人が十分な教育を受けられるようになった。いま教室内を見まわすと, 机やイス, 天井のライトなどは規格が統一されており大量生産で作られている。これらを1つひとつ手作りした場合には, 莫大な時間がかかるし, 費用も膨大なものになる。自分たちが使うペンやノートなどの筆記用具も大抵は職人による手作りではなく大量生産品である。通勤・通学に利用する鉄道は, 線路, 車両, 送電線, 信号や安全停止装置などが同一規格で大量に生産されたものである。また, 鉄道を動かすために, 運転手, 車掌, 駅務員, 運行を中央で監視するコントローラー, 動力となる電気の発電や送電, 車両や線路の保守点検にかかわる人々の大規模な分業と協力が行われている。これによって大量輸送が可能となり, 安く便利に長距離を移動することができる。

　分業により迅速な作業が可能になり, 効率があがる。また, 大量に素材を処理することにより原材料費も下がる。巨大化した一連の作業を大人数で分担することによって大量生産や大量の人々へのサービスの提供が可能になる。それを安定的に提供するためには, その前提としての大量の消費者が必要である。そのために消費者行動を分析し, 購入を促進する工夫が研究されている（第11章）。こうした連携と効率化は以前の時代にはみられなかったものである。

大量生産と大量販売を支える基本的な仕組み

　このような変化をもたらした大きな理由の１つは巨大産業の勃興とそれを支える資本主義という仕組みである。産業活動を巨大化するためには莫大な資金を要する。資本主義の根幹をなすのは株式会社という制度の活用である。株式会社は，"株"という形式で多くの人々から膨大な資金を集めることができる。この制度のもとで出資者は事業が失敗した場合にも出資先の借財や社会的責任から免責される。そのため何人もの出資者が安心して株を購入して企業に出資することができる。このようにして株式会社はかつての社会では不可能であった膨大な資金を集め，それを工場や設備，販売に投資して事業を巨大化することができる。

転換期における資本家と労働者の対立

　しかし，資本主義という仕組みは，変化の過渡期では資本家と労働者との階層の分断をもたらすと考えられていた。20世紀に入るころからは，多くのディストピア（dystopia＝反理想郷）小説や映画が発表され，それらの中のいくつかが現在でも名作として残っている。SF小説家としても当時の社会および科学評論家としても知られるウェルズの小説『タイム・マシン』（Wells, 1895）では，遠い未来の人類が富裕層と労働者層とに分岐して進化していく様子が描かれている。フリッツ・ラングの映画『メトロポリス』（Lang, 1927）は工場の爆発事故をきっかけに富裕層と労働者との対立が激化し，労働者が蜂起するが自らの住宅地を水没させてしまうというストーリーである。頭脳の役割は経営者が担い，手足は労働者が担い，それをつなぐのは心であるという教訓が語られている。

　1930年代の米国の大恐慌の時代には，産業が発展するとともに農業の機械化，合理化が進み，労働力が過剰になったために失業する人々が発生した。その場合，他の産業に職を求め，低賃金での過酷な労働に従事せざるを得ないということもあった。チャップリンの『モダンタイムス』（Chaplin, 1936）では，巨大事業の効率的な流れ作業の非人間性（現場での単調な長時間労働とその監視）とそれをもたらす経営をコミカルに告発するとともに，これらによってもたらされる豊かさの象徴としてのデパートでの目もくらむばかりの商品の数々とそれに群がる人々への大量販売も描かれていた。作業の能率をあげるための分業と労働の標準化と，それによって豊かな商品が大衆化され普及していき，物質的

に豊かになることとを切りはなすことはできない。スタインベックの『怒りの葡萄』(Steinbeck, 1939) は大恐慌と農業の機械化による変革期を農民の側の視点からみた小説である。仕事を失い新しい職を求めてさすらう人々や，労働者と経営者との対立が描かれている。

日本での事情

　日本でも，明治・大正，そして昭和の前半まで，富国強兵・殖産興業の中で現代からみればかなり劣悪な条件下での労働が行われることがあった。その労働環境は『女工哀史』(細井, 1925)，『あゝ野麦峠』(山本, 1968) にみられるように，著しく疲労が蓄積するような長時間の労働であった。『蟹工船』(小林, 1929) のモデルとなった博愛丸では実際に死者も出ていた。また，以下のように労働者の権利意識や安全意識も低かった。

　　鉄鋼部のボール盤で左の小指を一本めちゃくちゃにしてしまったとき，三文の手当金も貰わぬのみかあべこべにぼんやりしているからだとて叱り飛ばされたことを，当然と肯定して何の恨みにも思わなかった。

(細井, 1925)

労働条件の改善

　しかし，現代ではまったく状況はことなる。第二次世界大戦後の1946年に公布された新たな日本国憲法で基本的人権が保障されることとなった。その前後に労働基準法などの労働関連法規が制定・整備され，労働条件の最低基準の設定や労働者の保護，働く者の権利向上の下地が整えられていった。

労働災害

　働く人々の人権が保護され，国自体の豊かさも向上するとともに科学技術の進歩によって労働条件も向上していった。また，人命や健康的な生活などの人権意識も向上し，劣悪な労働条件の企業は"ブラック企業"として指弾されるようになった。しかし，産業の発展の段階では，労働災害も珍しいことではなく，工事現場での転落などの事故はしばしば生命にかかわる問題であった。炭鉱での崩落事故では百人規模で死者・行方不明者が発生し，こうした大規模事故は1960〜1980年代ごろまで断続的に続いていた。

　現代でも労働災害事故は，毎月，少なからぬ量で続いている。労働災害による死亡者数は毎月100件近くあったが，最近では減少傾向にある。死亡および休業４日以上の労働災害数は，毎年10万人以上にのぼる。労働災害には，工場での薬品による火傷や疾病，粉塵による有害物質との接触による健康被害などがある。また，工場で機械に挟まれたり，旋盤などで身体の一部（たとえば指や腕）が切断される，プレス機で身体の一部が潰されるという事故や，落下物で足を怪我するといった事故の他，工場内外での爆発事故などが労働災害の大きなものである。肉体的な健康のみならず精神的な健康も労働災害として注目されるようになってきた。精神的な健康は労働災害を防止する上できわめて重要である。

事故による製造ライン停止の影響

　労働災害による労働者の休業や退職，死亡は，本人やその家族の幸福をそこなう原因であり是が非でも避けなければならない。また労働災害の発生は企業の社会的信用や他の労働者の勤労意欲を損なうだけでなく，作業の停止や災害に遭った熟練労働者の休職や退職により生産が停止する原因になる。以下に，実際の工場の生産量を使った架空の例で，事故による損害がどのくらいになるのかを考えてみよう。

　ある食品会社の工場は日産400万食の生産能力をもつ。通常，１つの工場内には，いくつかの製品を製造するために何本か製造ラインがあり，この工場は４本の製造ラインで生産を行っているとする。そのうちの１本の製造ラインの工程のどこか一部にはりついている熟練労働者が，朝，事故に遭って１日休業し，代替できる労働者がみつからなかったとしよう。その場合，１日，その製造ラインは休止する。あるいはまるまる１日，事故原因の究明のために作業を停止する。仮に，この会社の食品は１つ30円で出荷されているとすると，製造ラインの１本が１日休止しただけで，１日の工場生産量の４分の１の100万食×30円＝3000万円の収入が得られなくなってしまう。しかも，収入はないにもかかわらず，他の従業員はすでに工場に来ているので，その従業員たちへの賃金の支払いや設備のリース代，水道光熱費などがそのままかかってしまう。

　３～４日，代替労働者がみつからなければ，工場には３～４倍の経済的負担が必要になり，事故原因の解明のために１週間，製造ラインを停止すれば１週間分の経済的な損失が増える。おそらく，実際には製造ラインの１本で大きな

事故が発生すれば4本のライン全部を止めて総点検を行うので，1日の休止で400万食×30円＝1億2000万円の収入が得られなくなる。万一，このような大事故が起これば，場合によっては企業が倒産し，従業員が職を失う危険さえある。

2．効率低下防止の考え方

　製造の遅れや事故による停止が起こらないように，製造プロセスの手順を決め，それを守るための管理が重要である。思わぬ製造停止や効率低下を防ぐための現場の知恵にはどのようなものがあるだろうか。安全，確実な作業と確認の手順を定め，それから外れないことが重要である。

　しかし，電車の運行などでの指差し呼称など，わざわざ声を上げながら自分で点検したり，あるいは食品製造のプロセスでの二重・三重の衛生対策などを丁寧に，毎日，いっさい省略せずに続けることは，面倒である。現場の判断でつい省略してしまったり，独自の判断で定められた手順以外の方法を抜け道として使ってしまうこともある。確認のため，二人一組で行う作業を，何かの都合で少しのあいだだけ1人で行ってしまうことも生じる。特に急いでいるときや，せっぱつまったときに決められた手順を守ることがおろそかになる。さらに，ルール違反が，機械の不具合や不測の事態などの何らかの条件と重なると事故のリスクは飛躍的にあがる。職場の**安全文化**の定着が重要である。安全文化醸成のためには，ルールを守る必要を教育する，規律をきびしくしてルールを守る習慣をつける，ルールを守らない場合の罰則を制定する，などが必要である。事故だけでなく，生産効率低下を防ぐためにもルールを守ることは重要である。

5S運動

　効率が下がったり事故が起こることを防ぐための現場の知恵として，5S運動というものがある。これは，整理・整頓・清掃・清潔・躾の頭文字のSをとったものである。または最初の3つだけを取りあげる3S運動がある。これらの5S・3Sは高い作業効率を維持するためにも安全管理上も必要とされている。

①整　理

　不要なものが事業場内に置いてあると視界を遮り，作業員が危険を察知しにくくなる。また，急な動作の邪魔になったり，置いたものを避けるために迂回する際に，危険な作業や機械に近づかざるを得なくなる。また，不要なものを避けて動作するために作業スピードが犠牲になったり，必要なものを選り分けて探さなければならなくなり，効率が下がる。これらを防ぐために，不要なものを捨てる。

②整　頓

　必要なものの配置を秩序だて，きれいに整えて保管，配置する。機器の調整のために必要な工具を探すのに手間取ったり，必要なものがどこに置いてあるのか分からないと，それを探すために時間がかかる。そのために，似た用途の工具や部品箱を色分けしたり，工具などの並び順を決める，ラベルを張って分類するなど，作業者が認知しやすく分かりやすい配置をする。また，作業しやすい場所に置くことなどが必要になる。

③清　掃

　たとえば機械の回転に必要な潤滑油が古くなったり，切削した屑が作業台や床に放置されて不純物が多くなってしまうと機械の故障や停止の原因になる。また，精確な作動が阻害され，不良品の生産につながる。さらには破裂や爆発の原因になり事故にもつながる。そこで作業場は常に清掃を行う必要がある。

④清　潔

　食品はもちろんのこと，機械製造についても製造過程で不純物が混入しないように常に清潔を心がける必要がある。たとえば髪の毛や汗が原材料や製造途中の半製品に混入したり，ネジ穴に挟まるなどで製品が損なわれることがある。鋳造品の鋳型にゴミが付着すると精度の高い成型ができなくなる。また，バケツなどの容器に付着したゴミが混入することも製品品質が下がる原因になる。作業環境を清潔に保つ必要がある。

⑤躾

　定められた製造手順を必ず守る必要がある。勝手な判断や手抜きは事故の原

因になる。そのために指示されたことを正確に行うことや，手順書どおりに作業を進めることが重要になる。自分の好きなように楽なように勝手に行動せずに，決められたことを守ることが事故や不具合から人や機械，製品を守る。

人間工学をとり入れた作業

　また，作業効率や安全を確保するためには，疲労しやすさや，逆に快適で仕事に集中しやすいような人間の姿勢や動作などを研究する**人間工学**に基づく作業設計や環境の提供が必要である。それに基づく工具や椅子，計器や作業手順などによって能率を向上することができる。ちなみに，ここで，"作業能率"と"作業効率"という言葉を使い分けているが，一般に，能率は決められた時間内に水準以上の成果がどのくらいあがるのかを指し，効率は質・量ともにインプットに対するアウトプットがどのくらいあがるのかを指す。

QC 運動

　第二次世界大戦で敗戦したあと，多くの日本企業は復興にむけて生産効率や製品品質の向上に精力的に取り組んできた。品質には，製品仕様としての品質の高さである「設計品質」と，製造段階でその仕様を満たしているかどうかの「適合品質」がある。さらには，そうして世の中に送り出した製品が購入者のニーズに合致しているかどうかの「合致品質」がある。

　QC（Quality Control：品質管理）運動が主に対象とするのが適合品質であり，すべての品質に対応するための活動は TQC（Total Quality Control）として単なる QC と区別することがある。

　日本では，日科技連（日本科学技術連盟）が米国の統計学者であるデミング博士（William Edwards Deming）を招聘し，QC 運動，または QC 活動がさかんに行われた。

　QC 運動は，はじめは適合品質に満たない不良品の発生率を研究するための統計的な分析から出発した。不良品の発生や品質のばらつきは，統計的なばらつきによって発生するものと，そうではなく特定の原因から発生するものがある。これらの不良品やばらつきを抑えるための原因分析が製造現場で研究された。その後，QC 運動は統計的分析を離れ，各企業の個々の現場が主体となる QC サークルが展開されていくこととなる。企業によって多少の違いはあるが，各工場の部門ごとに少人数のサークルをつくり，そのサークルで作業の改善を

話し合い，工夫するという方法が QC サークルの典型である。たとえば，組立部品を入れる容器の形状を変更することによってその部品を取りやすくし，1つあたり0.2秒の作業短縮が可能になる，などの工夫である。こうした改善案は事業所に設置された改善箱や目安箱に投稿され，改善案が事業場全体で採用されたり，その月の最高の改善案と認められれば，それを提案したサークルに対して報奨金（多くの場合500円から3万円などの比較的少額）が支給されることになる。

　こうした活動によって，大企業という個人が脚光を浴びにくい環境の中で，実際に提案を行った労働者は，チームに貢献し，会社から認められる提案を行ったとして承認欲求を満たすことができる。また，マズローの欲求五段階説でいうところの愛と所属の欲求や自尊欲求を満たすことができる。

　すぐれた改善案については，それぞれの事業場を代表して，年1～2回開催される全社的な QC サークル大会で発表を行う。すぐれた改善案は，このようなかたちで社内全体に広まり展開されていく。こうした施策が主に昭和期の後半に各社で行われていた。参加するそれぞれの QC サークルチームやメンバーはここで大々的に脚光を浴びることができる。

　第4章でも触れた，シェリフら（Sherif et al., 1961）のサマー・キャンプ実験にみられたように，グループ間で競い合うことによってグループ内部のまとまりが良くなり団結感が強まることになる。同じ職場で同じ作業をする仲間の一体感が強まる。特に QC を他社と競い合うデミング賞をめざすなど，他社を意識した活動では社内の結束が高まる。こうした会社の内部でのメンバーの結束や凝集性を高める活動は，日本企業の特徴とされる集団主義にも整合した生産性向上の手法であった。しかし，次第に改善のネタがいき詰まり，大きな改善がなかなか提案されなくなってきた。また，命令された業務として行っているのか労働者による主体的な活動として行っているのかが曖昧であり，業務時間内にやるべきか時間外でやるべきか，時間外でやるとしたら残業料を出すべきかなどが分かりにくく，昭和も終わりに近づくと次第にこうした活動も下火になっていった。さらに，工場の海外移転などで国内生産が減少し，国内では生産の自動化が進み，人手を要する部分も減った。しかし，改善に終わりはない，という言葉が示すように，今もまだ絶えず現場での改善をつづけている企業も多い。

３．科学的管理法

　大規模産業で効率的に作業を行うためには，作業能率の向上が重要になる。**作業能率**は一定時間に仕上げることのできる期待した品質での生産量のことであり，作業能率をあげることがコスト削減の大きな力になる。材料や工具などの品質や精度が規格化されていて一定であることも重要である。作業能率をあげるためには，標準的な材料を標準的な速度の標準的な作業手順で処理する必要がある。一般的には無理・無駄・ムラをなくすことで作業能率があがるとされている。作業員が作業能率をあげるための要素は，①個々の作業に無駄がなく一定時間内に一定の品質で，しかも早くできること，②それらの作業を組み合わせる際に，どこかの作業が遅れたり早すぎたりするために無駄な待ち時間が生じていないことが必要であり，③それらの作業を組み合わせる際の作業の受け渡しやコミュニケーションなどのやりとりがスムーズで手間取らないことが必要になる。

　労働者に決められた通りの作業をさせるためには，どう作業をするのかを具体的に指示し，その通りに動いてもらい，そこから逸脱しないように監視する必要がある。そうすることによって上の①～③が達成される。決められた動作以外の要素は上の①～③を乱す原因になる。もちろん，無駄な作業負担を避けることも重要である。上の②を実施する際に，他の作業工程のスピードに合わせたり，顧客の要求から短納期で製品を完成させなければならないときにどうしても作業負担が増えてしまう。時間的にも量的・質的にも無理な要求は疲労を招き，効率の低下をもたらす。過度な作業負担は事故や不良品の発生原因にもなる。事故になれば製造工程をいったん止めなければならなくなり，また，不良品が発生すればその原因究明のために製造を停止する必要が生じる。その結果として，能率は著しく下がることになる。

４．科学的管理法以前

　それでは，大量生産の中で，労働者に標準化された作業をさせるためにどのようなことが行われたのだろうか。大量生産を可能にした働き方の成りたちをみていきたい。まず，現代産業の能率改善の父とされるフレドリック・テイラ

ー（Frederick Winslow Taylor, 1856〜1915年）による自らの記述から，従来の生
産体制の様子をみてみよう。

　当時屡々^{しばしば}見聞したことであるが，工員が自分の機械をとめて，職長をサガ
シまわっていることが度々あった。恐らくこのつぎに機械にかける仕事を尋
ねるのであろう。それから工場中をかけまわって，そのしなものをサガシた
り，それから特別の工具やテンプレトをサガシたり，作って貰ったりする。
それからシナモノをユルユルともてあそんで時をついやし（中略）仕事らし
い仕事をしなかった。（Taylor, 1903, 旧仮名遣いは現代仮名遣いに改めるなど読
みやすく書き改めた。Taylor からの引用については，以下同じ）

　しかし，テイラーが昇進して組長になると，本書の第4章でみてきた規範や
集団圧力を加えられるようになり，それに対して逆らうようになる。

　組長になると，工員たちはカワルガワルやってきて，こんなことをいった
ものである。
　"まあフレッド，組長になっておめでとう。カラクリは君の知っている通
り（中略）。君が僕たちとグルになっていれば何もいうことはない。もしヒ
トツでもこの率をコワスようなら，すぐ工場からほうりだしてやるから
……"
　　　　　　　　　　　　　　　　　　　　　　　　　　　（Taylor, 1911）

テイラーという人

　テイラーは，父親が弁護士資格をもつ裕福な家に生まれた。母親も名門の出
身で，女性の権利向上や奴隷制度に反対する先進的な女性であった。経歴には
諸説あるが，若いころ，ハーバード大学法学部入学をめざしていたが，それを
やめて工員としてのキャリアを歩むことになる。彼のこのキャリア選択は結果
をみれば，歴史に名を残したほどの成功ではあったが，もしこの時点でキャリ
ア・カウンセラーがアドバイスしていたとしたら，工員へのキャリアを勧めた
だろうか。工員になってからは次々と昇進し，監督的な立場に就く。しかし軋
轢も大きく，解雇されたこともあったようである。その前後から科学的管理法
の普及に努めるようになった。
　テイラーは，40以上の特許を取得している。そのなかには想像もつかないよ

うな突飛なものもある。20年以上にわたって何万回も実験を繰り返し，実用化にこぎつけたものもある。また，米国テニス選手権（全米オープンテニス）第1回大会のダブルスの試合で優勝している。

作業研究

テイラーは工場内の怠業には2種類あると考えた。第一には，楽をしたいという人間生まれつきの本能および傾向からの怠業である。第二に，他人との関係から細かい思慮をめぐらした結果として怠けるものである（Taylor, 1903）。テイラーは従来の工場では，このような心理が工員に働いていると考え，特に第二の怠業を工場から排除しようと考えた。テイラーは，もともとは異なる社会階層の出身でありながら労働者の中で働いた。そのときに，周囲に流されることなく，労働者の作業を冷徹に観察し，**作業研究**を行った。能率向上に役立てるための科学的管理法はこの作業研究をもとにしている。そしてこの作業研究は労働者の個々の動作を研究することを基本にしている。労働者の動作を研究し，それを統合して全体として最良の作業手順を定め，工員にその通りの手順で働くように管理するという科学的管理法は，またたくまに日本にも広まった。

細井（1925）は，大正時代に日本の紡績工場で行われていた標準動作（モーション・スタディー）について指摘している。（ただし，煉瓦積工の例は，Gilbreth & Gilbreth, 1919によるものだと考えられる）。

紡績工場の作業システムに「標準動作（モーション・スタディー）」というものがある。これはテーラーの科学的管理法に端を発するものであって，よく言う米国の一煉瓦積工が右へ積むための煉瓦を左へ置いて一々持ちかえたのに反し，今度改めて始めから右へ置いて持ちかえる手数を省いたら，一日に何千枚とか多く積み得たというような事柄を，紡績技術に応用したものだ。

第一に鐘紡がこれを始め，次ぎに東洋紡績が真似てから段々ひろく行われるようになった。　　　　　　　　　　　　　　　　　　　　　（細井，1925）

作業研究の要点と効果

動作研究に基づく作業研究の要点は，工場の作業を細かい要素に分解し，仕事の速い一流の工員が行うそれぞれの動作要素の所要時間を測定し，すべての

動作時間を足し合わせた最短時間を作業の"標準時間"とすることである。

　作業研究に基づいて工具に標準作業で仕事をさせてみた結果は歴然としていた。作業員の一日の作業量が4倍近くまであがったのである（1日12トンから1日47トンへ）。そしてその作業量が標準作業として恒常的に課されることになる。

作業研究から科学的管理法へ

　こうした作業研究は工具自らが行うのではなく，管理者がそれを行い，工具に指示をすることを前提としている。なぜなら，テイラーの目には，一般の工員は科学的管理法の科学を理解できないように見えたからである（Taylor, 1911）。

　作業研究でみいだした最良の作業方法に則って工具を"管理"することによって，科学的管理法は"管理法"として成立する。管理手法として有効なのは賃金制度を組み合わせた行動のコントロールである。そのために作業と報酬を結びつけた。これは単純な出来高払い賃金とは異なる。出来高払いは文字どおり，結果としての産出量に対して支払うのに対して，テイラーの方法では，工員に標準的に与えられた"作業方法"に重点が置かれている。最良の動作を工員に教育して，指示どおりに作業して，期待する能率を工員があげれば賃金を上げるのである。

　単なる作業研究にとどまらず，評価制度と結びついた作業管理の科学的手法が成立するための要点を，テイラーは以下のように述べている。①管理の第一目標は賃金を高くし同時に工費を下げることであり，毎日なすべき課程がやさしすぎないものであり，明確に設定されていること。②労働者に標準化した条件と用具とを与え，確実に課程の完了ができるようにすること。③与えられた課程を完了したら必ず沢山払うこと。④失敗すれば損をするような報酬を設定すること。さらに，これらの施策が成功したら，⑤課程は一流の工具でなければできないくらいに難しいものにすること（Taylor, 1903）。

テイラーの労働者観

　現代の目からみると，テイラーの労働者観は以下にみるように，決して明るいものではなかった。それは大量生産の能率をあげるための宿命であったともいえる，機械的画一化と人間的な生活とのせめぎ合いであった。

　製造工場の10中9までは工具が雇主に対して正常の精進をするのは直接自分たちの利益を損することであると考えている。(中略) また，雇主のために最大量の作業や最良質の仕事をするように努力しようとはせず，計画的にできるだけ油を売り，しかも監督者をして彼らは一所懸命に働いていると思わせようとしている，といっても過言ではない。

　ズク運び人夫の第一の資格は鈍くて粘液質で，その精神状態がむしろ牡牛に似ていることである。(中略) ズクを運ぶことに適した人には，この種の仕事の仕方を示す本当の科学がわからない (中略) ほどバカなのであるから，自分よりもわけのわかった人に教育してもらって，この科学の法則にしたがって働くクセをつけなければ，人夫として成功することはできない。

　人の選択といっても，必ずしも特別にすぐれた人を必要とするというわけではない。普通の人の中から，特にこの種の仕事に適したものを，選びだせばよいのである。

(Taylor, 1911)

テイラーの影響

　このように，テイラーの労働者観は現代日本とはかけ離れている。しかし，テイラーが残したプラスの遺産として，今日では，最良の仕事のしかたを探求し，それを標準として仕事をしていくことが定着している。世界中の工場でテイラーの科学的管理法が応用され，世界中の職場で能率向上のための改善が日々続けられている。教室の机やイスなども標準作業に基づいて能率的に生産されている。マクドナルドは1つひとつの最良の動作と作業時間を定めて能率を高め，それを標準として世界中の店舗で展開している。ホワイトカラーの仕事にもその影響は及んでいる。すなわち，特定の仕事に合った最良の行動を探し，それを行動特性として抽出し，その行動特性を発揮できれば成果があがり，報酬があがる，という成果主義やコンピテンシーの考え方である。この考え方は，テイラーのたどり着いた，最良の作業手順どおりに動いた工具の報酬を上げる，という方法が進化した遠い子孫である。生活のすべてにわたって，時間を守り，限られた時間の中でできうるかぎり能率をあげる，という生活スタイルは20世紀に完成し，21世紀には国際的な競争の激化の中で，軋みながらさら

におし進められている。

5．ヘンリー・フォードとモダンタイムス

　大量生産は大規模な機械化によって押しすすめられた。テイラーによって作業の規格統一は進められたが，それだけでは能率はあがるが大規模な機械化には結びつかない。人が行う作業，特に，生産のための作業そのもの以外の無駄な動きを機械に置き換えることで企業の大規模化に成功した１人がヘンリー・フォード（Henry Ford, 1863～1947年）である。フォードがなしとげたことは，当時の小説や映画にも大きな衝撃をあたえた。ハクスリー（Huxley, 1932）の『すばらしい新世界』では，フォードが神としてあがめられる大量生産，大量消費の世界が描かれており，キリスト紀元のかわりにフォード紀元が年号として用いられている。1936年，チャーリー・チャップリンは『モダンタイムス』（Chaplin, 1936）という映画の中で，大量生産のたえず追い立てられるかのような単純作業を象徴的に示した。彼は映画製作に先立ってフォードの工場を訪れており，その後の調査研究の成果が映画の中に認められるという（Lacey, 1986）。

　フォードは，1909年度にベルトコンベアを用いない組立方式で１万8664台のＴ型フォードを製造していた。そのときの価格は950ドルであったが，1916年度には78万5432台を生産し，価格は360ドルとなっている（Ford, 1922）。フォードの革新的な生産方式は，それまでの時代には不可能であった大量生産と価格低下をもたらした。

フォード生産システムの継続的な改善

　フォード生産システムは，能率の高い作業への継続的な改善によって特徴づけられる。1913年に流れ作業の組立ラインがハイランド・パーク工場で導入された。これまではフライホイール磁石発電機という部品の生産は，一日９時間の作業でひとりあたり27個から30個生産していた（20分で１個）（Wren & Greenwood, 1998）。組立てラインを29の作業に分割し，別々の労働者がおのおのの作業を行うと，組立て時間は13分10秒に減少した。1914年にラインの高さを８インチ（約20センチメートル）上げると，７分に時間が短縮した。さらに，84の作業に分割され，労働者は以前の３倍の数を組み立てるようになった

（Crainer, 2000）。

　ベルトコンベアを用いた流れ作業で1人の人間が多くの動作を行うと，自分が目の前で取り組んでいる半製品が一定速度で動いていってしまう。次の動作は次の人の担当にして，無駄な動きをいっさい省いた最小限の動作だけを着実に行わないとコンベアの速さについていけなくなる。こうして1人1人の工具の作業速度とそれをもたらす作業手順がいやおうなく統一され，テイラーが以前に見聞したような怠業が発生する余地がなくなる。

　流れ作業は，エンジンの製造にも使われるようになり，エンジンに接続する他の装置もベルトコンベアの移動中に取りつけられるようになった。このようにして，いくつもの流れ作業が同時に行われ，それが次第に統合され，最終的に一本のラインで組立てが完成される。

　この仕組みは当時としては大変複雑なので，T型フォード以外の他の車種を同時に生産し，生産工程を改善していくことはできなかった。また，色を塗り替える際に工程の段取り替えに手間取ることも効率を下げることになるので，生産する車の色は黒しかなかった。

　それぞれのコンベアのラインの速度は無駄のないように整合され，能率は飛躍的にあがっていった。さらに，組立プロセスだけでなく，原材料の鉄や木材から販売先への輸送まで，すべてを無駄なく自動車の生産に同期するために数々の事業を統合した。工場を動かすエネルギーを供給するもとになる炭鉱から，製品原料のもとになる鉱山，製材所，タイヤのゴムをつくるための南米のプランテーション，鉄道や船舶などである。このような企業の巨大化が可能になった背景には資本主義特有の株式による大規模な資金調達の仕組みがある。

フォード生産システムの効果

　モデルTが存在した19年間で，フォードは米国で1550万台，カナダで100万台，英国で25万台を販売し，世界の自動車生産高の半分を生産した。1914年，フォード・モーター・カンパニーでは1万3000人の従業員が26万7720台の車を生産していた。一方，その他の299社の米国の自動車会社は，6万6350人の従業員でたった28万6770台の車しか生産していなかった。フォードは，年商1億ドルを上げ，米国自動車市場の48％を握っていた。4年後の第一次世界大戦終了時点では，世界のおよそ半分の車がモデルTだった（Crainer, 2000）。

　なぜT型フォードが市場を席捲することになったのだろうか。

　他の自動車会社に比べて，自動車という商品を圧倒的に大量に生産しそれを
売りさばくことでそれが可能になった。大量生産とそれによる効率化がもたら
した販売価格の画期的な低下である。また，組立ラインを緻密に構成し，連動
させるためには，個々の作業について科学的管理法を徹底する必要があった。
フォードによると，組立ラインを改善していく際の基本的な考え方は以下の通
りである（Ford, 1922. 文言を現代日常語に改変した。Ford からの引用については，
以下同じ）。

（1）まず道具と人間とを，それぞれその場所に据えて置き，作業中，組立
　　てる各部品を最小限度の距離だけ動かせばいいように，作業を手配するこ
　　と。
（2）滑送器，またはその種の運搬器を作り，各職工が加工を終えるときに
　　は，常に同じ場所にその部品を降ろす——その場所は，彼の手にとって最
　　も便利な場所でなければならない——できるだけ，その次の職工が加工す
　　る所までの，その部品の運搬には，自然の重力を使うようにすること。
（3）組み合わせるべき部品が，最も便利な距離で受け渡されるように，す
　　べらせて集めることが出来るような組立ラインを用いること。

労働者の定着と日給5ドル制

　この時代に急速に発展した産業界で，工場労働者は，通常は離職率が高く人
の入れ替わりがはげしかった。そのために会社が作業内容について教育しても，
それが無駄になるのと，慣れない作業のために作業能率がなかなかあがらない
ことが悩みであった。しかし，フォードは作業を細かく分割し，高度な習熟が
不必要な単純作業にしたことと，定着をうながすための人事制度とによって，
人の入れ替わりを減らして作業能率を高めることに成功した。
　1914年に，それまでは，1日9時間労働であったのを変更して1日8時間，
週48時間労働を定めた。それと同時に最低賃金を日給5ドルに定めた。通常の
日給に加算して利益配分を与えることによって5ドル以上になるようにしたの
である。たとえば，8時間労働換算で，従来の最低の日給2ドル72セントを受
け取っていた労働者は，利益配分として1日あたり2ドル24セントを追加して
受け取れる（合計すると約5ドル）。この最低賃金である5ドル以上に該当する
のは従業員全員ではなかった。そこには，いくつかの条件が課されていた。そ

の条件とは，勤続 6 か月以上であり，かつ，以下の①～③のいずれかに該当することであった。①既婚者であって家族と同居し，しかも彼らを世話していること。②22歳以上の未婚者であって，倹約の習慣があると知られている人物であること。③22歳未満の青年か，または女性の場合には，自分が家族の責任者であることである。また，この他にも条件がついていた。それは，職工と彼の住宅とは，ともにある程度まで清潔であるのと，また市民としての標準を備えていること，である。

　これらの条件に当てはまるかどうかはフォードによって雇われていた約50人の調査員によって調べられていた。この制度の導入によって，「月間平均離職率は1913年の31.4％から，1915年に1.4％にさがった。当初60％だった有資格者が，一年後には89％，18カ月後には98.5％になった」（Wren & Greenwood, 1998）。

フォードの労働者観

　フォードの労働者観は，フォード自身の言葉を以下にみていくように，テイラーによる労働者観にも共通する。フォードらによるこれらの人間観を否定する動きとして，この章でこのあとみていくホーソン工場の実験や，第 3 章でみてきたマクレガー（McGregor, 1960）によるY理論などが提示されていくことになる。特に，マクレガーの「仕事で心身を使うのはごくあたりまえのことであり，遊びや休憩の場合と変わりはない」という従来の考え方への批判は，フォードによる，まず仕事に没頭してから，その後で遊べというメッセージが念頭におかれているようにもみえる。また，マクレガーの「普通の人間は，条件次第では責任を引き受けるばかりか，自らすすんで責任をとろうとする」という批判は明らかにこの時代の考え方への批判として受けとることができる。マクレガーによる批判ともとれるそれぞれの部分に該当するフォードの考えかたは以下のとおりである。

　　我々が仕事をしている時には，我々は仕事に没頭しておらねばならぬ。我々が遊んでいる時には，我々は遊びに身を容れておらねばならぬ。この二者を混同するのは無益の事である。主要の目的は，仕事がなされて，その報酬が払われるべき事である。仕事が終わった時にはその後は遊べる時が来る，しかしその前には来ない。

　　大抵の職工は昇進という事よりも，むしろ安定した仕事の方に多く意を注
ぐ。賃銀のために働く人間の中で，彼等はヨリ多くの金銭を得たいと思いな
がら，地位が上ると共に当然増加して来る責任と，また追加すべき仕事とを
引受ける者は，わずか2割5分位の数である。

(Ford, 1922)

　　本書では，この章に至るまでに，歴史的展開を概観しながら産業・組織心理
学を構成するそれぞれの分野の構造をみてきた。産業・組織心理学の歴史は，
大量生産が世の中に導入されてから，次第に働く人々の心理について配慮が高
まっていく歴史を反映している。

　　テイラーやフォードは現代の豊かな社会が築かれ，それを我々が享受するこ
とにおおきく貢献した人たちである。しかし，現代からみると，その仕事観・
労働者観の隔たりは大きい。フォードは，仕事というものを以下のように考え
ていた（Ford, 1922）。「すべて事業というものは，（中略）仕事をするために招
集された人間の集合体である，相互間に手紙を書くために集まったのでは無い。
だから，一つの部が何事をしているかを，他の部において知る必要は無い。
（中略）各部が同一の目的を以て適当に仕事をしているか否かを見るのは，全
体の事業を計画する人びとのなすべき事である。ゆえに個人間，または各部間
に，良好な感情を養うために会合を催す必要は無い。一緒に働くために，相互
に親睦を図るべき必要もない。余りに交情が親密なのは，実際にははなはだ悪
結果を生む（後略）」。このように，経営者が求める効率を少しでも下げる可能
性がある仕事上のコミュニケーションについても可能な限りそぎ落とし，今そ
の場で行われている作業に専念でき，おそらくはそれ以外の余計なことを考え
ない人間を求めていた。「恐らく大多数の人びとには，繰り返し的作業が別段
恐ろしく感じられていない。（中略）取り分けて彼等は考えをする必要の無い
仕事を好む」。「労働者はどんなシステムのもとでも働く。職場の労働者にとっ
て，その生産方式が，最良のものであるか，人間の動作および材料から最大の
成果が得られているかについては少しも，あるいはまったく関心がないのであ
る」（Ford, 1926）。

　　この時代の効率至上主義的なシステムで求められる人間として，どのような
人間が求められていたのであろうか。会社の定めた通りに厳格に働くことを求
めることは，フォード生産システムがテイラーの考え方を踏襲し，作業能率を

優先する以上，避けられないことであった。しかし，現代人の視点からみると，以下のフォードによる記載は衝撃的でさえある。

　　我々は職工達が言いつけられた通りの仕事をするのを期待している。(中略) 我々はたとえ一瞬間でも，職工が各自，気ままに仕事をすることを許すことができない。それゆえに我々は最も厳正に規律を保たねば，とても非常な混乱を避けることができない。私はすべて事業はこれで無くてはならぬと思う。(中略) もしも各自勝手な風に働かせたならば，製造高はそのために支障を生じ，したがって収入にも影響するであろう。　　　　　　(Ford, 1922)

　こうした考えかた（自分たちと違って，向上心もなく，感受性の鈍い，主体的に考えることを嫌う，管理者が正しく導いてやる必要のある労働者を前提とした考えかた）にもとづく働き方は，現代の日本からは排除されているかのようにみえる。しかし，脚光を浴びにくい部分，たとえば，実習生という名目で海外から格安の賃金で働きにきている外国からの労働者，または，進出先の外国での製造工場の現場で，このような労働者観が前提になってはいないだろうか。さいわいなことに，発展途上国でも人権意識が向上し，また，経済が発展するにしたがって，劣悪な労働条件で人を集めることが難しくなりつつある。

現代への影響
　生活者としてここまで豊かな生活が享受できるのは，これまでみてきたような効率のぎりぎりの追求のおかげであり，それを忘れてはならない。しかし，当時の労働をふりかえってみると，働くことは主体的な生きがいとして楽しいことであるのか，あるいは半ば強制された苦役であるのかの問題を現代に突きつけているようにもみえる。フォードでの「販売部門が値下げを決定し，生産部門が増産を決定すると，生産ラインではベルトが労働者の前を少しばかり速く流れるようになり，彼らは職長から部品を1時間に1，2個——1日にすれば10数個——余分に作るよう要求された」(Lacey, 1986) という状況は，現在の企業にも共通するできごとであろう。
　こうした勤務による疲労感は，大学を卒業して企業に入社した現代の新入社員の多くが感じる感想に近いものかも知れない。現代でも，ときには休憩時間も返上して働かなければならず，昼食をとる時間さえないこともある。たまの

休日にも疲れ切って何をする気力もなくなってしまうまで，仕事に精力を使い切ることを要求される。しかし，現代でも，それを命じている上司はその上司に仕事を急かされ，その上の上司もまた，さらに上の上司から厳しい要求をつきつけられているのである。

6．ホーソン実験

　これまで，テイラーやフォードに代表される20世紀の生産革命ともいうべき効率的なシステムをみてきた。しかし，その後，人間への関心が高まり，第3章でみてきたモチベーション研究につながっていく。そのきっかけの1つがホーソン実験（Hawthorne experiments）であった。その概要を，できるだけ，実験実施者であったメイヨー（Mayo）とレスリスバーガー（Roethlisberger）本人たちによる記述をもとに辿っていきたい。

照明実験

　最初に行われた照明実験について，レスリスバーガー（Roethlisberger, 1941）の記載に基づいて概略を示すと以下のようになる。

　ホーソン実験は，1924年に一連の照明実験から開始された。当初の目的は，照明の質と量とが従業員の作業能率にどのような影響を及ぼすかを発見することであった。まず，労働者は二組に分けられた。テスト・グループ（test group）と呼ばれた組は，さまざまな照明度のもとで作業することになり，コントロール・グループ（control group）と呼ばれた他の組は，できるかぎり一定の照明度のもとで作業をつづけた。

　最初の実験の期間中に，テスト・グループは次第に照明の光度を高められた。生産は両組ともに上昇し，しかも，生産高における増加は両組ともほぼ同量であった。次に，テスト・グループの照明は次第にさげられていった。しかし，それでも生産性はあがっていった。さらに次の実験期では，照明度は一定のまま，従業員たちは照明度が増大してゆくのだと信じさせられた。すると従業員たちは，照明条件に満足の意をあらわしたが，その際の生産高には変化がなかった。また，実際の照明度は一定のまま照明度が低下してゆくのだと信じさせられると，照明が乏しいことに不平がでたが，この場合にも生産高には影響がみられなかった。最後に，ほとんど月光に相当する明るさにまで照明度が下げ

られたが，この点に達するまで，生産の減少はみられなかった。

継電器組立実験

　彼らは，予想外の結果がでたのは，社会的状況や人間的な側面を考慮しなかったせいだと考えた。そこで次の実験を実行した。(Mayo, 1933, 旧漢字は新漢字に改めた。以下同じ)

　調査対象に選ばれた作業は電話継電器の組立作業であった。この作業の内容は「コイル，誘電子，接触バネおよび絶縁体を一つの器具に組立て，各部品をそれぞれ4個の機械ネジでしめつける」ものである。

　この実験作業室は主要組立部門とは板しきりで隔てられ，組立台には照明施設が完全に施されて温度と湿度を測定する手筈も整備された。実験中に発生する予期されなかった諸変化や，計画的にひき起こされた変化等の観察を行うための計画が立てられた。こうして構成された実験室で1927年4月から1932年の半ばまで5年以上，経済的不況から中止しなければならなかったときまで実験が続行された。

　選ばれた女子作業者は6名。そのうち作業台で働くものは5名，1名は組立作業中の5名に部品を渡す役目である。

　レスリスバーガー (Roethlisberger, 1941) によると，室内の温度，湿度，各人の睡眠時間，三度の食事において彼女たちがとった食物の質と量などがことごとく記録され，生産高の測定はとりわけ周到をきわめた。約40個の部品からなる電話用継電器を組立てるのに各人がついやす時間（だいたい平均1分）は，毎回自動的に記録され，品質の記録もとられた。また彼女たちは定期的に身体検査を受けた。こうした精密な観察のもとで，彼女たちは5年間研究されつづけた結果，文書にして数トンという資料が集積された。実験の最初の一年半ぐらいの間は，調査する者もされる者も，関係者すべてが愉快であった。調査員は，作業条件の改善につれて生産能率が徐々に上昇してゆくのを見て満足を感じた。なぜならば，疲労は生産を阻害する一大要因であるという彼らの仮説が，ありありと実証されるかのように見えたからである。また被験者の側からいえば，彼女らの作業条件が改善され，給与は増し，その上自分たちが会社のおえらがたからだいぶ注目されているらしいと感ずることが幸福であったという。

　このようにして始まった継電器組立実験では，観察のためのさまざまな条件が変更されていった。

　試行錯誤ともいうべき様々な変更を加えるなかで，被験者のうち2名が交代したが，その他にも1名の被験者がいったん工場を辞めたあと復帰している。労働条件を次第によくしていくにつれ，おおむね作業能率は向上したが，しかし労働条件を下げても作業能率は低下しなかった。実験の第12期に，休憩やランチなどを除いた週48時間労働への復帰が提案され，作業条件がすべてもとの状態にもどった。それによって予測外の変化がおこった。作業条件の改悪にもかかわらず生産高はきわめて高い水準を保ちつづけた。

　この理由をメイヨー（Mayo, 1933）は次のように推察している。グループの心的態度にはいちじるしい変化があらわれ，これはときどき開かれる最高経営者との会議においてうかがうことができた。会議の席上，彼女達は最初，はにかみと不安と沈黙と，そしてたぶんいくらかは会社の意図に対する疑念とをもっていたが，後にその態度にはきわめていちじるしい信頼と淡白とがあらわれるにいたった。予定どおり計画された条件の変化が行われるたびに，彼女達は事前にその協議にあずかり，しかも彼女達ののべる意見はよく傾聴され論議された。そしてときには，提言を否定する彼女達の反対意見すらいれられた。かくて，グループの者が重要な決定にも参画できるという気持ちは明瞭に深まってゆき，心からとけあって一体となった。

　上のメイヨーによる記載からは，被験者たちが，意思決定に参画・関与しているという感覚を得るとともに，自分たちが尊重されているという感覚を得ることができたのだと考えることができる。これは本書の第3章でのモチベーション理論にも一致する。

　また，レスリスバーガー（Roethlisberger, 1941）は次のように解釈している。「ある人間がある集団のために懸命に働く意欲があるかどうかは，その人間が彼の仕事，仲間および上長に対して抱いている感情——彼の周囲で起る事柄が彼に対して有している意味——によって，ほとんど決定的に左右されるということなのである」。

　さらに，能力と作業能率との関係が薄いことについて，レスリスバーガーは社会的な関係を理由として次のように説明している。「これら労働者のうち生産高の最も低い者が知能では一位，同じく技能では二位を示したのに反し，最高の生産高を誇る者が技能においては七位，同じく知能においては最下位を示したのであった。（中略）生産高におけるこれら個々人の差を説明することは，ただ強力な人間感情の作用を考慮に入れてのみ可能なのであった。つまり各労

働者の生産高水準は，その集団のインフォーマルな組織内における，彼の地位の反映にほかならなかったのである」(Roethlisberger, 1941)。

雲母剝ぎ作業実験

このように，人間的な要因が作業能率に影響すると考えられたので，彼らは次の実験で継電器組立実験の結果を確認しようとした。

　雲母室の実験はただ継電器組立の調査中の主要な部分を繰返えさせてみて，同一の結果が得られるかどうかをみるために行われた。雲母剝ぎ作業とは，先の尖った鋭い器具を使って雲母を標準の厚さ（1インチの2～3千分の1）の薄板に一枚ずつ剝ぎとる作業である。（中略）この作業には微細な手の動きと綿密な注意とが必要である（中略）。1928年8月27日からはじめられ，8週間以上にわたって，5名の経験工についてその生産高が測定された。（中略）彼女達は（中略）研究がはじまることを喜び，その研究には興味をもった。

(Mayo, 1933)

彼女達が実験作業室の雰囲気を喜んだ理由は，そこにはかつて彼女達が経験したような嫌悪すべき管理や監督がましい行為がないということであった。彼女達の意見によれば，その相違点は次のようなものである。

実験作業室においては，
第1　作業の進行を妨るものがない。
第2　達成しなければならぬ「責任割当額」がない。
第3　「ボス」もおらず，また隷属的な強制も行われない。
第4　牛馬が小屋に入れられているというような拘束のないこと（すなわち，束縛のないこと）。
第5　落した部品を無理に拾い上げさせないこと等。

(Mayo, 1933)

面接制度

彼らは，さらに大々的で詳細な面接調査によって仕事場以外での要因を含むさまざまな問題の仕事への影響を理解しようとした。面接調査は，全従業員4

万人のうち2万1千人以上に対して行われた。その結果，同情のない監督法，労働者仲間の仲の悪いこと，単調な作業または反復作業などの"圧力"（pressure）にさらされている人たちには，自身の幸福についてのゆがめられた解釈や，非合理的な応答をする傾向がみられた。また，その圧力は職場からのものとは限らなかった。ある面接の際に，「家庭では一向に面白くもなく，ここ（すなわち職場）では不当な取扱いをされているし，どうして毎日「憂鬱」にならずにいられよう」という陳述があった。

　そのような言い分が度々あったが，研究部ではこの種の言い分に関して次のように考えはじめた。

　第1　家庭内で面白くなく，『憂鬱』に感じている人は，職場状態について信頼するに値する判断をくだしうる人ではない。

　第2　彼はおそらくは悪性の環境の虜になっている。なにごとにおいても『憂鬱』に感じるが故に，不遇であり，不公平な取扱いをうけているという彼の信念をかためるようにすべてのことが解釈される。

　第3　そのような人を適当に『取扱う』には，彼の経歴，現在の境遇および彼の考え方，そしてその結果による彼の態度を知らなければならない。

（Mayo, 1933）

結　果

　このようにして，実験の関心は人間の感情に移っていった。長期にわたるホーソン実験はわれわれに何をもたらしただろうか。おそらくは，延々と続いたこの実験は，20世紀に進められた"仕事"の標準化，画一化に対して"人間"の側からの視点を提供した。上記の引用にみられるように，メイヨーは管理者によって行われた大々的な面接で従業員の悩みを聞くことの重要性に注目した。

　また，レスリスバーガーは，科学的管理は能率化ないし合理化の名において推進されてきたが，産業は同時にまた社会的現象でもあり，そこに働く人々の希望と抱負とが表現を求めている人間的な組織でもあるため，企業経営者は，働く人々および集団を，効果的に協力させてゆかなければならない，と述べている。

　作業集団の中に生ずる窮屈感の主たる原因の一つは，たしかに労働者の感

情を無視する能率の論理に求められねばならないであろう。そのような論理
が強行される場合には，厳密な意味で能率の論理にしたがわないいっさいの
行為（ときにはこれは社会的行動のほとんどすべての形式を含むものであるが）
は，ことごとく違法であるとみなされ，人前をはばかってこっそりと行われ
ざるをえなくなるからである。その結果，社会的行為は多く地下に追いやら
れ，最下層にあって会社側のフォーマルな組織と対立した別種の組織を形成
するにいたる。　　　　　　　　　　　　　　　　　　　　　（Roethlisberger, 1941）

　このようにして，ホーソン実験は，照明実験としてスタートし，人間関係論
や社会の分析や倫理的な思想にまで，その考察の範囲を広げて完結している。
彼らの実験と最終的な問題意識は，産業カウンセリングや精神的な健康の重視
へとつながっていく。しかし，現代のこれらの動きが定着するにはテイラーの
科学的管理法の発明からメイヨーらによる模索と指摘を経由して，さらに長い
年月を経たのちの社会の変化が必要であった。

第13章　産業・組織の中のストレスと現場での援助

公認心理師対応カリキュラムで含むべきキーワード──────
職業性ストレスとメンタルヘルス　作業負担，職業性ストレスとメンタルヘルス，
　バーンアウト，感情労働，ワークエンゲージメント
産業・組織分野における心理学的援助　産業カウンセリング，EAP（従業員支援
　プログラム）

1．ストレスとは

　ストレス（stress）はもともとは distress（苦痛・損傷・不安）などのいくつ
かの言葉の中から，最も適切な言葉（Selye, 1956）として，セリエ（Selye, H.,
1907-1982年）によって確立された概念である。セリエは厖大な動物実験を行い，
ストレスについて研究をつづけた。

　セリエはストレスを，「生体システムにおいて，非特異的にひき起こされる
変化すべてから成る症候群としてはっきり表れる状態」と定義した（Selye,
1976）。ここでいう非特異的とは，原因から特異的にひき起こされるものでは
ない，という意味であり，1つの限られた原因によって結果が一対一で（特異
的に）ひき起こされるとは限らないということである。まず特異的な反応につ
いて考えてみよう。たとえば，暑さを与えればその原因に対して血管の拡張が
起こり，寒さを与えればそれに対して血管の収縮が起こる。このようにして，
特異的反応はそれぞれの刺激によって結果となる生体反応が異なる。しかし，
非特異的な反応では，1対1ではなく様々なストレッサーに対して同じような
典型的な反応が起こる。

　セリエは，ネズミに暑さや寒さ，有害な薬物などのさまざまな刺激をストレ
ッサー（stressor：ストレスをひき起こすもの）として継続的に与え続けること
によって典型的なストレス反応が起こることをみいだした。与えられた刺激は
さまざまであったが，（非特異的な）共通する生体反応が起こるという結果が得

られた。その典型的な反応のパターンを汎適応性症候群（general adaptation syndrome：GAS）と名付け，次の３段階のプロセスを経ると考えた。

①警告反応期（stage of alarm reaction）——この期は２つの段階に分割できる。最初のショック段階とその後のショックへの対抗段階である。ショック段階には，自律神経の興奮性，アドレナリン分泌の増加，および胃腸潰瘍があらわれる。ショックへの対抗段階には，防御プロセスが初動して副腎皮質の活動が増加する。

②抵抗期（stage of resistance）——警告反応期の反応が消え，生体がストレッサーに順応しているようにみえる。有害刺激に対する耐性が高まる一方で，別のストレッサーに対する抵抗力は低下する。

③消耗期（stage of exhaustion）——さらに嫌悪刺激が続くと消耗期に入り，ストレッサーに適応するための能力が使い果たされ，抵抗力がなくなる。不可逆的な組織の損傷が起こる。それでもさらに刺激が持続すると，生体は死に至る。

　ストレッサーとして作用するのは有害物質などの物理的な刺激だけではない。精神的な圧力を感じることもストレッサーとして作用する。われわれは日常，「今度の期末テストがストレスになっていて気が重い」とか，「上司の無理解がストレスに感じられて会社に行きたくなくなる」などという言い方をする。しかし，これらの刺激は正確にはストレスの原因であり，ストレッサーである。ラザルス（Lazarus, 1966）は，「ストレスは個人が，これまでのやり方では自分で適切に対処できないかまたは，ウェルビーイングへの脅威に対して適切に対処できない，と知覚したときに起こる」と考えた。ウェルビーイング（well-being）とは，身体的・精神的・社会的に良好な状態をいう。

個人差と認知的評価

　個人がひき起こすストレス反応には個人差がある。おなじ刺激に対して，ある人はストレッサーとして強く感じるし，そうでない人もいる。また，ストレスを感じてもそれに耐えることができる人と耐えられなくなってしまう人とがいる。ある刺激に対してそれをストレッサーとして感じる強さをストレス感受性といい，その刺激を強いストレッサーだと感じた場合に耐えられるかどうかをストレス耐性という。ストレスに対する感受性や耐性は，パーソナリティに深く根ざしている場合もあるし，ストレスに対する考え方やストレスへの対処

（stress coping）によって変わる場合もある。

　ラザルスとフォークマン（Lazarus & Folkman, 1984）は，人間と環境との相互作用（person-environment transaction）を重視した。ひとは，環境（外的な刺激）との遭遇に際して，環境への認知的評価（cognitive appraisal）を行い，それに対処する。ストレスへの対処は，この相互作用全体の中で考えられる。彼らは環境への評価プロセスを一次評価（primary appraisal）と二次評価（secondary appraisal）の段階に分類した。一次評価で，①“環境”に何らかの問題があるかどうかを評価する。たとえば，自尊心を害する可能性があるかどうかのように，価値観や目的に鑑みて，潜在的な危害があるかどうかを評価する。二次評価では，その危害を克服または防止するために何ができるかを評価する。状況を変える，それを受け入れる，より多くの情報を求める，衝動的で逆効果になるような行動をやめるなど，さまざまな②“対処方法”（方略）が評価される。一次評価と二次評価は収束して，③“人と環境の相互作用”がウェルビーイングにとって重要な意味をもつかどうかを考え，もし重要であれば，その相互作用が脅威（危害または損失）の可能性をもつものなのか，または挑戦（克服できるかまたはなんとかメリットを得られるか）の可能性をもつものなのかを考えて，どのように環境に対処するのかを判断する（Folkman et al., 1986）。

　対処方略の選択には，個人的なパーソナリティや環境の認知などのさまざまな要因が絡んでいる。また，このような心的なメカニズムを考えることによって，危害を及ぼす可能性のある環境に対してだけでなく，積極的に活用できそうな環境に対する対処についても同じ理論的枠組みのなかで扱うことができる。いいかえると，理論的な説明力をストレス場面以外にも広げることができる。

対処方略

　ストレスへの対処方略（または対処方法：コーピング）にはどのようなものがあるだろうか。フォークマンとラザルス（Folkman & Lazarus, 1988）は，①問題直視型コーピング，②問題に対して距離をおく，③セルフ・コントロールをする，④社会的支援を求める，⑤責任を自分で引き受ける，⑥逃走・回避，⑦計画的問題解決，⑧前向きな再評価，を挙げている。また，問題に焦点を合わせたコーピングと，感情に焦点を合わせたコーピングに分類することができる（Folkman, 1982）。

　また，社会的支援（social support）が特に組織からもたらされるストレス緩和に効果があるとされている。ハウス（House, 1981）は，社会的支援として，同情してもらうなどの感情的支援（emotional support），実際に役立つことをしてくれるなどの道具的支援（instrumental support），情報を教えてくれるなどの情報的支援（informational support），ほめてもらうなどの評価的支援（appraisal support）を挙げている。

　ストレッサーから逃れる術がない状態にさらされ続けると，ストレスへの対処の機会が与えられてもすでにそれに対処する気力を失ってしまい，無気力状態でなされるがままになってしまうことがある。これを学習性無力感（learned helplessness）という（Overmier & Seligman, 1967: Seligman, 1975）。

職業性ストレス

　職業性ストレス（occupational stress）にはさまざまなものがある。新入社員が上司との関係に悩んだり，顧客への対応に苦慮したりすることは，職業性ストレスへの入口である。また，大学生までは自分のための時間を持てたのに，就職したとたんに組織に拘束され，自由な時間が奪われたと感じることもストレスになる。自分が自分でなくなったような感覚をもつという若者も多い。これらは，学生から現実社会に直面した際のリアリティ・ショック（reality shock）とも呼ばれる。中堅以上の社員にとっても職業性ストレスは大きい。実力ある若手社員からの追い上げをプレッシャーとして感じたり，仕事上の能力の伸び悩みに苦しむこともある。技術革新の進展や競争の国際化は，慣れない仕事を人に強いることになり，それがストレスとして感じられることも多い。たとえば，スマートフォンやタブレットなどの通信機器に不慣れな世代では，それをうまく使いこなすことができないなど，仕事に必須のスキルの習得が思うようにいかないという悩みもある。また，英語や中国語などの外国語に不慣れな世代では海外とのやりとり以前に外国人に対する身構えや心理的な障壁が大きいこともある。異動や転勤もストレッサーとして作用する。新しい職場に適応できずに悩んだり，新たな人間関係や新しく参入した職場の仕事の進め方がよくわからずに悩むこともある。職種によるストレスの違いもある。接客業では対人ストレスに悩むことが多い。また，金融機関では仕事上のミスを避けることについての緻密さを求められ，その緊張がストレスを生む。営業職では売上のノルマ（強制的にわりあてられた仕事量や目標数値）があればその達成へ

表13-1　職場ストレスの原因（荒記・川上，1993）

ⅰ）職場の物理化学的環境
　換気，騒音による精神衛生や血圧などの身体への影響や，重金属，有機溶剤などの有害物質による影響。

ⅱ）役割ストレス
　仕事上の責任や期待が不明確な"役割不明確"と，矛盾する指示や人員不足により相反する役割を負わざるを得ない"役割葛藤"。前者は，自信の低下，仕事の緊張感，職務不満足，抑うつ状態，生活の不満足，緊張，不安，怒りの発生に関与する。後者は，仕事の緊張感，職務不満足，高血圧に関与する。

ⅲ）職場の人間関係
　人間関係での葛藤や，上司や同僚からの支援がない場合，職務不満足，抑うつ症状，心疾患の発症，高コレステロール血症の発生に影響する。上司や同僚からの支援は他のストレス要因の影響を緩和する要因になる。

ⅳ）技術の活用の欠如
　これまでに習得した技能を発揮する機会が少ないことは，職務不満足，身体症状および喫煙量と関連する。

ⅴ）仕事のコントロール
　"仕事の自律性"は，職務満足感と作業能率の高さに関係し，身体症状，情緒的なストレス反応，欠勤率および転職率の低さと関係する。"意思決定への参加"は，欠勤率を除いた上記すべてに関係する。

ⅵ）仕事の将来の不明確さと将来不安
　不安定な雇用関係，昇進の遅れ，解雇の不安などが仕事と生活の満足感の低下や自信のなさと関係する。

ⅶ）量的および質的な作業負担
　労働時間の延長が心理的不調や心疾患の危険因子となる。量的および質的のいずれも，職務不満足，仕事の緊張，自己評価の低下，血圧および血清コレステロール値の上昇，頻脈，胃潰瘍，糖尿病，喫煙率，飲酒および問題飲酒行動に関係する。作業速度，時間の切迫，および作業負担の変化が激しいこともストレス要因と考えられている。

ⅷ）勤務形態
　交代制勤務と夜勤が，死亡率，消化器疾患および心血管障害に影響をあたえる。

ⅸ）仕事と仕事外の生活との葛藤
　身体症状および抑うつ症状に関係する。

ⅹ）仕事上のライフイベンツ
　失職，昇進，降格，勤務形態の変化などはうつ病などに関連する可能性がある。

ⅺ）技術革新
　機械のペースで行う作業では，心身の自覚症状が多い。作業中および休息時の双方で血中アドレナリン濃度が高い。コンピューターの使用等の技術革新によっても，コントロールの欠如や仕事量の増加，仕事の複雑さや単調さ，作業者間の交流の減少や仕事外の活動の減少が生じる。

ⅻ）その他
　作業の質と量との間の葛藤，対人責任，不十分な給与，長時間通勤などがストレス要因になる。

の圧力がストレッサーになる。

　それでは，職場におけるストレス要因としてどのようなものがあるのだろうか。荒記・川上（1993）は12種類の要因を挙げている（表13-1）。

ワーカホリックとエンゲージメント

　ワーカホリック（workaholic：または仕事中毒）とは，滅私奉公という言葉に代表されるように，自分自身の意思を殺してまで仕事に献身する姿勢である。仕事量が増えて精神的な疲労が高まると，何がなんでも働かなければならないというような気持ちになり，私生活や自分自身のための時間を犠牲にしてまで仕事に集中しようとする。外見的には主体的に働こうとする姿勢であり，ホワイトカラーに多い現象でもある。主体性があるようにはみえるが，実はさまざまな要因から働きつづけることへの圧力を感じており，そのために働かざるを得なくなっている状態である。こうした状態と長時間労働が重なると精神的な健康を損なう場合が多い。

　それに対して，**ワークエンゲージメント**（work engagement）は感情的にも身体的にも健康な状態で仕事に対して積極的に関与している状態である。令和元年版『労働経済の分析』（厚生労働省，2019）によると，「ワーク・エンゲイジメントが高い人は，仕事に誇りとやりがいを感じ，熱心に取り組み，仕事から活力を得て，いきいきとしている状態にある」。また，ワークエンゲージメントは，仕事に関連するポジティブで充実した心理状態であり，「仕事から活力を得ていきいきとしている」（活力），「仕事に誇りとやりがいを感じている」（熱意），「仕事に熱心に取り組んでいる」（没頭）の３つが揃った状態である。これはバーンアウト（燃え尽き）の対局の概念であるとしている。さらに，ワークエンゲージメントは，特定の対象，出来事，個人，行動などに向けられた「一時的な状態」ではなく，仕事に向けられた「持続的かつ全般的な感情と認知」によって特徴づけられる，としている。

２．メンタルヘルス

　職場での安全衛生を考える上で，身体的に健康で安全な職業生活を送るだけでなく，精神的健康（mental health：メンタルヘルス）も重視されるようになってきた。いうまでもなく，**職業性ストレスとメンタルヘルス**には深い関係があ

る。特に**作業負担**の大きさは，職業性ストレスとして作用し，メンタルヘルスをそこなう原因になりえる。

感情労働とバーンアウト

　第12章の20世紀前半のフォード工場の例でみてきたような，人が機械のスピードや動きに合わせて単調な作業を行う労働は人類の歴史の中で最近生じたものであり，人間本来の性質にかならずしも沿ったものではない。しかし，ストレスになるような負荷は，こうした単調な作業だけではない。接客を行う営業職や，看護師のような医療従事者，介護士などの福祉職など，相手の感情に働きかける必要があり，そのために自身の感情も使う必要のある仕事を**感情労働**という。感情労働のストレスは大きいとされている。特に自分自身の感情に負荷がかかり続けると**バーンアウト**（burnout）症候群に陥る可能性がある。

　バーンアウトという言葉はフロイデンバーガー（Freudenberger, 1974）が麻薬中毒患者に対するボランティアへの調査で用い，その後，マスラック（Maslach, 1976）が貧困層にかかわっていた弁護士への調査で用いた。当初は，医療関係者や教育関係者などの対人サービスを行う職業に用いられる概念であった。接客業でいくら顧客のクレームに対して笑顔で対応しても問題が解決しないことが続く場合がある。終末医療（ターミナル・ケア：end-of-life care）では，どんなに患者の感情により沿った治療を行ったとしても，患者は苦痛から逃れることはできずに死んでゆく。また，老人介護で入浴の介助をするたびに，身体を洗うことを嫌がられ，激しく罵倒され続けたり，毎回，暴れられたりすることもある。こうした感情労働では，自身の感情的な負担が報われずに，それが継続すると感情が疲弊してしまう。バーンアウトの状態を構成する要素は，情緒的消耗感（emotional exhaustion），脱人格化（depersonalization），個人的達成の後退（personal efficacy）である。その後，他の職種にも起こりうる現象として対象が拡大され，それとともに，一般的なバーンアウトの特徴として，情緒的消耗感（emotional exhaustion），冷笑的態度（cynicism），職務効力感（professional efficacy）の低下，がみられるとされている。

3．産業分野での専門的な心理学的援助

　産業カウンセリングとは，産業分野における心理相談である。一般社団法人

日本産業カウンセラー協会は，①メンタルヘルス対策への支援，②キャリア形成への支援，③職場における人間関係開発・職場環境改善への支援，の３領域を挙げている。

　狭義の産業カウンセリングは，企業の相談室や企業外に設置された私的な相談機関・相談室や医療機関，公的機関によって行われる。対象は，職場で困難に陥っている人であり，この人々に対する相談面接を指す。カウンセリングの主要な方法としては，個人面接またはグループ面接やピア・カウンセリング（pia counseling：おなじ問題をかかえた人どうしで話を聞き合い，支え合うカウンセリング活動）があり，技法としては，傾聴や助言指導が中心になる。広義には，企業内や企業外で友人や知人，特に上司が部下の抱えている問題について相談にのる，なども含む。産業カウンセリングの対象は，主に働く人々である。それだけでなく，経営者も含む。また，まだ働いていない求職中の人々に対する進路指導や職業選択の援助も産業カウンセリングに含まれる。

　職業と家庭生活の問題は切りはなすことができないため，家族に関する相談や，家族からの相談にも対応することになる。たとえば，自分が仕事中に息子が万引きで補導されたが，どうしたらよいだろうか，などという問題を抱えている親は，落ち着いた状態で仕事が手につかなくなるので，すぐに産業カウンセラーがアドバイスをあたえる場合もある。また，転勤にともなう単身赴任中の子どもの進路問題や親の介護，相続の争いなどが大きな悩みになると仕事に支障をきたす。そのために，これらの問題を解決するための場が求められ，産業カウンセラーがその役を負うことがある。働く人々の家族も産業カウンセリングの対象になる。

　産業カウンセリングは，公認心理師，臨床心理士，産業カウンセラー，認定カウンセラーなど，公的・私的な資格所有者の他に，元経営者，社内の人事部長を経験したことがあるなどの元管理職，または，その企業に在籍中の現役の管理職・職員などが個人の相談に乗ることで，実質的なカウンセリングを行うこともある。全管理職に対して僧侶によるカウンセリングを行っている企業もあった。

　社内の上司が部下に対して行うカウンセリングは，ライン・カウンセリングといわれていた。組織の指揮命令系統をラインといい，そのライン上で行うカウンセリングという意味であったが，現在では，ソーシャルネットワーク（social network system：SNS）サービスの１つである LINE を用いたカウンセ

リングのことをライン・カウンセリングと呼ぶようになっている。

社外からの支援

　上司などの社内の非専門家による相談では，深い心理的な相談をうまく行うことは難しい。しかし，大規模な企業でないと社内の専属カウンセラーを雇うことも難しい。そのために，社外の相談資源が活用される場合が多い。そうした資源としては公的機関，医療機関の他に，EAP企業がある。**EAP（従業員支援プログラム）** とは，employee assistance program の略語である。EAP は米国で従業員のアルコール中毒や薬物中毒に対する施策としてはじめられたとされている。アルコールの過剰摂取で仕事がうまくできなかったり，欠勤や遅刻をする従業員は作業効率が低い。こうした従業員を更生するための活動として生まれたといわれる。社内での活動の場合と，社外の組織を利用する場合がある。また，米国では，配偶者のアルコールや薬物中毒による家庭内暴力から従業員を守ることもこの活動の対象になっている。働く母親が夫による子どもへの家庭内暴力が心配で職場に来られないなどの問題への支援を行うこともあるという。日本では，そのような問題は少なく，社外の相談機関が，主に精神的な悩みの相談にあたることが多い。日本では，こうしたサービスを行う企業がEAP企業と呼ばれている。

　EAP企業の多くは，企業と契約を結び，契約した企業に所属する社員およびその家族に対して電話で相談できるようにパスワード等を付与する。契約した企業が料金を支払い，社員などが相談をする際には，個人としてはあらためて料金を支払うことなくサービスを受けることができる場合が多い。本人や家族によるさまざまな相談が持ち込まれる。相談する側は，相談内容が“心理的かどうか”には関心はなく，具体的な問題の解決を望んでいる。また，誰がどのような相談をしたのかを契約企業に知らせることはない。多くの場合には，月ごとの全体の相談件数や相談分野ごとの件数をまとめて報告するだけである。

　電話相談の形態が多いが，webメールやSNSを活用して相談に応じるEAP企業も増えてきている。また，相談者が望めば，対面型のカウンセリングを行う。その場合，EAP企業の施設内の相談室で面談を行うこともあるが，クライエントの所属企業の会議室を用いる場合もある。また，相談していること自体を会社から知られたくない場合には，クライエントが指定する喫茶店やホテルのロビーなどで面談を行うこともある。EAP企業は，ストレスチェック制

度にともなうストレスチェックを行うことも多い。その場合，質問票を配布するよりも web アンケートの形態をとることの方が多い。また，被災者に対する心理的支援や教育委員会の依頼で小・中学校の生徒に対する SNS による相談業務を行うなど，業務の幅をひろげている EAP 企業も多い。

4．専門家による心理学的援助の方法と手順

　専門職者が行う心理的な支援の中心は面接になる場合が多い。面接の目的は，その立場によっても段階によっても異なる。来談者の不安や感情的問題を緩和することが目的である場合もあるし，直接的な人間関係の問題や，異動，転職，あるいは失業，休職にともなう心理的な適応が中心課題になる場合もある。休職後の本格的な復帰の可能性について心理的なアセスメントを行うことが主目的になることもあるし，復職支援にかかわることもある。またキャリアの発達や転換を目的とした面談もある。いずれにせよ，面接が連続したセッションになる場合には，毎回のセッションが全体を通した目的にあわせて整合している必要がある。また，目的は面接途中で変わることもある。産業カウンセリングでは，産業活動の分野での問題やそれに付随した問題を解決することが前提である以上，期限内での一定の解決を求められることも多い。そのために，解決までのタイムスケジュールも重要になってくる。

面談の構造と現場などとの連携

　一般的に，面談を行う際には，クライエントの現状についての理解や心理的状態の理解から出発する。それをもとに，面接終結時にどのような状態になっていればよいのかを明確にし，面接目的を具体的なものにする（しばしば来談者が最初にいだく最終目的は幻想的であったり抽象的なことがある）。その上で，クライエント自身が目的にむかって自らが考えられるように支援を行う。心理面接だけでクライエントが抱える問題を完全に解決することは難しいので，問題解決のための資源（医療機関，公的制度・社内制度，所属企業の仕事内容や異動の仕組み，人事担当部門，上司・同僚などの人間関係，または家族・友人，あるいは法律関係のアドバイザーなど）の利用が必要な場合もある。こうした連携は，場当たり的に行うべきではなく，ある程度，構造化された手順の中で可能かつ適切な連携を試みることになる。特に社外の専門機関による面接では，社内資

源へのアクセスが限られるため，クライエント本人が自身で連携を働きかける
必要が生じることが多い。

　しかし，本人が，直接，自身で社内に働きかけて問題が解決するようであれ
ば，もともと外部相談機関への来談はなかったであろう。そのようなことを鑑
みると，問題の性質にもよるが，外部の心理専門職ができる最良の解決策は，
クライエントが上司をつうじて，あるいは周囲の人たちといった間接的な働き
かけによって，より権限の大きい上司や人事部門が具体的な実行策を講じてく
れるような状態をつくることである，という場合もある。この場合には，面接
を行っている心理専門職には，クライエントのパーソナリティへの視点だけで
なく，クライエントの組織の文化や制度によってもたらされる組織特性やグル
ープ・ダイナミックスがどのようになっているのかを理解する必要がある。い
ずれにせよ，こうした理解はセッションをつうじてあるていど計画的に取得し
た情報によってもたらされる。

初回面接の重要性

　初回面接は，いうまでもなくカウンセラーがクライエントと本格的に会い，
話し合う最初の機会である。カウンセラーにとっては慣れきった日常的な場面
であっても，クライエントにとっては，はじめて会う面接者に対するその後の
印象や心がまえが決まる大切な場面である。クライエントが今後，2回目以降
の面接を続けるかどうかについて意思決定する要因の1つにもなる。またカウ
ンセラーにとっては，今後，そのクライエントの問題をその機関で受理し，今
後，扱っていくべきかどうかの基本的な判断を最初に行うべき場でもある。

　初回面接を受けるにあたって，クライエントは心理カウンセラーからは見え
ないさまざまな動機を持っている。自分自身が抱える心理的な問題を解決した
いと考えている場合もあるが，心理的な問題だけでなく，時には，医学的な問
題が原因になっていることもあるし法的な問題が解決の重要な要因になる場合
もある。基本的にクライエントは問題を解決したくて，あるいは解決のために
カウンセラーを利用したくて相談に来ている。ほんとうは"心理的"な問題の
重要度が低い，とクライエントが考えて来ている場合もある。本人の意思で来
談してくる場合と，周囲や身内の人などから指示されて来たり，大人であって
も母親や実兄などにつき添われて来談してくる場合もある。本人ではなく職場
の上司などからの相談もある。精神的な疾患や身体的な疾病を疑われる場合に

は医療機関へクライエントを紹介することが必要になる。あるいは問題によっては法的機関への紹介が適切である場合がある。

面接記録

　記録の形式は，相談機関それぞれによって書式が決まっている場合が多い。目的により記録の形式は異なるが，一般的にはおおむね，以下の要件を備えている。①クライエントの年齢・性別や職業・家族構成などを記入したフェイス・シート（face sheet），②主訴，③主訴に関連する経緯，④現在の環境や人間関係，⑤生育歴，⑥クライエントの印象やパーソナリティの特徴，⑦各回の面接の経緯と所見，⑧面接者の側の対応，⑨今後の方針や課題，あるいは終結した面接であれば結果について，⑩特記事項，などである。上記のような記録をまとめるにあたって，面接中にメモを取ることがある。面接中にメモを取るか取らないか，またどの程度細かいメモを取るのかについては，カウンセリングの技法や流派によって異なる。いずれにせよ面接が終わってから記憶が新しいうちに面接記録を付けておく必要がある。

　面接中にメモを取る場合には以下の点に注意する。メモを取りながらも，クライエントの方を見て視線を合わせるなど，会話を妨げないように気をつける。あまり熱心にメモをとることに集中してしまうと，うつむいてノートを見てしまい，クライエントに十分な視線を向けられなくなる。するとクライエントは，面接者が集中して話をきいてくれないという印象を持ちやすくなる。こうしたことは自分ではなかなか気づくことができない。したがって，メモをとらずにすむのであれば，できるだけ，面接中にはとらない方がよい。

　また，クライエントは，面接者がメモを取る内容に関心を持ってしまい，自分自身の話に集中できなくなってしまう傾向がある。クライエントは，面接者がどんなことに関心がありメモしているのか，何をメモしないのかを知りたくなる。また，自分自身が言いたいことよりは面接者がメモを取るような内容を進んで話そうとするようになりがちになる。クライエントが話す速度にメモを取る速度が追いつかないと，クライエントは面接者がメモを取り終わるのを待ってから，次の話をするということにもなる。このような場合には，面接者がメモを取り終わるまでの間，クライエントの心の動きが遮断されてしまう。ただし，面接中にメモを取り，それを面接の中で活用することもできる。今，クライエントが話している内容に関連する内容を振り返ったり，話の前後で矛盾

するようにみえる事柄を確認したりすることができる。また，面接中のメモは後で記録をまとめる際に役立つ。

各回ごとの記録

　毎回，面接終了後に記録を付けることによって，自分自身が行った面接について振り返ることができる。それにより面接で足りなかったことや今後工夫しなければならないことが明確になる。あまり時間が経ってしまうと印象が薄れてしまい，曖昧な部分が生じがちになってしまうので，面接終了後，直ちに記録しておくべきである。各回ごとに記録を取っておくことによって次の面接を行う際に，前回の面接を明確にイメージできるようになる。クライエントにとっては，面接者はその問題に関してたった一人の面接者である場合が多い。それに対して面接者にとっては，クライエントは多くのクライエントの一人でしかない場合が多い。そんな時に，どうしても前回の面接の印象は，クライエントの方が鮮明に覚えている場合が多い。面接者が前回の面接の内容について曖昧であったり，最悪の場合には事実を取り違えていたりすることはクライエントの失望を招く。そういった間違いを避けるためにも，毎回，記録を付けておくことは大切である。

　できるだけ，①根拠のある客観的事実，②事実かどうか分らないがクライエントが言ったこと，③クライエントが言ったことから面接者自身が推測したり考えたこと，は分けておく必要がある。たとえば，クライエントの上司が理不尽である，という記述は書いた時には分っていても時間が経つにしたがって上の①〜③のいずれであるかが曖昧になってきてしまう。記録を残す際に，この3つを明確に区分しておくことが大切である。面接の方針，クライエントが言ったこと，面接者の側の対応，所感，前回の面接と比べての際だった違い，今後の目標や方針，その他に気づいたこと，についてきちんと区分して書いておくと次回以降の面接の参考になる。ケースカンファレンス（case conference：事例の問題点や今後の方針についての会議）での資料やスーパービジョン（supervision：指導者からの指導）で指導を受ける際の資料を作成する手間が格段に少なくてすむし，正確な情報に基づいてこれらを行うことができる。また，クライエントの発言で印象に残ったものについては，クライエントの言葉をそのまま生かして書いておくと，後で振り返る際に，面接の内容や場面を鮮明に思い出すことができる。

　なお，スーパービジョンで用いるために，クライエントの許諾を得て，面接の内容を録音し，それを逐語の文章に起こして検討資料として用いることがある。この場合のクライエントへの許諾は文書で行う。新型コロナウイルスの蔓延からは，スーパービジョンを対面ではなくオンラインで行うことも増えたが，その場合には，オンラインにともなう情報セキュリティに注意するとともに，そのような形態で面談内容が検討されることについてクライエントからあらかじめ許諾を得ておくことが必要である。

守秘義務と記録の保管

　最も大切なことの１つが機密保持である。クライエントの悩みや秘密が保持されるということが保証されないと，クライエントは安心して話をすることができない。クライエントが法に反したことを行いそれを通報する義務があるといったようなことを除いて，クライエントの機密が確実に守られるということをクライエントに保証し，それを守らなければならない。クライエントに関する一切の情報は，クライエントの関係者（家庭・学校・職場）に伝えられることはないと約束し，面接者はそれを守らなければならない。ただし人命に関わる事柄であったり，自身や他者への重大な傷害が発生する可能性があるなどの場合については例外になる。それから，クライエントの側に誤解がないよう，クライエントの問題解決のために面接を行う施設内で専門家が意見交換（前述のケースカンファレンスやスーパービジョンなど）をする可能性があるということを伝えておく。この際にも，機密は守られることを保証する。

　記録は保存期間を決めて鍵のかかる場所で厳重に保管する。パソコンなどのデータにする場合には，そのパソコンを他の目的の使用と共用せずに，単独で使用する。記録へのアクセスはパスワードを用いて他人がアクセスできないようにする。また，インターネット接続ができないパソコンを用いて情報漏洩を避ける。ノート型パソコンであれば，それを通勤などで絶対に持ち出さない。情報開示を請求された場合に問題になるので，保存期間は必ず守る。保存期間が過ぎたら必ず安全なかたちで廃棄する。

5．現場での上司からの心理的支援

　第12章でみてきたホーソン実験は，管理職による大規模な面接で幕をとじた。

そこでわかったことは，私的なことも含めて従業員の話をていねいに聞くことが，従業員のモチベーションや満足にとって，また仕事の生産性にとって有益であったということであった。人は金銭よりも，友人や職場の仲間から立派な人として認められることによる満足感を望んでおり，社会的承認が大切であることをレスリスバーガーは強調している。また，監督者のほうが胸を開いて従業員の問題について語り合うことに注目していた（Roethlisberger, 1941）。メイヨーは，監督者が従業員に話したい内容を自主的に話させ，それをじっくり聞くことの効果を重視した（Mayo, 1933）。

　メイヨーやレスリスバーガーの言を待つまでもなく，部下に対して承認や安心感をいちばん強くあたえることができるのが上司という立場である。

上司からの支援の効果

　仕事集団や上司からの支援は，職務満足や職務へのコミットメントに対して，緩衝効果を持つ（Abdel-Halim, 1982）。野辺・田中（1994）の社会的ネットワークの構造に関する調査によると，「仕事上の話や相談」は職場仲間に行うことが多い。彼らは，その理由として，仕事上のことについては職場のサポート状況を熟知している職場仲間にしやすいからであろうとの推測を行っている。また，同僚よりも上司からの支援の方が従業員の職務ストレッサーに対する評価を低減させる（Marcelissen et al., 1988）。それでは，上司のどのような態度が部下の感情に対してプラスに働くのだろうか。

　第6章で三隅（1964, 1966）によるPM理論をみてきた。それによると，P型リーダーは集団における目標達成や課題解決に関るリーダーシップの要素を強く持つリーダーである。また，M型リーダーは企業組織の内部体制の維持に関るリーダーシップの要素を強く持つリーダーである。PM型は，その両方を兼ね備えたリーダーである。藤田（1975）はリーダーシップのタイプとメンバーの構えの解消との関係を調査した。ここでいう構えとは，他の有効な解決方法を考慮せずに過去に成功した1つの解決方法にこだわり続ける傾向のことである。高不安群の被験者の構えの解消に最も大きな効果を及ぼしたのがM型のリーダーであり，低不安群の被験者の構えの解消に最も大きな効果を及ぼしたのがPM型のリーダーであった。このような結果から，リーダーのM型行動が人の緊張を解消し，情緒的な圧迫感を取り除く効果を持ち，動機づけの効果を高めることによって，部下にとってのソーシャルサポートとして機能するの

ではないかと考察している。また，Ｐ型のリーダーは道具的サポートをより多
く行い，Ｍ型リーダーは情緒的サポートをより多く行っていると考えることが
できるという（Pattison, 1977）。

職場でソーシャルサポートが機能する条件

　ハウス（House, 1981）は，情緒的，道具的サポートの他に，情報的，評価的
なサポートを加え，それらの４つのサポートのうちの１つまたは２つ以上を含
む個人間の相互交渉がソーシャルサポートとして機能するとしている。企業に
おける職場組織では，情報的サポートを行うためにも，また，評価的サポート
を行うためにも，その前提としてコミュニケーションが十分であることが必要
になる。また，上司からの情報提供も，部下の現状や行動に対する評価づけも，
上司と部下が頻繁に接触していなければ正確に行うことが困難である。しかし，
実際の企業組織では，上司と部下の仕事上での物理的位置が離れていたり，業
務上の関連性や業務の重要度などから，上司と部下のコミュニケーションの密
度にはばらつきがあると考えられる。

　フェスティンガーら（Festinger et al., 1950）は大学の既婚者寮に移り住んで
から半年後に親密になっていた部屋の住人を調査したが，隣の部屋の住人とは
親密になっていることが多く，部屋が離れている場合には親密さは小さくなる
ことを発見している。ザイアンス（Zajonic, 1968）は，見知らぬ言語や顔写真
を提示し，好感度を測定した。その結果，提示される回数，すなわち接触回数
が増えることによって好意度が増加することを発見した。単に写真を見たりす
るだけで相手に対する好意が向上するというこの実験効果を，単純接触効果
（mere exposure effect）と呼ぶ。上司にとっては，よく挨拶に来る部下，近く
の席の部下に対してより強い好意を持つ可能性が高い。こうした理由から，上
司が部下に対して十分な支援を行うためには，日ごろの接触やコミュニケーシ
ョンが重要である。

６．現場での心理学的面談の進め方

　それでは上司は部下をどのように支援するのだろうか。実際の業務につき添
って行う OJT や，課題をあたえて成長をうながす，などさまざまな手法があ
る。どの場合においても基本は面と向かって行う話し合いや指示が基本になる。

面談をふくめた部下への対応は第6章のハーシーとブランチャードのリーダーシップの状況適合論（Hersey & Blanchard, 1977）に示されたようなかたちで，部下の状態に合わせて行うことが基本である。

上司としての面談の基本と重要性

　ここでは，基本的な役割としての部下に対する面談について考える。ここから部下への詳細な指示が可能になり，また，最終的に第9章でみてきたような現場での査定が可能になる。面談は，部下と一対一で本格的に向かい合い，じっくりと話し合う数少ない機会の1つである。部下が面談の中でやる気を失ってしまったり，この人に対しては何を話しても無駄だと思ってしまうと，その部下は，もう上司に対して積極的に話をしたがらなくなり，上司に対して自分から働きかけようとはしなくなってしまう。

　面談にはさまざまな種類の面談があり，それぞれの面談の目的に応じた手順と内容がある。目標設定面談や，中間報告のための面談，上司からの指導を行うためのコーチング面談，業績評価を行うための評価面談や，なぜその評価になったのかを伝え，改善課題を話し合うためのフィードバック面談などである。逆に，部下の側からの相談や依頼があり，面談を申し込まれることがある。自分たちが，今，一体，どんな目的で面談をしているのかを明確に意識しておく必要がある。

7．現場での心理学的面談ですべきこと

　多くの面談で共通することとして，部下からの話を聞いて，部下が抱えている問題の経過や，具体的に困っていることは何かなどを，上司が把握することが基本になる。一見，何も問題がないようにみえる場合でも，周囲の状況，環境変化の可能性などを部下から聞きだすようにする。面談時間にゆとりがあるならば，本人の仕事ぶりや成長した点などの他，部下どうしの関係や関連する他のセクションとの関係などもできるだけ聞きだすようにする。聞きだした情報をもとに，部下が今後，何をするべきかについて話し合い，話し合った通りに行動するためには本人が何をすればよいのか，上司は，どんな支援や環境づくりをすればいいのかを明確にする。

　面談の流れをスムーズに進めるためには，どのようなことが必要なのだろう

か。まず最初に必要なのが，"信頼感の下地づくり"である。上司が，ある日，突然，近づいてきて，「おい。ちょっと時間はあるか？　今から面談するぞ」と声をかけてきて，打合室に連れていかれたらどうだろうか。期待と不安の両方を抱くかも知れないが，たいていの場合，期待よりも不安の方が大きいだろう。人は不安を抱えていると身がまえてしまう。特に，突然，声をかけられた場合などは，信頼感を抱くという以前に，「これから，どんなことをいわれるのか？　どんなことが起こるのか？」という疑問や，もし，嫌なことを言われたらどう切り返したり，いいわけをしようかと身がまえてしまう。

　面談をするときには，事前に時間や目的を伝えておいた方がよい。そうしないと，部下は，あとで，面談ではあんなことも言っておけばよかった，こんなことも言っておけばよかった，などと，しきりに後悔することになってしまう。部下は，緊張した状態で面談を受けても，言いたいことが言えずに後悔することになる。

座席の配置

　最初の座り方も大切である。図13-1①のように正面から向かい合って座ると，話が込みいってきたときに，言い合いになることがある。相手の言葉を正面から受け止め，正面から返すことになる。お互いが物理的にぶつかる方向の座り方である。図13-1①の座り方は，部下を叱るときや，厳しく命令を下すときに使う。

　大抵の面談では，ともに通じるものをみつけ合い，ともに目標に向かっていく信頼関係を基本にして進めていく。そのためには，図13-1②のように直角に座るとよい。こうすると，机やテーブルの上に資料を広げて，それをもとに同じ方向から同じ目線で二人で話し合うこともできる。図13-1②の位置は，正面からぶつかり合うことの少ない位置である。では，図13-1③のように並行して座るとどうだろうか。この座り方は，二人が完全に信頼しあい，協調していくときの座り方になる。残念ながら上司と部下の考えや目指す目標数値などが完全に一致することはない。どうしても違いがあり，それを納得しながら埋めていく。この図13-1③の座り方で面談を進めると違和感が感じられ，いごこちが悪くなることも多い。この座り方は，上司と部下が昼食などプライベートで食事をするなどの場合に適した座り方である。

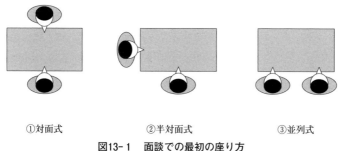

①対面式　　　　　　②半対面式　　　　　③並列式

図13-1　面談での最初の座り方

面談でのお互いの距離と視線

　あまり考えすぎて距離を決めると，実感として違和感を感じるような距離になってしまう。相手が緊張しているようなときには，少し離れて座り，話が進むにつれて少しずつ近づいていくようにする。一番遠い位置として，手を伸ばすとぎりぎり届かない距離が目安になる。緊張の度合いが高い場合には，その距離から始めるのがよい。もちろん，ある程度，信頼関係ができている相手には，もう少し近い位置から面談を始めてもかまわない。近づきすぎて相手の表情が固くなったり，少しもじもじと居心地悪そうにしたら，自分のイスを少し引いて距離をとればよい。

　視線については，通常は，話をするときに相手の首より少し下をなんとなく見る感じで，焦点を定めないで自然に話す。あまりうつむいてしまっていて，相手を見ないで話そうとすると，信頼感は生じにくくなる。時々，相手の顔を見るぐらいがちょうどよい。確実に伝えたいことを言ったり，絶対にやらせたいことについて部下に念を押すときにしっかりと相手の目を見る。それ以外のときにはきつい視線は送らない。目をあわせる時間としては，1つの単語を話す間ぐらいの，ごく短い時間になる。それ以上，長いあいだ，相手の目を見て話そうとすると，話す方も聞く方も，負担が大きくなる。逆に，話を聞く側に回ったときは，なんとなく相手の口元あたりに視線を置くと，「あなたの話をしっかり聞いていますよ」というメッセージを送っていることになる。相手の話が一段落したら，相手の目を見て軽くうなずくと，「今の話はきちんと聞きましたよ」という合図になる。

8．面談の内容

　それでは，さまざまな面談で共通してやるべきことの内容はどのようなものなのだろうか。上司にとっては，部下がどのように考え，どう行動してそれを結果に結びつけているのか，日常の観察だけからはわからないことが多い。曖昧な情報や間接的なうわさ，事実誤認に基づく上司の側の思い込みがあると，部下は，「この上司は自分のことをわかってくれていない」と思ってしまう。

　そこで，面談の前半では，とにかく，部下から情報を集めることを心がける。部下の話が逸れた場合には，相手の言葉を途中でさえぎらずに，単語が途切れるのを待って，「ちょっと待って。その話は，重要そうだから，後で聞こう。さっきまで話していた○○について，もう少し詳しく話してくれないか？」などと，相手を否定しない言い方で話の軌道修正をする。大切なのは部下の話を途中で切ってしまうことによって，強引にこちらが用意した方向に戻したり，部下の言っていることを否定したり，疑いの言葉を頻繁に挟むことをしない，ということである。こうしたことが続くと，部下は，面談での上司への信頼感をたちまち失い，話をするのをやめて，自分の方が聞き役に回ろうとする。そうすると部下は，上司からの質問にも最小限の答えしか返さなくなってしまう。

質問による方向づけ

　また，面談の方向は，聞き役の側がコントロールすることになる。質問の方向によって，面談の方向が決まる。たとえば，部下が，「このごろA社に営業に行っても，こちらからの提案がなかなか通らないのです」と言ったとする。上司が，「最近では，君は，具体的にA社の誰にアプローチしているんだね？」とか，「特に，どんな種類の提案が通りにくくなっているんだい？」と聞くと，その問題について，部下はより詳しく説明していくことになる。

　また，上司が，「それは大変な思いをしているんだな。お客様への提案が通らないときって，どんな気持ちになるのかな？」と聞いてあげれば，部下は，提案が通らないときの気持ちを説明することになる。それに対して，上司が，「なるほど，それは辛そうだね。他にも困ったことはないかい？」と聞いてやると，部下は，他にも自分の仕事で困っていることを喋ることになる。

　このように，質問をするときには，自分がこの面談で何を知りたいのかとい

うことと，部下に対して，どういう質問をすればもっと喋るようになるのかを
考えながら，質問を組み立てていく。その際に，部下が話したいと思っている
ことをできるだけ聞きだしてあげることが重要である。また，相手が答えた内
容に対して，相手の心情をできるだけ理解し，共感するように心がける。ただ
し，事実についての誤解や，相手の一方的な解釈に対しては，同意しない。

全体像の把握と重点ポイントの設定

　部下から情報を収集したら，部下がどういう問題を考えているのかを一緒に
考える。しばしば，部下には表面的な事柄しか見えていない。全体像がみえる
上司の立場からみると，もっと深い問題が隠れていることがある。もし，上司
の立場からそれがわかれば，上司と部下が協力して，その問題を解決していく
方法を考える。部下のすべての問題について話し合おうとしても，限られた面
談の時間内ではカバーできない。そこで，部下の仕事の全体像の中で，何が大
切なのかについて優先順位をつけて考えることになる。そして，優先度の高い
ものを重点ポイントとして，問題解決を考えていく。

　そのときに，部下への指示は，ステップ・バイ・ステップで与える。最終的
にどうすればよいのかだけでなく，最終結果を出すためには，その途中途中の
どの時点で，どういうことができていればいいのか，そのために何を具体的に
やればいいのかを一緒に考えていく。部下が問題を処理しやすいようにスケジ
ュール化し，問題を小分けして，取り組みやすい状態にして考える。そして，
部下の仕事の全体像や，仕事を進める上での希望を考えさせる。部下が現在の
仕事のどういう側面に満足していて，どういう側面に不満を持っているのかを
把握し，部下のモチベーションを引きだしていくことになる。

　現代のわたしたちは，第12章でみてきたメイヨーやレスリスバーガーを経て，
第3章のさまざまなモチベーション理論を知っている時代に生きている。その
上で，問題解決にあたって，上司としてどんな援助をしてあげることができる
のかを明確にしてそれを伝える。部下がやるべきことについては，面談の最後
に必ず確認し，念を押す。そして，上司として部下が仕事を進める上で必要な
援助を与える約束をする。面談後は，すぐに，部下が小分けした問題に取り組
み，やるべきことをやっているかどうかのフォローを行う。

第14章　労働関連の法律と施策

公認心理師対応カリキュラムで含むべきキーワード

産業・組織分野の制度・法律・職種　労働基準法，労働契約法，労働安全衛生法，
　過労死防止対策推進法，男女雇用機会均等法，労働基準監督官，産業安全専門
　官・労働衛生専門官，産業医
作業改善・安全衛生　労働災害，ヒューマンエラー，職場の快適性，安全マネジメ
　ント，安全衛生活動，リスクアセスメント
職業性ストレスとメンタルヘルス　疲労・過労
キャリア形成　ワークライフバランス
産業・組織分野における心理学的アセスメント　ストレスチェック，組織風土およ
　び労働環境のアセスメント
産業・組織分野における心理学的援助　労働環境の改善，職場のストレス予防と
　ストレスマネジメント，就労支援（復職支援含む），ハラスメント

1．産業・組織で働くことに関連する基本的な契約と法律

　組織のために"働き"，組織によって"働かされる"ことは，一定の約束の
うえに成り立っている。特に，組織に雇用されて働く場合には，個人と組織と
の力関係には大きなへだたりがあり，個人が意に反したことを行わざるを得な
いような圧力を受けたり，保障されるべき個人の権利が侵害される可能性もあ
る。人類の歴史上いたるところで強制労働が行われてきている。そうしたこと
から，労働分野の法律は，個人保護の側面が強い。

　この第14章では，本来は"産業・組織心理学"があつかうべき心理学の問題
から多少，距離のある法や行政施策を検討する。公認心理師対応科目としては
必須であるが，通常の産業・組織心理学ではそうではない。この章を飛ばして
読んでも通常の産業・組織心理学としては問題はないが，しかし，日本社会で
実際に働く者にとってはある程度必要な基礎知識でもある。

　心理カウンセラーにとっても法律は重要な問題である。心理的な問題として
カウンセラーのもとに持ちこまれた問題にも，実は法律上問題になるような背

景が含まれていることがある。たとえば時間外労働が不当に長いことが背景にあったり，解雇されそうだがどう対処したらよいか，などが心理的問題の前提になっているなどである。当事者である労働者も法律の基本を知らず，対応するカウンセラーも知らないという場合には，企業の違法行為を誤って心理問題として捉えてしまうこともあり得る。また，管理者が法律を知らずに労働者に対処していることさえある。

　また，労働関連法規は改正されることが多い。改正や新しい法律が施行されることが多い分野でもあり，本章での記述はすぐに古くなってしまうことが危惧される。読者には最新の情報をフォローすることをお願いしたい。なお，本章の記載は2020年現在の内容である。

労働条件と安全性

　産業・組織心理学に関連する分野として，労働条件についての定めと精神的な安全衛生にかかわる法やとり決めについて考えてみたい。

　労働条件については「労働基準法」が労働条件などについての基本を定めている。心理的な問題や疾病は安全管理の問題の一環として位置づけられている。基本的には，**「労働安全衛生法**」（1972年施行，その後，改正が続いている）によって示されている。

労働契約

　労働者と，労働者を雇用する組織（使用者）との関係は「労働契約（雇用契約ともいう）」によって個別に定められる。

　労働契約は労働者が何をどういう条件で提供するのか，またそれに対して使用者がどのように金銭的な報酬を提供するのかを定めるものである。労働者は，使用者の指揮命令を受けて働き賃金を得ることによって雇用関係が成立する。

　使用者側は労働者に対して解雇や減給などの制裁を加えることができる。そこで，そういった強い立場を利用して，使用者が労働契約に反したことをおこなっていないかどうかが問題になる。また，労働契約が労働関連法規から逸脱していないかどうかが問題になる。

　「労働基準法」「労働安全衛生法」「最低賃金法」などは，強行法規とされており，任意の「労働契約」を制約する内容となっている。これらの法規を逸脱した労働契約がおこなわれたり，労働契約が守られない場合には，労働基準監

督署の指導や監督がおこなわれ，悪質な場合には刑事罰が科されることになる。

　労働基準法や労働契約法，労働組合法などの労働関係法規を守らない事業者を取り締まるために労働基準監督署が設置されている。厚生労働省の労働基準局や各都道府県の労働局，労働基準監督署には，特別司法警察職員の**労働基準監督官**が勤務している。労働基準監督官は，事業場への立ち入り調査だけでなく使用者に対する行政指導や行政処分をおこなうことができ，臨検や逮捕・送検の権限を持っている。

　また，都道府県労働局や労働基準監督署には**産業安全専門官・労働衛生専門官**が配置されている。産業安全専門官は，安全衛生改善計画の届出に関する事務をおこなったり，労働災害の原因の調査や安全に係る事務をおこなうとともに，事業者や労働者に対して，労働者の危険を防止するための指導や援助をおこなう。労働衛生専門官は，衛生に係る事務と労働者の健康障害を防止するための指導や援助をおこなう。

労働三法

　労働三法というのは「労働基準法」（1947年施行），「労働組合法」（1946年施行），「労働関係調整法」（1946年施行）の３つをさす。これらの法律は，基本的には，経営者に比べて立場の弱い労働者の権利を守る内容になっている。

　労働基準法は，労働契約について規定する基本的な法律であり，労働条件の最低基準を定めるものである。労働条件の明示，解雇の制限，賃金の支払，労働時間，休憩・休日などを定めている。使用者側が労働基準法に違反した場合には刑事罰が科される可能性がある。

　労働基準法では，労働時間は基本的に１日８時間１週間40時間を超えないことが定められているが，「労使協定」（労働基準法第36条（さぶろく協定））を労働者と締結して労働基準監督署に届け出をおこなった場合には，協定どおりの時間外・休日労働をさせることができるようになる。多くの場合には，企業はこのようにして労働者に時間外労働や休日労働をさせている。現在では労働基準法により，時間外労働の上限が法的に定められており，それを超えて働かせることはできない。その内容は本章の“過重労働回避への取り組み”でもう少し詳しくみていく。

　時間外労働の賃金は25％増し（ただし１か月の時間外労働が60時間を超えれば，超えた部分については50％増し）であり，休日労働は35％増し，深夜労働は25％

増し，時間外かつ深夜労働は50％増し，休日の深夜労働は60％増し（ただし，これらの一部の条件について中小企業では2023年から）などが定められている。

　常時10人以上の労働者を使用する使用者は「就業規則」を作成し，従業員に公開しなければならない。はじめは従業員数が10名に満たなかったところ，次第に働くひとの数が増え，しかも短期労働者も多く，労働者の正確な人数が把握しにくいまま，いつかは就業規則を作ろうと思ってそのままになってしまっている会社もある。しかし，それは違法な状態である。

　労働組合があれば，「労働契約」だけでなく，「労働協約」を使用者と労働者との間で締結しなければならない。「労働基準法」に抵触する労働協約は無効であり，「労働協約」に抵触する「就業規則」は無効であり，「就業規則」に抵触する労働契約は無効である。法的に労働者は保護されており，法の傘のしたで労働者と使用者（労使双方）が取り決めをおこなう。さらにその約束から外れない範囲で就業規則が決められ，決められた就業規則は従業員が閲覧できるように設置される。さらに，就業規則の範囲内で個々の労働契約が結ばれる。個々の労働契約では明示されない事項も多いが，それらは就業規則によって補完されることになる。

　また，労働者が団結し，経営者と対等な立場で交渉をしたり約束を守らせるための労働組合の活動についてや，労働組合にたいする介入の規制については「労働組合法」が定めている。労働組合法は，労働者の団結権，団体交渉権，争議権を保障するものである。さらに，使用者側の不当労働行為を禁じている。不当労働行為とは，以下のような行為を指す。労働組合加入者などへの不利益な取扱いや，黄犬契約（採用の際に労働組合に加入しないことを条件にしたり，組合からの脱退を勧めるなど），組合との団体交渉の拒否，労働組合を使用者が支配しようとしたり管理監督者が組合に加入するなど，または，使用者側からの組合に対する便宜供与などである。

　「労働関係調整法」は，労働争議の予防や解決を目的としており，労働者によるストライキ（同盟罷業）やロックアウト（事業場閉鎖）などの大規模な争議が起こった際に，労働委員会による「斡旋」「調停」「仲裁」が受けられることを定めている。

　国や都道府県に設置される労働委員会は，使用者委員，労働者委員および公益委員によって構成される。斡旋は，労働委員会の会長が指名した委員によるものであり，調停は，公労使の三者により構成される調停委員会によるもので

ある。仲裁は公益委員がおこなう。これら3種類の方法のほかに，第4の方法として，国民の日常生活を著しく危くするおそれがあるような大規模な争議の場合や公益性が損なわれる場合には，内閣総理大臣による「緊急調整」が定められている。労働争議の予防や解決については，合計4種類の方法が示されることになる。なお，緊急調整については，1952年に新設，発動されたがその後の事例はない。

2. 精神的に安全で豊かな職場環境に向けた取り組み

「**労働契約法**」（2008年施行，2012年一部改正）によって，使用者は労働者に対して「安全配慮義務」を負っている。その第5条では，「使用者は，労働契約に伴い，労働者がその生命，身体等の安全を確保しつつ労働することができるよう，必要な配慮をするものとする」とされている。労働契約として具体的なとりきめがない場合にも，信義上，労働者を危険から保護するような配慮をする義務を負っているとしてこのように定められている。生命，身体等の安全には，心身の健康も含まれることから，事業者は，精神的健康の配慮に努める必要があり，労働者の長時間労働を抑制する措置をとることが求められている。

安全衛生

　事業者が安全配慮義務に反した場合には，民法上の損害賠償責任が課されることになる。建設現場や化学工場に限らず，高所から落下したり機械に挟まれたり，あるいは身体に有害な物質にさらされるなど，労働者は危険にさらされることが多い。このような**労働災害**が発生する原因として，労働者の不安全行動と機械・物の不安全状態があるとされている。使用者側には労働安全の確保が求められており，労働災害を防ぐために，手順を定めて**安全衛生活動**をおこなっている企業も多い。また，労働災害が発生する原因となる芽をみつけ，未然に防止するために労働災害が発生するリスクを見積る**リスクアセスメント**をおこなうことが推奨されている。

　労働安全衛生法は，労働者の安全と健康を守ることにより，労働災害を防止しようとする法律である。安全衛生管理体制，機械等並びに危険物及び有害物に関する規制，危険な作業を必要とする機械の取り扱い，危険物及び有害物の取り扱い，安全衛生教育と技能講習，労働者の就業にあたっての措置（健康診

断等），安全衛生改善計画などを定めている。また，「快適な職場環境の形成のための措置」などについて定めている。

　なお，2006年には国土交通省により，輸送の安全性を向上させるため，経営者から現場までが一丸となって安全管理体制を構築・改善することを目的とした「運輸**安全マネジメント**制度」が導入された。特にバス・タクシー会社では，安全性の確保は従業員だけでなく顧客の命に関わる問題でもある。運送業だけでなく，すべての業種にわたって，不注意や勘違い，習熟度が低いことなどに起因する**ヒューマンエラー**を防止するためには，当事者だけでなく，全社的な取り組みが必要である。食品業では食中毒，化学工場では大規模火災，医療では患者の命に関わるミスを防ぐ必要があり，社会的な存在としてのあらゆる組織が，ヒューマンエラーの防止に努める義務を負っている。

　労働安全衛生法では，事業場を一つの適用単位として，各事業場の業種，規模等に応じて，総括安全衛生管理者，安全管理者，衛生管理者及び産業医の選任を義務づけている。常時50人以上の労働者を使用する事業所では，議長，衛生管理者，産業医，衛生に関し経験を有する者によって構成される「衛生委員会（議長以外の過半数は労働組合またはそれに代わるものの推薦による）」の設置が義務づけられている。

　産業医は，健康診断の実施やその結果への対応だけでなく，近年ではメンタルヘルスに関する相談や長時間労働者への面接指導などをおこなうなどの期待が大きくなり，従来よりも役割が増しているといわれる。労働安全衛生規則では，産業医の業務を以下のように定めている。健康診断の実施及びその結果に基づく労働者の健康を保持するための措置に関することや，労働者に対する面接指導や必要な措置の実施，並びにこれらの結果に基づく労働者の健康を保持するための措置に関すること（第14条１第１項～２項）。心理的な負担の程度を把握するための検査の実施並びに面接指導の実施及びその結果に基づく労働者の健康を保持するための措置に関すること（第14条１第３項）。などである。また，健康診断の実施は使用者の義務である。その結果に基づき，医師の意見を聴取し，必要に応じ，労働者の就業場所の変更や，作業の転換，労働時間の短縮，深夜業の回数の減少などの措置が義務づけられる。労働者も労災の防止に協力しなければならないとされている。健康診断の受診は労働者側の義務でもある。

安全で快適な職場に向けて

「労働安全衛生法」第69条の１で，「事業者は，労働者に対する健康教育及び健康相談その他労働者の健康の保持促進を図るため必要な措置を継続的かつ計画的に講ずるように努めなければならない」と定めている。その指針として，1988年に「事業場における労働者の健康保持増進のための指針」が示された。これは THP（total health promotion plan：トータル・ヘルス・プロモーションプラン）と呼ばれている。THP においては，産業医が健康測定をおこない，その結果に基づき，運動指導，保健指導，メンタルヘルスケア（mental health care），栄養指導の４つの健康指導を THP のスタッフがおこなうことになる。また，それに対応するスタッフが任命されることになる。

メンタルヘルスケアではストレスへの気づきの援助，リラクゼーションの指導などがおこなわれ，産業医の指示のもとで心理相談担当者がおこなうことになっている。

快適な職場に向けた取り組み

職場の安全だけでなく，**職場の快適性**についても指針が示されている。

1992年に「労働安全衛生法」が改正され，第71条の２において，「事業者は，事業場における安全衛生の水準の向上を図るため，次の措置を継続的かつ計画的に講ずることにより，快適な職場環境を形成するように努めなければならない」という努力義務を設けている。同じ年にその指針として，「事業者が講ずべき快適な職場環境の形成のための措置に関する指針」（快適職場指針）が告示された。（1997年改正）

この指針では，「経済的豊かさが実現する中で，国民の意識は物質的な豊かさから心の豊かさに比重を移してきており，このため，労働面においても，労働時間の短縮を求めるとともに，健康に対する関心の高まりから，心身に負担の大きい作業についてはその軽減を求める等職場における働きやすさが重視されるようになってきている」という背景のなかで「労働者が，その生活時間の多くを過ごす職場について，疲労やストレスを感じることが少ない快適な職場環境を形成していくことが，極めて重要となっている」との考えが示されている。「作業環境の管理」，「作業方法の改善」，「労働者の心身の疲労の回復を図るための施設・設備の設置・整備」，「その他の施設・設備の維持管理」の４つの視点から措置を講じることが望ましいとされている。さらに，快適な職場環

境の形成を図ることは，労働者の有する能力の有効な発揮や，職場の活性化にも資するものと考えられることが，その指針のなかで示されている。

　疲労・過労についても重要な課題になっており，同指針では，

（1）疲労やストレスを効果的に癒すことができるように，臥床できる設備を備えた休憩室等を確保すること。

（2）多量の発汗や身体の汚れを伴う作業がある場合には，シャワー室等の洗身施設を整備するとともに，常時これを清潔にし，使いやすくしておくこと。

（3）職場における疲労やストレス等に関し，相談に応ずることができるよう相談室等を確保すること。

（4）職場内に労働者向けの運動施設を設置するとともに，敷地内に緑地を設ける等の環境整備を行うことが望ましいこと。

などの**労働環境の改善**について示されている。

心の健康に関する取り組み

　2000年には「事業場における労働者の心の健康づくりのための指針」が示された。2006年には労働安全衛生法第69条の1の措置として，「事業場における労働者の心の健康の保持増進のための指針」が示された。この指針では，「心の健康づくり計画」に基づき，「セルフケア」「ラインによるケア」「事業場内産業保健スタッフ等によるケア」「事業場外資源によるケア」が分類され示された。これらを計画的に実施し，「一次予防」（未然防止），「二次予防」（早期発見），「三次予防」（職場復帰支援等）を行うべきことが示された。

　なお，職場復帰は広義の**就労支援（復職支援含む）**に含まれる概念である。障害者に対する一般的な就労支援は，補助金を得て障害者が自立を目指すことを支援する場合と，雇用契約を結び一般就労を目指す場合とがある。

ワークライフバランスの回復への取り組み

　働き過ぎにより私生活が犠牲になる状態からの**ワークライフバランス**（work life balance）の回復が注目されている。2007年に，経済界，労働界，地方公共団体の代表者，有識者，関係閣僚等によって，「仕事と生活の調和（ワ

ーク・ライフ・バランス）憲章」と「仕事と生活の調和推進のための行動指針」が示された（「憲章」「指針」ともに2010年改訂，「指針」については2016年に数値目標を改訂）。「憲章」では，「我が国の社会は，人々の働き方に関する意識や環境が社会経済構造の変化に必ずしも適応しきれず，仕事と生活が両立しにくい現実に直面している。誰もがやりがいや充実感を感じながら働き，仕事上の責任を果たす一方で，子育て・介護の時間や，家庭，地域，自己啓発等にかかる個人の時間を持てる健康で豊かな生活ができるよう，今こそ，社会全体で仕事と生活の双方の調和の実現を希求していかなければならない」としている。また，「指針」では，就労による経済的自立が可能な社会の実現，健康で豊かな生活のための時間が確保できる社会の実現，多様な働き方・生き方が選択できる社会の実現に必要な条件や取り組むべきことが示されている。

　また，労働時間が長いことや休憩・休日が少ないことは，ワークライフバランスの問題だけでなく，集中力の低下や肉体的な疲労につながり，仕事をおこなう際の安全が損なわれたり，健康を損なう原因にもなる。そこで，労働基準法では，労働時間，休憩・休日などを定めている。

過重労働回避への取り組み

　2019年の労働基準法第36条の改正により，時間外労働（休日労働は含まず）の上限は，原則として，月45時間・年360時間になり，臨時的な特別の事情がなければ，これを超えることはできなくなった。臨時的な特別の事情があって労使が合意する場合でも，時間外労働は年720時間以内，時間外労働＋休日労働は月100時間未満，2〜6か月平均で80時間以内に定められた。原則である月45時間を超えることができるのは，年6か月までである。なお，法違反の有無は「所定外労働時間」ではなく，「法定外労働時間」の超過時間で判断される。大企業への適用は2019年4月から，中小企業への適用は2020年4月からである。ただし，管理監督者や高度プロフェッショナル（2020年現在，金融ディーラー，アナリスト，金融商品開発，コンサルタント，研究開発者の5つの専門職種のいずれかであり，かつ年収1075万円以上）には適用されない。また，年10日以上の有給休暇があたえられる労働者には年間5日以上の有給休暇を取得させることが義務づけられている。

　厚生労働省は「脳血管疾患及び虚血性心疾患等（負傷に起因するものを除く。）の認定基準について」（1995年）を示し，2001年に労災認定基準を変更した。

（1）発症直前から前日までの間において，発生状態を時間的及び場所的に明確にし得る異常な出来事に遭遇した，（2）発症に近接した時期において，特に過重な業務に就労した，（3）発症前の長期間にわたって著しい疲労の蓄積をもたらす特に過重な業務に就労した，場合には労災認定がされることを示した。

影響する疲労の蓄積として，長期間の過重業務を付加的要因として考慮する。発症前1か月間ないし6か月間にわたって，1か月当たりおおむね45時間を超えて時間外労働時間が長くなるほど，業務と発症との関連性が徐々に強まると評価し，発症前1か月間におおむね100時間または発症前2か月ないし6か月間にわたって，1か月当たりおおむね80時間を超える時間外労働が認められる場合には，業務と発症との関連性が強いと評価される。

2019年からは労働安全衛生法が改正され，事業者は，月80時間超の時間外・休日労働を行う労働者から申し出があった場合に，医師による面接指導（問診その他の方法により心身の状況を把握し，これに応じて面接により必要な指導を行うこと）を行なわなければならないと定められた（2006年には月100時間超であったが労働基準法の改正にあわせて時間が変更された）。この面接指導は，2019年からは管理監督者に対しても適用された。また，前述の高度プロフェッショナルや，研究開発従事者の場合には，本人から申し出がなくても実施することが義務化されている。また，医師からの意見を聴取し，必要に応じて，就業上の措置（労働時間の短縮など）を講じることとしている。ただし，管理監督者は労働者ではないため，これらの施策によって業務量が増えるなどの問題が起こっている。ただし，管理監督者の労働時間の把握は2019年から義務化されている。

過労死防止対策推進法

2014年には「**過労死防止対策推進法**」で，過労死等を「業務における過重な負荷による脳血管疾患若しくは心臓疾患を原因とする死亡若しくは業務における強い心理的負荷による精神障害を原因とする自殺による死亡又はこれらの脳血管疾患若しくは心臓疾患若しくは精神障害をいう」と定義し，過労死等の防止のための対策を定めた。政府は，「過労死等の防止のための対策に関する大綱」で，①長時間労働の削減に向けた取組の徹底，②過重労働による健康障害の防止対策，③メンタルヘルス対策・ハラスメント対策を重点施策とした。

自殺対策基本法

2006年には「自殺対策基本法」の第4条で，「事業主は，国及び地方公共団体が実施する自殺対策に協力するとともに，その雇用する労働者の心の健康の保持を図るため必要な措置を講ずるよう努めるものとする」ことが定められた。

また，これに基づき，政府は「自殺総合対策大綱」を示し，当面の重点課題のなかで，勤務問題による自殺対策を更に推進するために，長時間労働の是正，職場におけるメンタルヘルス対策の推進，ハラスメント防止対策を挙げている。

ハラスメント対策

男女雇用機会均等法（1986年施行）では，募集・採用，配置・昇進等の雇用管理の各段階における性別を理由とする差別の禁止や婚姻，妊娠・出産等を理由とする不利益取扱いの禁止等が定められている。**ハラスメント**（harassment）は嫌がらせのことであるが，単なる心理的な嫌がらせにとどまらず，差別的な扱いも含まれる。特に，2007年の法改正により第11条で，「事業主は，職場において行われる性的な言動に対するその雇用する労働者の対応により当該労働者がその労働条件につき不利益を受け，又は当該性的な言動により当該労働者の就業環境が害されることのないよう，当該労働者からの相談に応じ，適切に対応するために必要な体制の整備その他の雇用管理上必要な措置を講じなければならない」ことが定められた。

2012年に厚生労働省による職場のいじめ・嫌がらせ問題に関する円卓会議によって「職場のパワーハラスメントとは，同じ職場で働く者に対して，職務上の地位や人間関係などの職場内の優位性を背景に，業務の適正な範囲を超えて，精神的・身体的苦痛を与える又は職場環境を悪化させる行為」と定義された。また，「上司から部下に行われるものだけでなく，先輩・後輩間や同僚間，さらには部下から上司に対して様々な優位性を背景に行われるものも含まれる」とされる。パワーハラスメントの類型として，①身体的な攻撃（暴行・傷害），②精神的な攻撃（脅迫・暴言等），③人間関係からの切り離し（隔離・仲間外し・無視），④過大な要求（業務上明らかに不要なことや遂行不可能なことの強制，仕事の妨害），⑤過小な要求（業務上の合理性なく，能力や経験とかけ離れた程度の低い仕事を命じることや仕事を与えないこと），⑥個の侵害（私的なことに過度に立ち入ること），が挙げられている。

さらに，「パワーハラスメント対策導入マニュアル」（2015年：第1版，2019

年：第4版）では，予防のための（1）トップのメッセージ，（2）ルールを決める，（3）社内アンケートで実態を把握する，（4）教育をする，（5）社内での周知・啓蒙をする，また，解決のために，（6）相談や解決の場を提供する，（7）再発防止のための取組をする，という7つの取組が示されている。

2019年改正労働施策総合推進法（パワハラ規制法）で事業者は相談窓口設置などの防止策を講じることが義務づけられ，具体的な事案について，事実関係を迅速かつ正確に確認することなどの10項目が示されている。2020年6月から大企業に適用され，2022年4月からは中小企業も対象である。

ストレスチェック

2014年の改正によって，労働安全衛生法第66条の10第1項で，使用者は労働者に対して，厚生労働省令で定められている，「心理的な負担の程度を把握するための検査」を行なわなければならないこととなった。**ストレスチェック**制度と呼ばれている制度がこれである。**職場のストレス予防とストレスマネジメント**に活用されることが期待される制度である。常時50人以上の労働者を使用する事業場では1年に1度の頻度でおこなうことが義務づけられ，2015年12月から開始された。なお，50人未満の事業場では，現時点（2020年）では努力義務である。

メンタルヘルス不調の未然防止の段階である一次予防を強化するため，定期的に労働者のストレスの状況について検査をおこない，本人にその結果を通知して自らのストレスの状況について気付きを促し，個々の労働者のストレスを低減させるとともに，検査結果を集団ごとに集計・分析し，職場におけるストレス要因を評価し，職場環境の改善につなげることで，ストレスの要因そのものを低減するように事業者が努めることを求めるということが，この制度の主旨である。実施者は，制度発足当初は，医師，保健師又は厚生労働大臣が定める研修を修了した看護師若しくは精神保健福祉士であったが，2018年からは，必要な研修を修了した歯科医師と公認心理師が加わった。ストレスチェックに含まれる項目は，①職場における心理的な負荷の原因，②心身の自覚症状，③他の労働者（上司，同僚など）による支援に関するものを含むこととされている。国により，標準的な「職業性ストレス簡易調査票」が示されている。「実施前の準備」「ストレスチェック実施」「面接指導」「集団分析」がおこなわれるべきとされる。

　ストレスチェック結果の通知を受けた労働者のうち，高ストレス者として選定され，面接指導を受ける必要があると実施者が認めた労働者から申出があった場合には，事業者は当該労働者に対して，医師による面接指導を実施し，使用者は，医師から就業上の措置に関する意見を聴取し，必要に応じて，適切な措置（労働時間の短縮など）を講じることになる。ただし，事業者は本人の同意なしに個人のストレスチェックの結果を入手してはいけないし，本人の同意を得て結果を知った後も，当該労働者の健康の確保に必要な範囲を超えて，当該労働者に対して不利益な取扱いをおこなうことはあってはならないとしている。

　また，現時点では，実施が義務づけられている個人分析だけでなく，集団分析が努力義務として求められている。集計・分析の単位が少人数である場合には，当該集団の個々の労働者が特定され，個人のストレスチェック結果を把握することが可能になるおそれがあることから，集計・分析の単位が10人を下回る場合の集団分析の実施には，あらかじめ衛生委員会等で調査審議をおこなったうえで，個々の労働者が特定されるおそれのない方法で集計・分析を実施するか，または該当者本人の許諾が必要になる。なお，集団ごとの集計・分析は2020年時点では努力義務ではあるが，できるだけ実施することが望ましいとされている。**組織風土および労働環境のアセスメント**として活用できる可能性がある。

心理的負荷による精神障害の認定基準

　1999年に「心理的負荷による精神障害等に係る業務上外の判断指針」が示された。そこでは，労働者災害補償保険制度の性格上，本人がその心理的負荷の原因となった出来事をどのように受け止めたかではなく，多くの人々が一般的にはどう受け止めるかという客観的な基準によって評価する必要があるとして，業務による心理的負荷の強度の評価基準を示している。

　2011年に示された「心理的負荷による精神障害の認定基準」では，①対象疾病を発病していること，②対象疾病の発病前おおむね6か月の間に，業務による強い心理的負荷が認められること，③業務以外の心理的負荷及び個体側要因（個人的な要因）により対象疾病を発病したとは認められない，場合に労災認定の対象になることを定めている。特に，恒常的な長時間労働（月100時間程度となる時間外労働）が認められた場合には，心理的負荷の判断が高く評価される。

職場復帰支援

　2004年に厚生労働省により示された「心の健康問題により休業した労働者の職場復帰支援の手引き」によると，職場復帰支援の流れとして，〈第1ステップ〉病気休業開始及び休業中のケア，〈第2ステップ〉主治医による職場復帰可能性の判断，〈第3ステップ〉職場復帰の可否の判断および職場復帰支援プランの作成，〈第4ステップ〉最終的な職場復帰の決定，を経て職場復帰を行い，復帰後も，〈第5ステップ〉職場復帰後のフォローアップ，という5ステップを行うことになる。

　また，復帰に際しての，管理監督者および，人事労務管理スタッフ，産業医等，衛生管理者等，保健師等，の心の健康づくり専門スタッフの役割を示している。

障害者雇用促進法

　「障害者雇用促進法」（1960年公布）は，障害者の雇用義務等に基づく雇用の促進等のための措置，職業リハビリテーションの措置等を通じて，障害者の職業の安定を図ることを目的に制定されている。障害者の雇用の義務づけや，給付金制度が示されている。2013年の改正で，障害者の範囲の明確化がおこなわれ，身体障害者，知的障害者だけでなく，精神障害・発達障害者も雇用義務対象範囲に含まれるようになった。また，障害者と障害者でない者との均等な機会若しくは待遇の確保や障害者である労働者の能力の有効な発揮の支障となっている事情を改善するために事業主が講ずべき合理的配慮を提供することや，障害者への差別として，①障害者であることを理由として，障害者を募集又は採用の対象から排除すること，②募集又は採用に当たって，障害者に対してのみ不利な条件を付すこと，③採用の基準を満たす者の中から障害者でない者を優先して採用すること，が禁じられた。

3．日本社会の傾向のなかでの産業・組織心理学

　第二次世界大戦後の労働者に関する法的規制は，憲法改正に象徴される民主化の流れのなかでの労働者保護から出発した。その時代には，世界的な資本主義社会と共産主義社会との対立のなかで労働組合運動が盛んであり，労働組合を保護するとともに，その行き過ぎに歯止めをかける必要も生じた。労働三法

に占める労働組合の位置づけは大きい。

　その後，日本がソ連を抜き，米国に次いで GNP（Gross National Product：国民総生産，ただし現在では経済指標として GDP = Gross Domestic Product：国内総生産（純粋に国内生産のみを対象とする）が使用されている）が世界第2位に浮上し，世界第2位の経済大国として認められるようになった（ただし2010年からは中国に抜かれて第3位）。そして，本書の第5章でみてきたように日本企業の経営方法が海外からも注目された。

　それとともに，企業による大気汚染や汚水排出による公害が話題になり，企業の社会的責任が問われるようになった。こうしたなか，ひきつづき建設現場や化学工場での安全が問題になり，労働者を保護する必要があった。

　ところが，バブルが崩壊して日本経済が失速し，低成長が長引くとともに企業のホワイトカラーの疲労が問題になっていった。それとともに精神的な健康がおおきく取りあげられるようになり，法的な整備が進んでいる。現在の日本社会は戦争もなく，さまざまな問題をはらみながらも平和で物質的に豊かな状態が続いている。人々の関心も物理的な豊かさを享受することから精神的な豊かさに移ってきているともいえる。

　とくに2020年の新型コロナウィルス（COVID-19）の世界的な蔓延は経済を失速させ，感染防止のために外出が控えられ，テレワークも進み，働きかたが変わるとともに，ひとびとの心はより内面に向った。そうしたなか，人生のなかで多くの時間を占める"働く"時間の充実や生きがいなどを真剣に考えるべき時代になっている。産業・組織心理学が果たす役割は大きい。

引用文献

第1章

Freud, S. (1900). *Die Traumdeutung*. Leipzig und Wien: Franz Deuticke.

Glaser, G. & Strauss, A. L. (1967).『データ対話型理論―調査からいかに理論をうみだすか―』*The Discovery of Grounded Theory: Strategies for Qualitative Research*. Chicago: Aldine Publishing.（後藤隆・大出春江・水野節夫訳（1996）. 新曜社）.

Mayo, E. (1930). The Human Effect of Mechanization. *The American Economic Review*, *20*(1), 156-176.

Persons, F. (1909). *Choosing a Vocation*. Boston, Massachusetts: Houghton Mifflin.

Popper, K. R. (1972).『客観的知識―進化論的アプローチ―』*Objective Knowledge: An Evolutionary Approach*. London: Oxford University Press.（森博訳（1974）. 木鐸社）.

Roethlisberger, F. J. (1946). *Management and the Morale, Cambridge*. Massachusetts: Harvard University Press.

Smith, A. (1776). *An Inquiry into the Nature and Causes of the Wealth of Nations*, 1st ed. London, U. K.: W. Strahan.

Taylor, F. W. (1895).「出来高払制私案」『科学的管理法』A Piece Rate System. *American Society of Mechanical Engineers*, 16.（上野陽一 編訳（1957）. 技報堂, pp. 1-35）.

Taylor, F. W. (1903).「工場管理法」『科学的管理法』*Shop Management*. New York: Harper & Bros.（上野陽一 編訳（1957）. 技報堂, pp. 37-194）.

Taylor, F. W. (1911).「工場管理法」『科学的管理法の原理』*The Principle of Scientific Management*. New York: Harper & Bros.（上野陽一 編訳（1957）. 技報堂, pp. 203-312）.

Williamson, E. G. (1947). Counseling and the Minnesota Point of View. *Educational and Psychological Measurement*, *7*(1), 141-155.

第2章

Allport, G. W. (1937).『パーソナリティ―心理学的解釈』*Personality: A Psychological Interpretations*. New York: Henry Holt and Company.（託摩武俊・青木孝悦・近藤由紀子・堀正共訳（1982）. 新曜社）.

Asch, S. E. (1946). Forming Impressions of Personality. *The Journal of Abnormal and Social Psychology*, *41*(3), 258-290.

Breuer, J. & Freud, S. (1895).『ヒステリー研究〈初版〉』Studien über Hysterie. in *Sigm. Freud Gesammelte Werke, Bd.I*. 1952. 75-251. London, U. K.: Imago Publishing.（金関猛訳（2013）, 中公クラシックス）.

Costa, P. T., Jr., & McCrae, R. R. (1989). *The NEO-PI/NEO-FFI Manual Supplement*. Odessa, FL: Psychological Assessment Resources.

Erikson, E. H. (1968).『アイデンティティ』*Identity: Youth and Crisis.* New York: W. W. Norton & Company.（中島由恵訳（2017）．新曜社）．

Freud, S. (1933).『精神分析入門（下）』Neue Folge der Vorlesungen zur Einführung in die Psychoanalyse. *Sigm. Freud Gesammelte Werke, Bd. XV.* 1944. London U. K.: Imago Publishing.（高橋義孝・下坂幸三訳（1977）．新潮文庫）．

Kretschmer, E. (1950).『医学的心理学』*Medizinische psychologie.* Stuttgart: Georg Thieme Verlag.（西丸四方・高橋義夫訳（1955）．みすず書房）．

Levinson, D. J. (1978).『ライフサイクルの心理学（上）（下）』*The Seasons of a Man's Life.* New York: Knopf.（南博訳（1992）．ダイヤモンド社）．

Rogers, C. R. (1979). The Foundations of the Person-Centered Approach. *Education, 100*(2), 98-107.

Skinner, B. F. (1938). *The Behavior of Organisms: an Experimental Analysis.* New York: Appleton-CenturyCrofts.

Thorndike, E. L., & Columbia University, Institute of Educational Research, Division of Psychology (1932). *The Fundamentals of Learning.* New York: Teachers College Bureau of Publications.

Watson, J. B. (1919). *Psychology from the standpoint of a behaviorist.* Philadelphia: Lippincott.

第3章

Adams, J. S. (1963). Toward an Understanding of Inequity. *Journal of Abnormal and Social Psychology, 67* (5), 422-436.

Allport, G. W. (1937).『パーソナリティ―心理学的解釈』*Personality: A Psychological Interpretations.* New York: Henry Holt and Company.（詫摩武俊・青木孝悦・近藤由紀子・堀正共訳（1982）．新曜社）．

Atkinson, J. W. (1950). *Studies in Projective Measurement of Achievement Motivation.* Unpublished Ph.D. thesis, University of Michigan, Ann Arbor.

Atkinson, J. W. (1957). Motivational Determinants of Risk-taking Behavior. *Psychological Review, 64,* 359-372.

Atkinson, J. W. (1964). *An Introduction to Motivation.* Princeton, N. J.: Van Nostrand.

Atkinson, J. W. (1974). *Motivation and Achievement.* New York: Halsted Press.

Atkinson, J. W. & Feather, N. T. (1966). *A Theory of Achievement Motivation.* New York: Wiley.

Atkinson, J. W. & Litwin, G. (1960). Achievement Motive and Test Anxiety Conceived as Motive to Approach Success and Motive to Avoid Failure. *Journal of Abnormal and Social Psychology, 60,* 52-63.

Bushardt, S. C., Toso, R. & Schnake, M. E. (1986). Can Money Motivate? In Dale, T. A.(Ed.), *Motivation of Personnel.* New York: KEND Publishing, 50-53.

Deci, E. L. (1975). *Intrinsic Motivation.* New York: Plenum Publishing Corporation.

Fiske, D. W., & Maddi, S. R. (1961). *Functions of Varied experience.* Homewood, Ill: Dorsey.

Freud, S. (1920). 快楽原則の彼岸『自我論集』Beyond the Pleasure Principle. *Sigm. Freud the Standard Edition Vol. VIII.* 1955. London: Hogarth Press.（竹田青嗣編・中山元訳

（1996）．筑摩書房）．

Green, D. & Lepper, M. R. (1974). Effect. Childs of Extrinsic Rewards on Children's Subsequent Intrinsic Interest. *Child Development, 45,* 1141-1145.

Harari, O. (1995). The Missing Link in Performance. *Management Review, 84,* March, 21-24.

Herzberg, F. I. (1966).『仕事と人間性』*Work and the Nature of Man.* Oxford, England: World.（北野利信訳（1968）．東洋経済新報社）．

Kanfer, R. & Ackerman, P. L. (1989). Motivation and Cognitive Abilities: An Integrative/ Aptitude-treatment Interaction Approach to Skill Acquisition. *Journal of Applied Psychology, 74,* 657-690.

Locke, E. A. (1968). Toward a Theory of Task Motivation and Incentives. *Organizational Behavior and Human Performance, 3,* 157-189.

Locke, E. A. (1991). The Motivation Sequence, the Motivation Hub, and the Motivation Core. *Organizational Behavior and Human Decision Processes, 50,* 288-299.

McClelland, D. C. (1961). *The Achieving Society.* Princeton, N. J.: D. Van Nostrand.

McClelland, D. C. (1965). Toward a Theory of Motive Acquisition. *American psychologist, 20*(5), 321-333.

McClelland, D. C. (1985). *Human Motivation.* Glenview, IL: Scott, Foresman.

McClelland, D. C., Atkinson, J. W., Clark, R. A., & Lowell, E. L. (1953). *The Achievement Motive.* New York: Appleton-Century-Crofts.

McGregor, D. (1960).『企業の人間的側面（新版）』*The Human Side of Enterprise.* New York: McGraw-Hill.（高橋達男訳（1970）．産業能率大学出版部）．

Maslow, A. H. (1954).『改定　新版　人間性の心理学』*Motivation and Personality.* New York: Harper.（小口忠彦訳（1987）．産能大学出版部）．

Meyer, W. U., Folkes, V. S., & Weiner, B. (1976). The Perceived Informational Value and Affective Consequences of Choice Behavior and Intermediate Difficulty Task Selection. *Journal of Research in Personality, 10,* 410-423.

Montgomery, K. C. (1952). A Test of Two Explanations of Spontaneous alternation. *Journal of Comparative and Physiologicl Psychology, 45,* 287-293.

Robbins, S. P. (2005).『新版　組織行動のマネジメント―入門から実践へ』*Essentials of Organizational Behavior* (8th ed.). Upper Saddle River, New Jersey: Prentice-Hall.（高木晴夫訳（1985）．ダイヤモンド社）．

Skinner, B. F. (1938). *The Behavior of Organisms: An Experimental Analysis.* New York: Appleton-Century Crofts.

田尾雅夫（1999）．『組織の心理学［新版］』有斐閣．

Thorndike, E. L., & Columbia University, Institute of Educational Research, Division of Psychology (1932). *The Fundamentals of Learning.* New York: Teachers College Bureau of Publications.

Vroom, V. H. (1964).『仕事とモチベーション』*Work and Motivation.* New York: John Wiley & Sons.（坂下昭宣・榊原清則・小松陽一・城戸康彰訳（1982）．千倉書房）．

Vroom, V. H. (1976). Leader, In Dunnette. M. D. (Ed.), *Handbook of Industrial and Organizational Psychology,* Chicago, IL: Rand McNally.

Weiner, B. (1980). *Human Motivation.* New York: Holt Linehart & Winston.

White, R. W. (1959). Motivation Reconsidered: The Concept of Competence. *Psychological Review, 66*, 297-333.

Whyte, W. F. (1955). *Money and Motivation*. New York: Harper & Row.

第 4 章

Adams, J. S. (1963). Toward an Understanding of Inequity. *Journal of Abnormal and Social Psychology, 67* (5), 422-436.

Asch, S. E. (1955). Opinions and Social Pressure. *Scientific American*, November, *193*(5), 31-35.

Blai, B. (1986). Eight Steps to Successful Problem Solving. *Supervisory Management*, January, 7-9.

Blake, R. R. & Mouton, S. (1964).『期待される管理者像』 *The Managerial Grid*. Houston, TX: Gulf Publishing. (上野一郎監訳 (1972). 産業能率短期大学出版部).

Blake, R. R. & Mouton, J. S. (1968).『動態的組織づくり』 *Grid Organization Development*. Houston, TX: Gulf Publishing. (上野一郎訳 (1969). 産業能率短期大学出版部).

Chandler, A. D. (1962). *Strategy and Structure*. Cambridge, MA: MIT Press.

Daft, R. L. (2001).『組織の経営学―戦略と意思決定を支える―』 *Essential of Organization Theory & Design*, 2nd ed. Chula Vista, C. A.: South-Western College. (高木晴夫訳 (2002). ダイヤモンド社).

Festinger, L. (1957). *A Theory of Cognitive Dissonance*. Stanford, CA: Stanford University Press.

Festinger, L. & Carlsmith, J. M. (1959). Cognitive Consequences of Forced Compliance. *Journal of Abnormal and Social Psychology, 58*, 203-210.

Heider, F. (1958).『対人関係の心理学』 *The Psychology of Interpersonal Relations*. New York: John Wiley. (大橋正夫訳 (1978). 誠信書房).

Higgins, R. L., Snyder, C. R., & Berglas, S. (2013). *Self-handicapping: The paradox that isn't*. New York: Springer Science & Business Media.

Homans, G. C. (1953). Status Among Clerical Workers. *Human Organization, 12*, 5-10.

Lewin, K. (1951).『社会的葛藤の解決 (Ⅱ)』 *Field Theory in Social Science: Selected Theoritical Papers* (Ed. Cartwright, D.). New York: Harper. (末永俊郎訳 (1954). 東京創元社, 復刊2017 ちとせプレス).

Myers, D. G. (1993). *Social Psychology* (4th ed.). New York: McGraw-Hill.

Robbins, S. P. (2005).『新版 組織行動のマネジメント―入門から実践へ』 *Essentials of Organizational Behavior* (8th ed.). Upper Saddle River, New Jersey: Prentice-Hall. (高木晴夫訳 (1985). ダイヤモンド社).

佐々木薫 (1971). 「集団内影響過程」水原泰介編『社会心理学 (講座心理学13)』東京大学出版会 pp, 197-246.

Schein, E. H. (1965).『組織心理学』 *Organizational Culture and Leadership: A Dynamic View*. San Francisco, CA: Jossey-Bass. (松井賚夫訳 (1966). 岩波書店).

Sherif, M., Harvey, O. J., White, B. J., Hood, W. R., & Scherif, C. W. (1961). *Intergroup Conflict and Cooperation: The Robbers Cave Experiment*. Norman, Oklahoma: University of Oklahoma Book Exchange.

Simon, H. A. (1960).『意思決定の科学』 *The New Science of Management Decision.* Englewood Cliffs, N. J.: Prentice-Hall. (稲葉元吉・倉井武夫訳 (1979). 産業能率大学出版部).

Tesser, A. (1988). Toward a Self-evaluation Maintenance Model of Social Behavior. L. In Berkowitz (Ed.), *Advances in Experimental Social Psychology*, Vo. 21. Social psychological studies of the self: Perspectives and programs. San Diego, CA, US: Academic Press. pp. 181-227.

第5章

Abegglen, J. C. (1958).『日本の経営』 *The Japanese Factory: Aspects of Its Social Organization.* Boston, Massachusetts: The Massachusetts Institute of Technology. (占部都美監訳 (1958). ダイヤモンド社).

会田雄次 (1970).『日本人の意識構造』講談社.

Benedict, R. (1946).『菊と刀 ―日本文化の型―』 *The Chrysanthemum and the Sword: Patterns of Japanese Culture.* Boston, Massachusetts: Houghton Mifflin Company. (長谷川松治訳 (1972). 社会思想社).

Daft, R. L. (2001).『組織の経営学 ―戦略と意思決定を支える―』 *Essential of Organization Theory & Design*, 2nd ed. Chula Vista, C. A.: South-Western College. (高木晴夫訳 (2002). ダイヤモンド社).

Deal, T. E. & Kennedy, A. A. (1982).『シンボリック・マネジャー』 Corporate Cultures. Reading, Massachusetts: Addison-Wesley Publishing Company, Inc. (城山三郎訳 (1987). 新潮文庫).

土居健郎 (1971).『「甘え」の構造』弘文堂.

Hammer, M. & Champy, J. (1993). Re-engineering the Corporation: A Manifesto for Business Revolution. Boston, MA: Nicholas Brearley Publishing.

間宏 (1971).『日本的経営――集団主義の功罪』日経新書.

池井戸潤 (2006).『空飛ぶタイヤ』実業之日本社. (文庫本は「講談社文庫 (上) (下)」「実業之日本社文庫」).

石田英夫 (1984).『国際経営の人間問題』慶應通信社.

岩田龍子 (1977).『日本的経営の編成原理』文眞堂.

川島武宜 (1950).『日本社会の家族的構成』日本評論社.

きだみのる (1948).『気違い部落周遊紀行』吾妻書房.

幸田達郎・加藤成子 (2012).「神南地区に於ける異質な人材の投入による職場風土の変質」『湘南フォーラム』*16*, 157-173.

Mansfield, E., Rapaport, J., Schnee, J., Wagner, S., & Hamburger, M. (1971). *Research and Innovation in Modern Corporations.* New York: Springer.

McCann, J. E. (1991). Design Principles for an Innovating Company. *Academy of Management Executive, 5*, May, 76-93.

中根千枝 (1967).『タテ社会の人間関係』講談社現代新書.

岡本康雄 (1976).『現代の経営組織』日経文庫.

尾高邦雄 (1984).『日本的経営――その神話と現実』中公新書 中央公論社.

Ouch, W. G. (1981).『セオリーZ』 *Theory Z: American Business Can Meet the Japanese*

Challenge. Reading, Massachusetts: Addison-Wesley Publishing Company, Inc.（徳山二郎監・訳（1981）．CBSソニー出版）．

Pascale, R. T. & Athos, G. (1981).『ジャパニーズ・マネジメント』*The Art of Japanese Management*. New York: Simon & Schuster.（深田祐介訳（1983）．講談社文庫）．

Peters, T. J. & Waterman Jr., R. H. (1982).『エクセレント・カンパニー』*In search of excellence: Lessons from America's best-run companies*. New York: Harper & Row.（大前研一訳（1983）．講談社）．

Reischauer, E. O. (1977). *The Japanese*. Cambridge, Massachusetts: Harvard University Press.

Schein, E. H. (1965).『組織心理学』*Organizational Culture and Leadership: A Dynamic View*. San Francisco, CA: Jossey-Bass.（松井賚夫訳（1966）．岩波書店）．

津田真澂（1977）．『日本的経営の論理』中央経済社．

Vogel, E. F. (1979).『ジャパン・アズ・ナンバーワン』*Japan as number one: Lessons for America* (Vol. 10). Cambridge, MA: Harvard University Press.（広中和歌子・木本彰子訳（1979）．TBSブリタニカ）．

第6章

Blake, R. R. & Mouton, S. (1964).『期待される管理者像』*The Managerial Grid*. Houston, TX: Gulf Publishing.（上野一郎監訳（1972）．産業能率短期大学出版部）．

Fiedler, F. E. (1967).『新しい管理者像の探求』*A Theory of Leadership Effectiveness*. New York: McGraw-Hill.（山田雄一監訳（1970）．産業能率短期大学出版部）．

French, J. R. P. Jr., & Raven. B. (1959). The Bases of Social Power. in Cartwright, D. (ed.), *Studies in Social Power*. Ann Arbor, MI.: University of Michigan. 150-167.

Graen, George B. & Uhl-Bien, Mary (1995). Relationship-Based Approach to Leadership: Development of Leader-Member Exchange (LMX) Theory of Leadership over 25 Years: Applying a Multi-Level Multi-Domain Perspective. *Leadership quarterly*, *6*(2), 219-247.

Goleman, D., Boyatzis, R. E., & McKee, A. (2013).『EQリーダーシップ』*Primal leadership: Unleashing the power of emotional intelligence*. Boston, MS: Harvard Business Press.（土屋京子訳（2002）．日本経済新聞社）．

Hersey, P., & Blanchard, K. H. (1977).『行動科学の展開』*Management of Organizational Behavior: Utilizing Human Resources*. Englewood-Cliffs, NJ: Prentice-Hall.（山本成二・水野基成・成田攻訳（1978）．日本生産性本部）．

Hersey, P., Blanchard, K. aah., & Johnson, D. E. (2000).『行動科学の展開［新版］』*Management of Organizational Behavior: Utilizing Human Resources* (7th ed.). Englewood-Cliffs, NJ: Prentice-Hall.（山本成二・山本あづさ訳（1978）．生産性出版）．

Homans, G. C. (1950).『ヒューマングループ』*The Human Group*. New York: Harcourt Brace Jovanovich.（馬場明男・早川浩一訳（1959）．誠信書房）．

狩俣正雄（1992）．『組織のリーダーシップ』中央経済社．

金井壽宏（1991）．『変革型ミドルの探求―戦略・革新志向の管理者行動』白桃書房．

幸田達郎（2013）．「「成果主義」の2つの側面と上司・部下間の協力 ―成果主義の影響に関する実証研究―」『人間科学研究』*34*, 47-54.

Leavitt, H J. (1951). Some Effects of Certain Communication Patterns of Group Performance. *Journal of Abnormal and Social Psychology*, *46*(1), 38-50.

Likert, R. (1967). 『組織の行動科学―ヒューマン・オーガニゼーションの管理と価値』 *The Human Organization: Its Management and Value*. New York: McGraw-Hill. (三隅二不二訳 (1968). ダイヤモンド社).

Lord, R. G. & Maher, K. J. (1991). *Leadership and Information Processing-Linking perceptions and performance*. Unwin, Boston, Massachusetts: Haper Collins.

Mintzberg, H. (1973). 『マネジャーの仕事』 *The Nature of Managerial Work*. New York: Harper & Row. (奥村哲史・須貝栄訳 (1993). 白桃書房).

Mayo, E. (1933). 『産業文明における人間問題　ホーソン実験とその展開』 *The Human Problems of Industrial Civilization*. New York: Macmillan. (村本栄一訳 (1967). 日本能率協会).

McGregor, D. (1960). 『企業の人間的側面 (新版)』 *The Human Side of Enterprise*. New York: McGraw-Hill. (高橋達男訳 (1970). 産業能率大学出版部).

三隅二不二 (1964). 「教育と産業におけるリーダーシップの構造―機能に関する研究」『教育心理学年報』, *4*, 83-106.

三隅二不二 (1966). 『新しいリーダーシップ―集団指導の行動科学』ダイヤモンド社.

三隅二不二 (1978). 『リーダーシップ行動の科学』有斐閣.

Roethlisberger, F. J. (1941). 『経営と勤労意欲』 *Management and Morale*. Boston, Massachusetts: Harvard University Press. (野田一夫・川村欣也訳 (1959). ダイヤモンド社).

Seashore, S. E. (1954). *Group Cohesiveness in the Industrial Work Group*. Ann Arbor, Michigan: The Institute for Social Research, Michigan University.

Sims, H. P. & Lorenzi, P. (1992). *The New Leadership Paradigm-Social learning and cognition in organizations*. Newbury Park, California: SAGE Publications Inc.

White, R. & Lippitt, R. (1960). 「第28章　三種の「社会的風土」におけるリーダーの行動と成員の反応」『グループ・ダイナミックスII (第二版)』 Member Behavior and Reactions in Three "Social Climates." In Cartwight, D. & Zander, A. (eds.), *Group Dynamics: Reserch and Theory*. New York: Harper & Row. (三隅二不二・佐々木薫訳編　佐々木薫訳 (1970). 誠信書房).

第7章

Abbeglen, J.C. (1973). 『日本の経営から何を学ぶか』 *Management and Worker: The Japanese Solution*, Tokyo: Sophia University in cooperation with Kodansha International. (占部都美監訳 (1973). ダイヤモンド社).

Adams, J. S. (1963). Toward an Understanding of Inequity. *Journal of Abnormal and Social Psychology*, *67* (5), 422-436.

天笠崇 (2007). 『成果主義とメンタルヘルス』新日本出版社.

Atkinson, J. W. & Litwin, G. (1960). Achievment Motive and Test Anxiety Conceived as Motive to Approach Success and Motive to Avoid Failure. *Journal of Abnormal and Social Psychology*, *60*, 52-63.

Deci, E. L. (1975). *Intrinsic Motivation*. New York: Plenum Publishing Corporation.

Drucker, P. F. (1954). 『現代の経営』 *The Practice of Management*, New York: Harper & Row. (現代経営研究会訳 (1956). 自由国民社).

Drucker, P. F. (1971). What we can learn from Japanese management. *Harvard Business Review*. March-April, 110-122.

古澤憲吾 (監督)・安達英三朗、渡辺晋 (プロデューサー) (1962). 『ニッポン無責任時代』 東宝.

古澤憲吾 (監督)・安達英三朗、森田信 (プロデューサー) (1962). 『ニッポン無責任野郎』 東宝.

城 繁幸 (2004). 『内側から見た富士通「成果主義の崩壊」』 光文社.

幸田一男 (1966). 『目標管理の進め方』 産業能率短期大学出版部.

幸田一男 (1971). 『新版 目標管理の進め方』 産業能率大学出版部.

幸田達郎 (2011). 「日本における成果主義導入の経緯と組織において下方支援を促進する要因について」『人間科学研究』 *32*, 79-91.

幸田達郎 (2013a). 「「成果主義」の2つの側面と上司・部下間の協力 ―成果主義の影響に関する実証研究―」『人間科学研究』 *34*, 47-54.

幸田達郎 (2013b). 「協力と制度的環境 ―協力と成果主義の分析から―」『生活科学研究』 *35*, 37-45.

幸田達郎・楡木満生 (2003). 「企業で目標設定のグループセッションを行った事例」『カウンセリング研究』 *36*(4), 399-413.

Locke, E. A. (1968). Toward a Theory of Task Motivation and Incentives. *Organizational Behavior and Human Performance*, *3*, 157-189.

Locke, E. A. (1991). The Motivation Sequence, the Motivation Hub, and the Motivation Core. *Organizational Behavior and Human Decision Processes*, *50*, 288-299.

Maslow, A. H. (1954). 『改定 新版 人間性の心理学』 *Motivation and Personality*. New York: Harper. (小口忠彦訳 (1987). 産能大学出版部).

McClelland, D. C. (1965). Toward a Theory of Motive Acquisition. *American psychologist*, *20*(5), 321-333.

溝上憲文 (2004). 『隣の成果主義』 光文社.

斎藤貴男・東京管理職ユニオン 編著 (2005). 『成果主義神話の崩壊』 旬報社.

笹島芳雄 (2002). 「成果主義の概念」楠田 丘編『日本型成果主義 ―人事・賃金制度の枠組と設計』生産性出版, pp. 32-41.

Schleh, E. C. (1961). 『結果のわりつけによる経営 ―リザルツ マネジメント―』 *Management by Results: The Dynamics of Profitable Management*. New York: McGraw-Hill. (上野一郎訳 (1963). 池田書店).

高橋伸夫 (2004). 『虚妄の成果主義―日本型年功制復活のススメ』日経BP社.

高橋俊介 (1999). 『成果主義』東洋経済新報社.

竹内一夫・社会経済生産性本部日本型成果主義研究委員会・楠田丘編 (2002). 『日本型成果主義―人事賃金制度の枠組と設計』生産性出版.

地方行政活性化研究会 (1994). 『職員参加の目標による行政運営―分権の時代の地方公共団体職場活性化マニュアル』産能大学出版部).

津田眞徴 (1976). 『日本的経営の擁護』東洋経済新報社.

占部都美 (1978). 『日本的経営を考える』中央経済社.

吉田寿（2002）．「戦略実現のための人事制度改革とは」吉田　寿　編『人事制度改革の戦略と実際』日本経済新聞社，pp. 2-60.

第 8 章

Herzberg, F. I. (1966).『仕事と人間性』*Work and the Nature of Man*. Oxford, England: World.（北野利信訳（1968）．東洋経済新報社）．

幸田達郎（2011）．「日本における成果主義導入の経緯と組織において下方支援を促進する要因について」『人間科学研究』*32*，79-91.

幸田達郎（2013a）．「「成果主義」の 2 つの側面と上司・部下間の協力　―成果主義の影響に関する実証研究―」『人間科学研究』*34*，47-54.

幸田達郎（2013b）．「協力と制度的環境　―協力と成果主義の分析から―」『生活科学研究』*35*，37-45.

Maslow, A. H. (1954).『改定　新版　人間性の心理学』*Motivation and Personality*. New York: Harper.（小口忠彦訳（1987）．産能大学出版部）．

第 9 章

Brickman, P., Rabinowitz, V.C., Karuza, J., Coates, D., Cohn, E., & Kideer, L. (1982). Models of helping and coping. *American Psychologist*, *37*(4), 368-384.

Festinger, L. (1957). *A Theory of Cognitive Dissonance*. Stanford, CA: Stanford University Press.

Flanagan, I, C. (1954). *The Critical Incident Technique*. *Psychological Bulletin*, *51*, 327-358.

French, J. R. P. Jr., & Raven. B. (1959). The Bases of Social Power. in Cartwright, D. (ed.), *Studies in Social Power*. Ann Arbor, MI.: University of Michigan. 150-167.

Heider, F. (1958).『対人関係の心理学』*The Psychology of Interpersonal Relations*. New York: John Wiley.（大橋正夫訳（1978）．誠信書房）．

Jones, E. E. & Nisbett, R. E. (1972). The Actor and the Observer: Divergent Perceptions of the Causes of Behavior. In E. E. Jones, D. E. Kanouse, H. H. Kelley, R. E. Nisbett, S. Valims & B. Weiner (Eds.), *Attribution: Perceiving the Causes of Behavior*, Morristown NJ: General Learning Press. 79-94.

Kelley, H. H. (1967). Attribution Theory in Social Psychology. In D. Levine (Ed.), *Nebraska symposium in Motivation, Vol. 15*. Lincoln: University of Nebraska Press. pp. 192-238.

幸田達郎（2005）．『慕われる上司　捨てられる上司』成文堂新光社.

Maslow, A. H. (1954).『改定　新版　人間性の心理学』*Motivation and Personality*. New York: Harper.（小口忠彦訳（1987）．産能大学出版部）．

McClelland, D. C. (1973). Testing for Competence rather than for intelligence, *American Psychologist*, *28*, 1-14.

McClelland, D. C. (1993).「序に代えて」『コンピテンシー・マネジメントの展開［完訳版］』In Spencer Jr., L. M & Spencer, S. M. (1993). *Competence at Work: Models for Performance*., pp. 3-8. Hoboken, NJ: John Wiley & Sons.（梅津祐良・成田攻・横山哲夫訳（2011）．pp. 3-19．生産性出版）．

中井節雄（1970）．『人事検査法　―Y-G性格検査　キャッテル知能検査　クレペリン作業検査　応用実務手引―』竹井機械工業株式会社.

Ross, L. (1977). The Intuitive Psychologist and His Shortcomings: Distortions in the Attribution Process. In L. Berkowitz (Ed.), Advances in *Experimental Social Psychology, Vol. 10*. New York: Academic Press. 174-221.

佐野勝男・槙田仁・関本昌秀 (1970).『管理能力の発見と評価』日本経営出版会.

佐野勝男・槙田仁・関本昌秀 (1987).『新・管理能力の発見と評価 ―パーソナリティからの新しいアプローチ―』金子書房.

Spencer Jr., L. M & Spencer, S. M. (1993).『コンピテンシー・マネジメントの展開［完訳版］』*Competence at Work: Models for Performance*. Hoboken, NJ: John Wiley & Sons. (梅津祐良・成田攻・横山哲夫訳 (2011). 生産性出版).

第10章

Alchian, A. A. & Demsetz H. (1972). *Economic Forces at Work*. Indianapolis: Liberty Press.

Bandura, A., (1971).『人間の行動の形成と自己制御』*Social Learning Theory*. New York: General Learning Press. (原野広太郎・福島修美訳 (1971). 金子書房).

Bandura, A. (1977a).『社会的学習理論』*Social Learning Theory*. Englewood Cliffs, NJ: Prentice-Hall. (原野広太郎編訳 (1979). 金子書房).

Bandura, A. (1977b). Self-efficacy: Toward a Unifying Theory of Behavior Change. *Psychological Review, 84*, 191-215.

Bandura, A. (1979). The social learning perspective: Mechanisms of aggression. In H. Toch (Ed.), *Psychology of crime and criminal justice* (pp. 198–236). Waveland Press.

Bandura, A. (1986). *Social Foundations of Thought and Action: A social Cognitive Theory*. Englewood Cliffs, NJ: Prentice-Hall.

Bell, A. P., Super, D. E. & Dunn, L. B. (1988). Understanding and Implementing Career Theory: A Case Study Approach. *Counseling and Human Development, 20*(8), 1-20.

Blustein, D. L., & Noumair, D. A. (1996). Self and Identity in Career Development: Implications for Theory and Practice. *Journal of Counseling and Development, 74*, 433-441.

Coase, R. H. (1960). The Problem of Social Cost. *Journal of Law and Economics, 3*, 1-44.

Demsetz, H. (1967). Toward a Theory of Property Rights. *American Economic Review, 57*, 347-359.

Demsetz, H. (1988). *Ownership, Control, and the Firm*. Vol.1 of the Organization of Economic Activity. London: Basil Blackwell.

Demsetz, H. (1995). *The Economics of the Business Firm: Seven Critical Commentaries*. Cambridge: Cambridge University Press.

Demsetz, H. & Lehn, K. (1985). The Structure of Corporate Ownership: Causes and Consequences. *Journal of Political Economy, 93*, 1155-1177.

Holland, J. L. (1997).『ホランドの職業選択理論 ―パーソナリティと働く環境―』*Making vocational choices*. 3rd ed. Englewood Cliffs, NJ: Prentice-Hall (渡辺三枝子・松本純平・道谷里英訳 (2013). 雇用問題研究会).

城繁幸 (2005).『日本型「成果主義」の可能性』東洋経済新報社.

金井壽宏 (2002).「キャリア支援の課題：学校から社会への節目に何ができるか」『1回 GCDF Japan キャリアディベロップメントカンファランス報告書』.

菊澤研宗（1997）．「日米企業組織の所有権理論分析――日本型組織の効率性と外部性」『日本経営学会誌』創刊号，13-22．

幸田達郎（2006）．「転職が成功するキャリア発達のプロセスの事例」『東京立正短期大学紀要』*34*，84-94．

幸田達郎（2010a）．「個人の仕事上のキャリアを"財産"として考えることの可能性について―「財産の所有権の明確さ」と「財産そのものの明確さ」がキャリア目標の明確さに対して与える影響―」『人間科学研究』*31*，33-57．

幸田達郎（2010b）．「年功序列的環境と成果主義的環境におけるキャリア目標の明確さの違い―プロパティ・ライツ理論によるキャリア目標の分析―」『中央大学大学院研究年報，総合政策研究科篇』*13*，91-108．

幸田達郎（2017）．「育児による職務能力要素の向上についての探索的研究」『戦略経営ジャーナル』*5*(3)，149-180．

幸田達郎・名尾典子（2015）．「育児経験が職務遂行能力に及ぼす影響について　―インタビュー調査を用いた要因の探索―」『人間科学研究』*36*，113-122．

Krumboltz, J. D. (1979). A Social Learning Theory of Career Decision Making. In Mitchell, A. M., G. B. Jones, & J. D. Krumboltz eds. *Social Learning and Career Decision Making*. Cranston, RI: Carroll Press.

Krumboltz, J. D. & Levin, A., (2004). 『その幸運は偶然ではないんです！』*Luck is No Accident: Making the Most of Happenstance in Your Life and Career*. California: Impact Publishers. (花田光世・大木紀子・宮地夕紀子訳（2005）．ダイヤモンド社).

文部科学省（2004）．『キャリア教育の推進に関する総合的調査研究協力者会議報告書』．

Persons, F., (1909). *Choosing a Vocation*. Boston, Massachusetts: Houghton Mifflin Co.

坂田桐子・山浦一保（2000）．「大学研究者のキャリア発達に及ぼす対人関係の効果――ジェンダーと専門領域による差異の検討」『産業・組織心理学研究』*13*(1)，19-29．

Schein, E. H. (1978). 『キャリア・ダイナミクス―キャリアとは、生涯を通しての人間の生き方・表現である』*Career Dynamics: Matching Individual and Organizational Needs*. Reading, MA: Addison-Wesley（二村敏子・三善勝代訳（1991）．白桃書房).

Schein, E. H. (1985a). 『キャリア・アンカー―自分のほんとうの価値を発見しよう』*Career Anchors: Discovering Your Real Values*. San Francisco, California: Pfeiffer & Co（金井壽宏訳（2003）．白桃書房).

Schein, E. H. (1985b). 『キャリア・サバイバル――職務と役割の戦略的プラニング』*Career Survival: Strategic Job and Role Planning*. San Francisco, California: Pfeiffer & Co. (金井壽宏訳（2003）．白桃書房).

Spencer, L. M. & Spencer, S. M. (1993). 『コンピテンシー・マネジメントの展開――導入・構築・活用』*Competence at Work: Models for Superior Performance*. New York: John Wiley & Sons. (梅津祐良・成田攻・横山哲夫訳（2002）．生産性出版).

Super, D. E. (1957). *The Psychology of Careers*. New York: Harper & Row.

Super, D. E. (1963). Self-concepts in Vocational Development. In Super, D. E., Starishevsky, R. N. M., & Jordaan J. P. eds. *Career Development: Self-concept Theory*. New York: College Entrance Examination Board. 17-32.

Super, D. E. (1976). Vocational Guidance: Emergent Decision-making in a Changing Society. In *Proceedings of the Eighth Seminar of the International Association for Educational and Vocational Guidance, Vol. 1.* Lisbon: Sociedade Portuguesa de Psicologia.

Super, D. E. (1980). Life-Span, Life-Space Approach to Career Development. *Journal of Vocational Behavior, 16*, 282-298.

Super, D. E., (1981). A Developmental Theory: Implementing a Self-concept." In Montross, D. H. & C. J. Shinkman eds. *Career Development in the 1980s: Theory and Practice.* Springfield, I. L.: Charler C. Thomas. 28-42.

Super, D. E., (1990). A life-span, Life-space Approach to Career Development. In Brown, D. & L. Brook eds. *Career Choice and Development: Applying Contemporary Theories to Practice.* San Francisco, CA: Jossey-Bass. 197-261.

Super, D. E. & Bachrach P. B. (1957). *Scientific Careers and Vocational Development Theory.* New York: Teachers College Press.

都留康・阿部正浩・久保克行（2005）.『日本企業の人事改革』東洋経済新報社，27-60.

Williamson, E. G. (1947). Counseling and the Minnesota Point of View. *Educational and Psychological Measurement, 7*(1), 141-155.

第11章

Aaker, D. A. (1991).『ブランド・エクイティ戦略 —競争優位をつくりだす名前、シンボル、スローガン—』*Managing Brand Equity.* New York: Free Press.（陶山計介・中田善啓・尾崎久仁博・小林哲訳（1994）. 日本経済新聞社）.

Aaker, D. A. (1996).『ブランド優位の戦略 —顧客を創造するB1の開発と実践—』*Building Strong Brands.* New York: Free Press.（陶山計介・小林哲・梅本春夫・石垣智徳訳（1997）. 日本経済新聞社）.

Aaker, D. A. & Joachimsthaler (2000).『ブランド・リーダーシップ—「見えない企業資産」の構築—』*Brand Leadership.* New York: Free Press.（阿久津聡訳（2000）. 日本経済新聞社）.

飽戸弘（1985）.『消費文化論 —新しいライフスタイルからの発想』中央経済社.

American Marketing Association (2017). https://www.ama.org/the-definition-of-marketing-what-is-marketing/

Anderson, R. E. (1973). Consumer Dissatisfaction: The Effect of Disconfirmed Expectancy on Perceived Product Performance. *Journal of Marketing Research, 10*, 38-44

Bandura, A. (1965). A Influence of Model's Reinforcement Contingencies on the Acquisition of Imitative Responses. *Journal of Personality and Social Psychology, 1*, 589-591.

Bandura, A. (1968). *A Principles of Behavioral Modification.* New York: Holt, Rinehart & Winston.

Bandura, A. (1969). Social-learning Theory of Identificatory Processes. *Handbook of Socialization Theory and Research,* 213-262.

Bandura, A. (1985). Model of Causality in Social Learning Theory. In *Cognition and psychotherapy* (pp. 81-99). Boston, MA: Springer.

Bandura, A., & Walters, R. H. (1977). *Social Learning Theory* (Vol. 1). Englewood Cliffs, NJ: Prentice-hall.

Costa, P. T., Jr., & McCrae, R. R. (1989). *The NEO-PI/NEO-FFI Manual Supplement.* Odessa, FL: Psychological Assessment Resources.

Festinger, L. (1957). *A Theory of Cognitive Dissonance*. Stanford, CA: Stanford University Press.

濱保久（1996）.「販売と広告―マーケティングの心理学」『産業心理学への招待』145-188 佐々木土師二編　有斐閣.

Heskett, J. L., Sasser, E. E., Schlesinger, L. A. (1997).『カスタマー・ロイヤルティの経営』 *The Service Profit Chain*. New York: Free Press, Simon & Schlesinger.（島田陽介訳 (1998). 日本経済新聞社).

Jonse T. O., & Sasser Jr, W. E. (1995). Why Satisfied Customers Defect. *Harvard Business Review, 73*(6), 88-99.

Kotler, P. and Keller, K. L. (2006).『コトラー＆ケラーのマーケティング・マネジメント（第12版）』*Marketing Management* (12th ed.). Upper Saddle River, New Jersey: Prentice-Hall.（恩蔵直人監修・月谷真紀訳（2008). 株式会社ピアソン桐原).

Maslow, A. H. (1954).『改定 新版 人間性の心理学』*Motivation and Personality*. New York: Harper.（小口忠彦訳（1987). 産能大学出版部).

McCarthy, E. J. (1960). *Basic Marketing: A Managerial Approach*. Homewood, Illinois: Richard D. Irwin.

三浦俊彦（2011).「マーケティング戦略」『現代経営入門』136-159 高橋宏幸・丹沢安治・花枝英樹・三浦俊彦　有斐閣.

野口智雄・塩田静雄（1988).『マーケティング調査の基礎と応用』中央経済社.

Nordstrom Our Company https://careers.nordstrom.com/#/about-us/main

Rickard, L. (1994). Gerber Trots Out New Ads Backing Toddler Food Line. *Advertising Age*, April 11, 1-48.

Schneider, B & Bowen, D. E. (1995). *Winning the Service Game*. Boston: Harvard Business School Press.

嶋口充輝（1984).『戦略的マーケティングの論理 ―需要調整・社会対応・競争対応の科学―』誠文堂新光社.

Solomon, M. R. (2013). *Consumer Behavior*, 10th edition. London, England: Pearson Education.

第12章

Chaplin, C. S. (Producer, & Director). (1936). *Modern Times* [Motion picture]. U. S. A.: United Artists Corporations.

Crainer, S. (2000).『マネジメントの世紀 1901～2000』*The Management Century*. San Francisco, California: Jossey-Bass（嶋口充輝監訳・岸本義之・黒岩健一郎訳（2000). 東洋経済新報社).

Ford, H. (1922).『我が一生と事業』*My Life and Work*. New York: Doubleday, Page & Co.（加藤三郎訳（1926). 発行所：加藤三郎).

Ford, H. (1926).『フォード経営』*Today and Tomorrow*. London: William Heinemann（武田薬品工業株式会社経営研究会・宗像正幸・稲葉襄訳（1968). 東洋経済新報社).

Gilbreth, F. B. & Gilbreth, L. M. (1919). *Fatigue Study: The Elimination of Humanity's Greatest Unnecessary Waste, A Firs Step in Motion Study*. New York, NY: The Macmillan Company.

細井和喜蔵（1925）．『女工哀史 —ある製糸工女哀史—』改造社．（岩波書店，2009改版から引用）

Huxley, A. (1932).『すばらしい新世界』*Brave New World*. London: Chatto & Windus（黒原敏行訳（2013）．光文社）．

小林多喜二（1929）．『蟹工船』戦旗社．

Lacey, R. (1986).『フォード（上）（下）』*Ford: The Men and the Machine*. New York: Little Brown & Co.（小菅正夫訳（1989）．新潮社）．

Lang, F. (Director) & Pommer, E. (Producer). (1927). *Metropolis* [Motion picture]. Germany: UFA GmbH.

Mayo, E. (1933).『産業文明における人間問題』*The Human Problems of an Industrial Civilization*. New York: Macmillan Co.（勝木新次校閲・村本栄一訳（1951）．日本能率協会）．

McGregor, D. (1960).『企業の人間的側面（新版）』*The Human Side of Enterprise*. New York: McGraw-Hill（高橋達男訳（1970）．産業能率大学出版部）．

Roethlisberger, F. J. (1941).『経営と勤労意欲』*Management and Morale*. Cambridge, MA: Harvard University Press（野田一夫・川村欣也訳（1954）．ダイヤモンド社）．

Steinbeck, J. (1939).『怒りの葡萄』*The Grapes of Wrath*. New York: The Viking Press-James Lloyd（新居格訳（1940）．第一書房）．

Sherif, M., Harvey, O. J., White, B. J., Hood, W. R. & Scherif, C. W. (1961). *Intergroup Conflict and Cooperation: The Robbers Cave Experiment*. Norman, Oklahoma: University of Oklahoma Book Exchange.

Taylor, F. W. (1903).「工場管理法」『科学的管理法』*Shop Management*. New York: Harper & Bros.（上野陽一訳（1957）．技報堂，pp. 37-194）．

Taylor, F. W. (1911).「科学的管理法の原理」『科学的管理法』*The Principle of Scientific Management*. New York: Harper & Bros.（上野陽一訳（1957）．技報堂，203-312）．

トヨタ自動車（2020）．『ＴＯＹＯＴＡこどもしつもんコーナー』Retrieved from https://www.toyota.co.jp/jp/kids/faq/b/01/03/

Wells, H. G. (1895).『タイム・マシン』*The Time Machine*. London: William Heinemann（石川年訳（1966）．角川書店）．

山本茂実（1968）．『あゝ野麦峠』朝日新聞社．

Wren, D. A. & Greenwood, R. G. (1998).『現代ビジネスの革新者たち —テイラー、フォードからドラッカーまで—』*Management Innovators: The People and Ideas That Have Shaped Modern Business*. New York: Oxford University Press（井上昭一・伊藤健市・廣瀬幹好監訳（2000）．ミネルヴァ書房）．

第13章

Abdel-Halim, A.A. (1982). Social Support and Managerial Affective Responses to Job Stress. *Journal of Occupational Behaviour. 3*(4), 281-295.

荒記俊一・川上憲人（1993）．「職場ストレスの健康管理: 総説」『産業医学』*35*, 88-97.

Festinger, L., Schacter, S. & Back, K. (1950). *Social Pressures in Informal Groups: A Study of Human Factors in Housing Project*. New York: Harpers.

Folkman, S. (1982). An Approach to the Measurement of Coping. *Journal of Occupational*

Behavior, 3, 95-107.

Folkman, S. & Lazarus, R. S. (1988). *Manual for the Ways of Coping Questionnaire.* Palo Alto, CA: Consulting Psychologists Press.

Folkman, S., Lazarus, R. S., Dunkel-Schetter, C., DeLongis, A., & Gruen, R. J. (1986). Dynamics o a Stressful Encounter: Cognitive Appraisal, Coping, and Encounter Outcomes. *Journal of Personality and Social Psychology, 50*(5), 992-1003.

Freudenberger, H. J. (1974). Staff Burn-out. *Journal of Social Issues, 30*, 159-165.

藤田正（1975）.「問題解決過程の構えに及ぼすPM式監督類型の影響について」『実験社会心理学研究』*15*(3), 116-128.

Hersey, P., & Blanchard, K. H. (1977).『行動科学の展開』*Management of Organizational Behavior: Utilizing Human Resources.* Englewood-Cliffs, NJ: Prentice-Hall.（山本成二・水野基成・成田攻訳（1978）. 日本生産性本部）.

House, R. J. (1981). *Work Stress and Social Support,* Series on Occupational Stress. Boston, MA: Addison-Wesley.

厚生労働省（2019）. 令和元年版『労働経済の分析』（労働経済白書）.

Lazarus, R. S. (1966). *Psychological Stress and the Coping Process.* New York: McGraw-Hill.

Lazarus, R. S. (1993). From Psychological Stress to the Emotions: A History of Changing Outlooks. *Annual Review of Psychology, 44*, 1-21.

Lazarus, R. S. & Folkman, S. (1984).『ストレスの心理学 —認知的評価と対処の研究—』*Stress, Appraisal, and Coping.* New York: Springer.（本明寛・春木豊・織田正美訳（1991）. 実務教育出版）.

Marcelissen, F. H. G., Buunk, B., Winnubst, J. A. M, & Dewolff, C. J. (1988). Social Support and Occupational Stress: A Causal Analysis. *Social Science and Medicine, 26*(3), 365-373.

Maslach, C. (1976). Burn-out. *Human Behavior, 5*, 16-22.

Mayo, E. (1933).『産業文明における人間問題』*The Human Problems of an Industrial Civilization.* New York: Macmillan Co.（勝木新次校閲・村本栄一訳（1951）日本能率協会）.

三隅二不二 (1964).「教育と産業におけるリーダーシップの構造—機能に関する研究」『教育心理学年報』, *4*, 83-106.

三隅二不二（1966）.『新しいリーダーシップ—集団指導の行動科学』ダイヤモンド社.

野辺政雄・田中宏二（1994）.「地方都市における既婚女性の社会的ネットワークの構造」『社会心理学研究』*10*(3), 217-227.

Overmier, B. J. & Seligman, M. E. P. (1967). Effects of Inescapable Shock upon Subsequent Escape and Avoidance Responding. *Journal of Comparative and Physiological Psychology, 63*, 28-33.

Pattison, E. M. (1977). A Theoretical-empirical Base for Social System Therapy. In E. F. Foulks, R. M. Wintrob, J. Westermeyer, & A. R. Favazza (Eds.), *Current perspectives in Cultural Psychiatry.* New York: Spectrum, 217-253.

Roethlisberger, F. J. (1941).『経営と勤労意欲』*Management and Morale.* Cambridge, MA: Harvard University Press.（野田一夫・川村欣也訳（1954）. ダイヤモンド社）.

Seligman, M. E. P. (1975). *Helplessness: On Depression, Development, and Death.* San

Francisco, CA: W. H. Freeman.

Selye, H, (1956). *The Stress of Life*. New York: McGraw-Hill.

Selye, H, (1976). *The Stress of Life* (rev. edition). New York: McGraw-Hill.

Zajonic, R. B. (1968). Attitudinal Effects of Mere Exposure. *Journal of Personality and Social Psychology, 9*, Monograph Supplement, 1-27.

人名索引

事項索引

著者紹介

1961年生まれ。中央大学大学院総合政策研究科博士後期課程修了。博士（学術）（中央大学），経営学修士（慶應義塾大学），修士（カウンセリング）（筑波大学）。株式会社東芝，日本放送協会などを経て，現在は文教大学人間科学部教授，産業カウンセラー。

著書に『慕われる上司 捨てられる上司』（誠文堂新光社，2005），『産業カウンセリング入門（改訂版）』（共著，日本文化科学社，2007）ほか。

基礎から学ぶ産業・組織心理学

2020年9月30日　第1版第1刷発行
2024年3月20日　第1版第2刷発行

著　者　幸　田　達　郎

発行者　井　村　寿　人

発行所　株式会社　勁　草　書　房

112-0005 東京都文京区水道2-1-1　振替 00150-2-175253
（編集）電話 03-3815-5277／FAX 03-3814-6968
（営業）電話 03-3814-6861／FAX 03-3814-6854
堀内印刷所・中永製本

©KODA Tatsuo　2020

ISBN978-4-326-25146-9　　Printed in Japan

JCOPY ＜出版者著作権管理機構　委託出版物＞
本書の無断複製は著作権法上での例外を除き禁じられています。複製される場合は，そのつど事前に，出版者著作権管理機構（電話 03-5244-5088，FAX 03-5244-5089、e-mail: info@jcopy.or.jp）の許諾を得てください。

＊落丁本・乱丁本はお取替いたします。
　ご感想・お問い合わせは小社ホームページからお願いいたします。

https://www.keisoshobo.co.jp

幸田達郎

MBAテキスト経営学入門 3520 円

伊東昌子・渡辺めぐみ

職場学習の心理学 2750 円
知識の獲得から役割の開拓へ

山田一成・池内裕美 編著

消費者心理学 2970 円

子安増生 編著

アカデミックナビ　心理学 2970 円

モシェ・バー 著　横澤一彦 訳

マインドワンダリング 3630 円
さまよう心が育む創造性

リチャード・H・スミス 著　澤田匡人 訳

シャーデンフロイデ 2970 円
人の不幸を喜ぶ私たちの闇

小野寺敦子 編著

恋愛を学問する 2640 円
他者との関わり方を学ぶ

菅野恵

福祉心理学を学ぶ 2860 円
児童虐待防止と心の支援

アレックス・ラインハート 著　西原史暁 訳

ダメな統計学 2420 円
悲惨なほど完全なる手引書

勁草書房刊

＊表示価格は2024年3月現在。消費税（10％）を含みます。